山东省青创人才引育计划"多语种语言教育与服务创新团队"（2021YYT02）

基于互动视角的
汉语儿童早期语言习得研究

张　笛　著

新 华 出 版 社

图书在版编目（CIP）数据

基于互动视角的汉语儿童早期语言习得研究 / 张笛
著 . --北京：新华出版社，2025.4. -- ISBN 978-7
-5166-7918-0

Ⅰ. H193.1

中国国家版本馆 CIP 数据核字第 2025K9538J 号

基于互动视角的汉语儿童早期语言习得研究

作者： 张　笛

责任编辑： 徐文贤　　　　　　　　　　**封面设计：** 吴　睿
出版发行： 新华出版社有限责任公司
　　　　　（北京市石景山区京原路 8 号　邮编：100040）
印刷： 天津和萱印刷有限公司

成品尺寸： 170mm×240mm　1/16　　　**印张：** 16　　**字数：** 279 千字
版次： 2025 年 4 月第 1 版　　　　　　**印次：** 2025 年 4 月第 1 次印刷
书号： ISBN 978-7-5166-7918-0　　　　**定价：** 85.00 元

微店

视频号小店

抖店

京东旗舰店

扫码添加专属客服

微信公众号

喜马拉雅

小红书

淘宝旗舰店

目　录

图表目录

1

第一章　绪　论

第一节　研究背景与问题

一、研究背景

语言是人接受教育、习得机会、走向社会的媒介。语言能力也是人类重要的认知功能之一。儿童时期的语言发展状况会影响人的一生，但儿童语言能力及其语言系统的形成与发展又充满奥秘。因此对儿童语言习得与发展问题的研究引起了越来越广泛的关注。全面探索汉语儿童语言的发展规律，已成为学界一个重要的研究课题。

儿童语言习得研究比较独特，覆盖语言学、心理学、教育学等多个学科。起初。人们用传记日志等实证研究的方式方法来记录儿童语言。后来，该项研究不断受到录音技术、计算机技术的影响，现在已经到达多媒体数据库阶段，在研究方法上取得了长足的进步。[①] 20 世纪 70 年代以来，语料库语言学发展起来，儿童语言研究又得以凭借语料库得以展开。目前，全球建有 350 多个儿童语料库，规模最大的是美国卡内基梅隆大学 1984 年建立的CHILDES（儿童语言研究资源交换系统）[②]。CHILDES 系统的建立为儿童语言习得研究提供了方便、灵活、共享的语料库，使学者们可以更客观、更深入、更科学地进行儿童语言发展研究。

汉语儿童语言发展研究较国外起步晚，但近年来，国内已有一些学者开始尝试按照国际通用的 CHILDES 标准建立汉语儿童语料库，并取得了丰硕的研究成果。例如北京语言大学的李宇明教授、首都师范大学的张云秋教授、南京师范大学的李葆嘉教授、香港中文大学的李行德教授、华东师范大

---

① 周兢 . 汉语儿童语言发展研究［M］. 北京：教育科学出版社，2009.
② 李宇明 . 人生初年——儿童语言研究与儿童教育［N］. 中国社会科学报，2022-05-27（4）.

学的周娆教授和清华大学的杨小璐教授、周鹏教授等。

目前，在语料库基础上进行的汉语儿童语言发展研究涉及儿童语音、词汇、语法、语义、语用发展，也有学前教育、特殊教育等应用领域的研究。基于语料库的儿童语言习得研究成果数量可观，但是综观研究现状，汉语儿童语言习得研究起步较晚、深度不够。张云秋[①]以及李宇明[②]均指出目前很多研究都仅仅是借助于语料库，单纯地基于数据对某语言现象进行客观记录、描述，而没有对这种语言现象进行评价，或深入分析产生这些语言现象的内在机制。并且，绝大多数研究的都是常见的语言现象，如名词、否定词、副词等的使用情况。可见，我国语料库儿童语言习得研究还需进一步深入，才能挖掘出其中的精髓。李宇明指出："儿童语言的资料获取手段，由文字记录发展到录音、录像等现代手段。对儿童语言的研究，也由结构分析发展到语用分析、超语言符号分析和家庭、社会背景分析。"[③]

二、研究问题

本书的研究问题是利用"汉语儿童多模态口语语料库"的语料，针对前人研究相对较少的语言项目，从互动视角出发，进行系统、全面地考察并总结习得规律。具体来说，本书将关注以下问题：

①句末语气词的习得：通过观察儿童在自然互动中的语言使用，研究他们如何通过与成人和同伴的交流，逐步掌握句末语气词的使用规律和功能；

②物量词的习得：研究儿童如何在不同互动情境中学习和使用物量词，考察互动方式和频率对物量词习得的影响；

③指称类词的习得：探讨儿童如何在对话和互动中理解和使用指称类词，分析这些词汇在互动中的具体应用场景和习得路径；

④位移动词的习得：研究家长在与儿童的互动过程中，除了提供语言经验外，还通过什么方式传递各种经验，从而促进儿童对位移动词的习得；

⑤运动事件动词的习得：通过记录和分析儿童在互动中的语言输出，研究他们如何表达和理解运动事件，并揭示互动对这一过程的促进作用；

⑥情态构式的习得：考察儿童在不同互动情境中使用情态构式的情况，探讨互动中的情态表达如何反映和影响儿童的语言发展；

① 张云秋. 汉语儿童早期语言的发展 [M]. 北京：商务印书馆，2014.
② 李宇明. 人生初年——儿童语言研究与儿童教育 [N]. 中国社会科学报，2022-05-27（4）.
③ 李宇明. 人生初年——儿童语言研究与儿童教育 [N]. 中国社会科学报，2022-05-27（4）.

⑦语言性别特征：分析不同性别儿童在互动中的语言表现，揭示儿童语言习得的性别差异；

⑧儿童多模态言语行为：研究儿童在互动中的多模态言语行为，包括语言、手势、面部表情等多种符号系统的协同作用，尝试构建汉语儿童早期语言发展生态系统。

通过这些研究，本书旨在互动视角下全面揭示儿童语言的习得规律和认知机制，提供儿童语言习得的整体图景，并为教育实践和干预策略提供理论依据。

第二节　研究对象和范围

一、研究对象

本书研究对象是临沂大学认知科学与语言学能学科平台的"普通发展儿童长期跟踪口语语料库"中的四名儿童的长期追踪语料（1—4 岁年龄段）。四名儿童基本为普通话环境，智力与听说能力正常、无认知障碍、身体各项机能均发育良好，语料具体情况请见第二章。根据具体研究内容和方向，依托语料库，在四名儿童和成人会话录像的基础上细化并组建了"汉语儿童句末语气词分语料库""汉语儿童物量词分语料库""汉语儿童指称词分语料库""汉语儿童运动事件动词分语料库""汉语儿童位移动词分语料库""汉语儿童情态构式分语料库"等。所有的统计、分析等工作都建立在客观的统计数据基础上。

二、研究范围

本书选择了一些比较重要且迄今为止研究较少或研究不深入的问题开展研究，即句末语气词、物量词、指称类代词、自主位移动词、运动事件、"X 是"情态构式、语言性别差异和多模态言语行为等；然后系统地分项从词汇和结构语义研究汉语儿童早期语言的习得情况并揭示背后的习得规律。从语用入手，研究汉语儿童早期语言习得的性别差异，并对汉语儿童多模态言语行为进行个案研究；最后总结并尝试构建"基于互动视角的汉语儿童早期语言习得生态系统"。各章节之间既有内在逻辑性又独立成篇，力求解释汉语儿童早期词汇、语义、语用习得的基本概貌，并主要在互动视角和认知功能框架内解释所发现的习得规律。

第三节 研究目的与意义

一、研究目的

（一）建设分语料库，夯实研究基础

建设"汉语儿童句末语气词分语料库""汉语儿童物量词分语料库""汉语儿童运动事件分语料库""汉语儿童指称词分语料库"等分语料库。确定语料选取标准与分类，在经过加工的各类分语料库的数据基础上描写儿童语言习得各阶段的特点。

（二）总结儿童各语言项目的习得情况，揭示习得规律

翔实描写儿童语气、物量、指称、运动、情态等范畴的语言习得情况。进行定量定性的描写和分析，统计类型包括首现时间、习得时间、使用频率、累计频率等。根据现有研究成果确定语言项目的成员，并以此为标准筛选语料，标明语言发展阶段，探讨语言习得与认知发展规律。

（三）构建"基于互动视角的汉语儿童早期语言习得生态系统"

借助心理语言学、人类学、社会学、教育学等多维视域来解释儿童的习得规律，最终构建"基于互动视角的汉语儿童早期语言习得生态系统"。建立一个早期语言习得的生态系统，对于支持儿童的人生之旅至关重要。早期语言习得为沟通技能、认知发展、社会互动和学业成功奠定了基础。通过构建一个强大的生态系统，可以为儿童提供必要的资源、环境和支持，以提高他们的语言技能。

二、研究意义

（一）从互动视角丰富和发展汉语儿童语言习得的实证研究

研究所使用的语料都是儿童和家长在自然互动状态下产出的真实话语，最能揭示汉语语境下的儿童早期语言发展的规律和特征，从人际互动方面着眼语言习得的规律解释，是为"大互动视角"；另外在研究方法和研究数据上，与传统语用学有较大差异，强调在线生成和多模态，是为"小互动视角"。在两个层面上，互动视角贯穿始终，有助于丰富和发展儿童语言习得的实证研究，同时为推动本土化儿童语言研究做出些微贡献。

（二）补充我国儿童语言习得的基础数据

虽然近年来国内儿童语言学研究取得了重大进展，但仍有需要进一步探

索的领域，而且与其他语言研究相比，有关汉语儿童语言习得的数据相对有限，缺乏基本数据。汉语儿童语言学研究力量还比较薄弱，研究成果还不够丰富。本章的研究可以为学界提供基础数据，同时为标准化的评估工具和建设中国儿童语言发展的规范性数据提供参考。

（三）服务于普通儿童的语言发展指导和特殊障碍儿童的语言干预

研究对象是两名女童和两名男童，性别匹配，年龄段接近，具有对照研究的条件。男童在学前阶段的语言发展落后于女童，这提示要有区别地对待儿童的语言教导。我们根据 MLU 所绘制的儿童语言发展阶段图，具有较强的科学性，可以作为儿童语言发展的阶段性参照。发展障碍儿童的语言习得规律和过程与普通发展儿童类似，只是年龄滞后。也就是说普通发展儿童得出的相关研究结论绝大部分并不适合同一语言阶段的发展障碍儿童。将MLU 应用在发展障碍儿童需要推后一个或多个年龄段。

第四节　研究方法

一、语料库长期追踪法

通过长期观察和收集四名儿童及家长在自然情境中产生的语料和视频来研究儿童习得语言的情况。录制的视频使用多模态标注软件 ELAN（EUD-ICO Linguistic Analysis）转写，并且使用"儿童语言数据交流系统（Child Language Data Exchange System）"中的赋码系统 CHAT 与自动分析系统 CLAN 进行处理和分析。

二、定量定性分析相结合

定量分析是一种收集和分析数字数据的系统方法，通过可进行测量和分析的客观数据，以确定语言发展模式、趋势和关系。定性分析则主要凭分析者的直觉、经验，根据收集到的非数字性的资料，对分析对象的性质、特点、发展变化规律做出解释和判断的一种方法，两种分析方法相互补充。定量分析儿童和看护人所使用语言项目的首现时间、习得时间、出现频率、累计频率等数据，以相关分析、因子分析和回归分析等统计学方法考察各语言项目。质性分析可以对语言项目进行界定和分类，并总结语言的习得规律和内在机制。两者结合可以更全面地描述儿童语言习得过程。

三、静态分析与动态考察相结合

统计分析语料库中静态分布的数据，试图揭示儿童早期语言习得情况；在考察语言项目的互动情况时，注意关注话轮和多模态言语行为，从动态的互动语境出发，总结并提取儿童早期语言的习得规律和内在机制。

第五节　理论综述

杨旭指出儿童语言习得是一门多学科交叉的研究，同时又是一个不断变化发展的动态过程，不同年龄段其语言特征不同①。目前，对儿童语言习得的研究有多种理论解释和假说，例如行为主义理论、天赋论、认知理论和社会互动理论等。儿童的语言习得与发展受哪些因素的影响？语言习得的内在机制究竟是什么？外在环境究竟如何起作用？对儿童语言习得的研究，一直存在先天与后天之争，比如巴德维格（Budwig）②、埃尔曼（Elman）③、赫什-帕塞克（Hirsh-Pasek）和戈林科夫（Golinkoff）④、惠尼（Whinney）⑤、纳尔逊（Nelson）⑥、斯洛宾（Slobin）等⑦都为此争论不休。其中形成两种迥然不同的理论趋向：一种以乔姆斯基（Chomsky）学派的生成语法理论为基础，从语言形式的角度研究语言及语言习得；另一种是以托马塞洛（Tomasello）为代表的基于使用的认知语言习得理论，倾向于从功能和应用的

---

① 杨旭. 儿童语言习得两大理论研究范式述评 [J]. 现代语文（语言研究版），2013（1）：36—38.

② BUDWIG N. A developmental-functional approach to child language [M]. Hillsdale，NJ：Lawrence Erlbaum，1995.

③ ELMAN J L，BATES E A，JOHNSON M H，KARMILOFF-SMITH A，PARISI D，PLUNKETT K. Rethinking innateness：A connectionist perspective on development [M]. Cambridge，MA：MIT Press，1996.

④ HIRSH-PASEK K，GOLINKOFF R M. The origins of grammar：Evidence from early language comprehension [M]. Cambridge：MIT Press，1996.

⑤ MACWHINNEY B，ED. The emergence of language [M]. Mahwah，NJ：Lawrence Erlbaum，1999.

⑥ NELSON K E，CAMARATA S M，WELSH J，BUTKOVSKY L，CAMARATA M. Effects of imitative and conversational recasting treatment on the acquisition of grammar in children with specific language impairment and younger language normal children [J]. Journal of Speech and Hearing Research，1996，39：850—859.

⑦ SLOBIN D，GERHARDT J，KYRATZIS A，GUO J. Social interaction，social context，and language：Essays in honor of Susan Ervin-Tripp [M]. Hillsdale，NJ：Lawrence Erlbaum Associates，1996.

角度来研究语言习得。儿童语言习得中的社会互动主义理论既承认学习语言
的遗传倾向（如天赋论），也承认我们的社会环境对发展语言的重要性（如
行为主义理论）。因此，互动主义理论可看作是这两者之间的妥协。每个理
论都对儿童早期语言习得这一过程提供了部分解释，为我们研究儿童早期语
言发展提供了宝贵的理论指导。

一、生成语言学的天赋论

在乔姆斯基之前，人们普遍认为儿童完全通过接触习得语言。这一观点
得到了行为心理学家的广泛支持，他们证明，当受到刺激和强化时，动物和
人类最终会在其能力范围内学习行为。当孩子们听到语言时，这是一种刺
激。当他们接触到这种刺激时，会观察到人们在说话，并在说话时得到强
化。然后，孩子们被激励说更多的话，以获得更多的支持。因此，他们学会
说话来寻求这些奖励。斯金纳（Skinner）是行为主义的先驱者之一，1957
年提出儿童学习语言是基于行为主义的原则，通过单词和意义的关联来强化
词和意义。当儿童意识到词和短语的交际价值时，正确的话语就会得到积极
的强化。斯金纳认为人类之所以有说话的能力，是因为我们有时间、机会，
以及（也许）计算能力，来学习大量的词汇，并将这些词联系在一起。[①]

乔姆斯基的语言理论就是在这种背景下产生的，他不同意刺激——强化
理论。在他看来，儿童的语言习得似乎要复杂得多，不能简单地解释为对刺
激和强化的反应。他创造了"刺激贫乏"一词来描述他的观点，即暴露不足
以解释儿童的快速语言获得。虽然孩子们接受的刺激很少，他们学习语言的
速度非常快。儿童可以自然地推断语法规则，而无需正式的指导。儿童不只
是复制他们所接触的语言，他们还学习并输出以前从未听过的句子。他强调
先天因素或者生理因素对儿童语言发展的影响，旨在揭示语言发展的生物学
基础。

（一）语言获得机制

乔姆斯基认为对语法和语言的认知是人类与生俱来的过程，学习语言的
能力是一种天生的技能。儿童天生就有一种语言学习工具，他称之为语言获
得机制（LAD）。语言获得机制是一种理论工具，它可以解释儿童如何快速
学习和理解语言。他认为孩子们本能地在没有任何正式教导的情况下学习语
言。他还认为，儿童对使用语言有天然的需求，在没有正式语言的情况下，

---

① SKINNER B F. Verbal behavior [M]. New York：Appleton-Century-Crofts，1957.

儿童将发展出一种交流系统来满足他们的需求。语言获得机制帮助人类获取语言。通过大脑中的一系列潜在过程，人们可以自然地识别和使用语法。语言获得手段是天生的。这意味着它不是大脑的实际部分。相反，它是学习语言的一系列基本过程。孩子们能识别错误的语法，是语言获得机制存在的证据。乔姆斯基观察到，无论孩子获得何种语言，他们都会犯相同类型的语言错误。

（二）普遍语法理论

后来，乔姆斯基利用这些思想进一步发展了他的普遍语法理论（UG）。乔姆斯基将普遍语法定义为通过生物进化和遗传习得的先天性知识，同时将后天语言环境所起的作用降低到最低限度，即只起触发语言获得机制的作用[①]。

乔姆斯基提供了许多证据来支持他的理论。他认为语言在全人类中基本上是相似的。例如，每种语言都有一个名词和一个动词，并且每种语言都能够表达积极或消极。乔姆斯基还发现，当孩子们学习说话时，他们不会犯你预期的错误。例如，儿童在能够完整地说出句子之前，似乎理解所有句子都应该有"主语-动词-宾语"结构。人们可以跨语言识别许多相同的语法规则，如主语-动词一致性。一个人不需要知道另一种语言就能识别语法。该工具由语言获得设备提供帮助，帮助儿童学习语言。世界各地的语言都具有通用的语法规则，而人类也可以识别这些规则。乔姆斯基提出，每个孩子出生时都有一个掌握语言基本规则的机制。换言之，儿童生来就理解语言规则；他们只需要掌握词汇。

乔姆斯基还从他的实验中注意到，幼儿在达到语言流利程度之前，会注意到周围的成年人是否以错误的语法方式说话。他还发现，孩子们试图将语法规则应用于语言中有例外的单词。例如，在遵循英语语法规则的过程中，孩子可能会将"fish"一词的复数认为是"fishes"，将"deer"的复数认为是"deers"，尽管他们的语言对这些词有例外。他们还可以正确地构造句子，将单词按正确的顺序排列，并且可以将名词复数化。

乔姆斯基的这一理论彻底改变了语言学研究，心理学家和语言学家开始以一种全新的方式看待语言。然而，普遍语法究竟包含哪些内容？儿童在语言获得过程中是怎样为普遍语法赋值的？语言获得机制是如何运作的？这些问题生成语法学家都未能做出回答，普遍语法假说的生理基础和心理基础也

---

① CHOMSKY N. Aspects of the theory of syntax [M]. Cambridge, MA: MIT Press, 1965.

始终未能得到科学证实。

二、认知语言学的语言习得观

认知语言学正是在生成语言学无法解决以上问题的背景下，批判地发展起来的。其中包括发展心理学家皮亚杰（Piaget）和托马塞洛，他们一直认为语言的习得是通过领域中立的认知机制和非特定的一般学习过程实现的：这种方法既反对语言特定能力的观点，也反对语言习得中任何先天成分的假说。把儿童语言的习得归因于人类有机体自我调整的适应机制。人类能够真正习得语言的内在基础，不仅有生物遗传，而且有建立在生物遗传基础上的认知技能。下面首先讨论皮亚杰的语言习得发展观，然后讨论托马塞洛基于使用对皮亚杰建构主义的发展。

（一）皮亚杰的发展理论

皮亚杰是关于儿童思维如何运作和发展的极具影响力的理论的主要倡导者，他是"建构主义认识理论的伟大先驱"。他将语言的习得置于儿童心理或认知发展的背景中，认为儿童必须先理解一个概念，然后才能习得表达该概念的特定语言形式。皮亚杰指出儿童语言的复杂结构既不是先天的，也不是模仿习得的，儿童语言的发展是"在个体和客观环境因素共同作用下，通过同化和顺应不断从一个阶段发展到一个更高的阶段。[①] 例如，汉语儿童的物量词习得的因素主要是儿童的认知水平，随着年龄的增长，阅历增加，儿童习得的量词也越来越多，推理归类能力发展越来越成熟，量词使用的正确率不断提高。

在认知发展的每个不同阶段，儿童都要完成各种主要的认知任务。在较早阶段习得的认知技能在较高阶段不会丧失，而是会被保留下来，可能是以稍微不同的形式。此外，每个阶段对下一个阶段都是必要的，任何后面的阶段都需要前一个阶段的存在。皮亚杰认为儿童经历了四个心理演变阶段：认知发展、感知运动、具体运算、前运算与形式运算。[②]

皮亚杰指出，儿童的认知发展不是以恒定的速度进行的，这些阶段是普遍的且可预测的；然而，这种普遍性并不是由预先存在的机制决定的（与乔姆斯基的天赋论相反），而是儿童与环境互动的产物。在学习语言时，儿童

[①]　PIAGET J. Epistemology and psychology of functions［M］. Dordrecht：D. Reidel Publishing Company，1977.

[②]　PIAGET J. Epistemology and psychology of functions［M］. Dordrecht：D. Reidel Publishing Company，1977.

要经过同样的运动-感觉程序。在儿童生命的不同时期，思维和推理是不同的。每个人都要经历几个阶段，不能改变顺序，也不能跳过任何一个阶段。尽管相对顺序是不变的，但儿童达到每个阶段的年龄是不一样的。这方面的一个很好的例子就是排序法。在孩子的智力发展中，会有一个点，那就是他可以根据物体的大小来进行比较。这意味着，如果你给孩子一些棍子，他可以按顺序或按大小排列。皮亚杰认为，还没有达到这个阶段的孩子将无法学习和使用"更大"或"更小"这样的比较性形容词。

皮亚杰的语言习得理论表明，儿童使用"同化"和"顺应"来学习语言。"同化"是改变环境以将信息放入已经存在的模式（或想法）的过程，"顺应"是改变一个人的模式以适应新环境的过程。皮亚杰认为，在语言习得发生之前，儿童需要首先在精神上发展。孩子们首先在头脑中创造心理结构（图式），基于这些图式，语言就会发展。

（二）托马塞洛的基于使用的语言习得建构理论

托马塞洛的语言习得建构观吸收了认知功能语言学的某些观点，结合了皮亚杰的发展认知论和当代心理学在社会认知领域的研究成果，提出基于使用的语言习得建构理论。该理论认为儿童语言习得基于使用，以构式为学习方法，能够解释儿童语言习得过程中，生成语言学理论所解释不了的问题，多角度揭示了语言习得的规律和机制。托马塞洛认为语言结构产生于语言的使用，儿童依靠一般认知技能建立他们的语言。儿童在习得语言时配备了两套认知技能：意图阅读和模式寻找。这两套技能帮助儿童识别成人说话者的意图以及语言的分布模式。在建立和巩固模式后，儿童将这些模式泛化，形成他们语言特有的抽象语言类别。[①]

托马塞洛指出根据基于使用的学习方法，儿童只使用一般的认知机制，在输入的概括基础上学习论证结构[②]。在对自发话语进行研究基础上，托马塞洛对一个孩子两岁前的话语进行了详细的分析，结果表明，每个动词似乎都是一个"孤岛"，有它自己的参数结构（例如，吃东西的动词是"吃"，跑的动词是"跑"）[③]，这种模式后来在利文（Lieven）等人以及麦克卢尔

① TOMASELLO M. Constructing a language：A usage-based theory of language acquisition [M]. Cambridge：Harvard University Press，2003.

② TOMASELLO M. Do young children have adult syntactic competence？ [J]. Cognition，2000，74（3）：209－253.

③ TOMASELLO M. First verbs：A case study of early grammatical development [M]. Cambridge：Cambridge University Press，1992.

（McCloure）等人的研究数据中得到证实。托马塞洛假设这些最初动词的论元结构会逐渐被儿童概括为更抽象的类别，如施事、主语和不及物动词，最终在 3 岁以后才形成动词通用的论证结构表征。[①] 鲍尔曼（Bowerman）以及平克（Pinker）的研究均表明儿童的过度概括错误在 3 岁之前也很罕见，这表明他们还没有形成初步的泛化。最后，输入频率对儿童论元结构的产出频率的影响，与基于使用的观点是一致的。基于使用的方法的更有力证据来自三种诱导产出实验：新动词的泛化、奇怪的词序和训练。总的来说，这些研究结果表明，2 岁儿童将动词的使用限制在学习该动词的句法框架内，与托马塞洛[②]的研究结果基本一致——儿童不像他们对"施事"和"主语"等类别所预测的先天知识那样，容易泛化到其他框架中。[③]

持基于使用观点的语言学家与行为主义者不同。巴文（Bavin）指出行为主义者认为儿童在无结构的线性字符串中习得语言，持基于使用观点的建构认知主义者认为语言结构来自语言的使用[④]。这适用于单个词的层面，因为它们的交际功能来自使用；也适用于语法的层面，因为结构来自多单位语篇的使用模式。从历史上看，一种语言的结构是在语法化的过程中出现的；从本体上看，儿童听到单个词语，然后构建语言的抽象结构。所有这些都是通过一般的认知过程完成的，而语言结构的普遍性来自世界各地的人们都有相同的一般认知过程。儿童习得语言首先是通过理解他人如何使用语言。

三、社会互动主义理论

在儿童语言习得领域，社会互动主义理论融合天赋论所强调的语言遗传倾向，同时也吸纳了行为主义理论中对社会环境影响语言发展的重视，实现了两种观点的有机结合。因此，互动主义理论可看作是这两者之间的妥协，并以这两种理论观点为基础。该理论承认语言的发展来自婴儿和照顾者之间的早期互动，它考虑到了社会因素，包括了行为主义和先天论这两个对立的观点。

① TOMASELLO M. Constructing a language：A usage-based theory of language acquisition [M]. Cambridge：Harvard University Press，2003.

② TOMASELLO M. Do young children have adult syntactic competence？ [J]. Cognition，2000，74（3）：209－253.

③ TOMASELLO M. Do young children have adult syntactic competence？ [J]. Cognition，2000，74（3）：209－253.

④ BAVIN L. The Cambridge handbook of child language [M]. Cambridge：Cambridge University Press，2009.

（一）布鲁纳（Bruner）的互动理论

互动理论最早是由布鲁纳在 1983 年提出的，他认为尽管儿童确实有学习语言的先天能力，但他们也需要与他人进行大量的直接接触和互动，以达到完全的语言流畅。换句话说，互动理论表明，儿童不能仅仅通过看电视或听对话来学习说话。他们必须与他人充分接触，了解语言的使用环境。照料者往往提供语言支持，帮助孩子学习说话。他们纠正错误，简化自己的言语，并建立帮助儿童发展语言的脚手架。这种早期语言发展中来自照顾者、父母或老师的支持也可以被称为"语言习得支持系统（Language Acquisition Support System）"。[①]

斯诺（Snow）认为，成人在儿童的语言发展中起着重要作用。她还提出了"原生对话"的建议——照顾者和婴儿之间对话交流。在社会互动中，互动论者强调学习者本身的认知能力及其所处环境对语言习得的影响，认为儿童的语言发展离不开个体与环境语言的互动。[②] 根据这一理论，儿童学习语言是出于与周围世界交流的愿望。语言从社会互动中产生，并依赖于社会互动。交互主义方法声称：如果我们的语言能力是出于沟通的愿望而发展的，那么语言就取决于我们想与谁沟通。这意味着人们的成长环境将严重影响学习说话的程度和速度。例如，只由母亲抚养的婴儿更有可能学会"妈妈"这个词，而不太可能学会"爸爸"。语言课往往先教常用的词汇和短语，然后着重于建立对话而不是简单的死记硬背。即使我们在母语中扩大了我们的词汇量，我们也会记住使用频率最高的词。

（二）维果茨基（Vygotsky）的社会文化互动理论

维果茨基 1962 年提出语言发展的社会文化理论，为互动主义理论奠定了基础。他认为儿童通过与社区中更有知识的人互动和合作，习得他们的文化价值和信仰。他还强调了文化和社会背景在语言学习中的重要性，认为社会学习往往先于语言发展。换句话说，我们对世界、文化和我们周围的人给予了很大的关注。维果茨基 1978 年提出的语言发展理论侧重于社会学习和近端发展区（the Zone of Proximal Development，ZPD）。ZPD 是儿童与他人进行社交互动时习得的发展水平；它是孩子的学习潜力与实际学习之间的

---

① BRUNER J S. Child's talk：Learning to use language ［M］. Oxford：Oxford University Press，1983.

② SNOW C E. The development of conversation between mothers and babies ［J］. Journal of Child Language，1977，4（1）：1—22.

距离。维果茨基的理论还表明，皮亚杰低估了社会互动在语言发展中的重要性。[①]

输入或互动主义理论与乔姆斯基的理论相反，他们强调儿童习得语言时照料者输入语言的重要性。语言的存在是为了交流，只有与有交流欲望的人互动的情况下才能学会。周鹏的研究指出后天的语言环境对儿童语言习得的作用是不容忽视的，它并非只是触发语言习得机制，而是通过高频率的、交谈语境和儿童需求的、略前于儿童语言发展水平的刺激，与儿童的认知能力相互作用推动儿童语言的发展。[②]

这些理论是对乔姆斯基早期立场的有益纠正，儿童有可能在频繁的互动中学习得更快。互动主义方法从社会和生物的角度来解释儿童如何发展语言，摒弃了乔姆斯基的天赋论，本质上也是从认知角度解释儿童语言习得的过程。

如今大多数研究者都承认，先天和后天在语言习得中都起着作用。我们也认同这种观点，认为儿童语言习得是天赋因素和认知发展共同作用的结果，只是一些学者强调学习对语言习得的影响，而另一些学者则强调生物学的影响。当然，语言习得的理论只是研究人员为解释他们的观察而创造的，这些理论之于现实世界的准确性在一定程度上存在主观性。

四、互动语言学

互动语言学（Interactional Linguistics）在功能语言学的基础之上发展而来。其是基于互动行为的语言研究，以会话分析、语境化理论和人类语言学等多重理论为学术支撑，并将真实发生的自然口语作为主要研究对象。塞尔廷（Selting）和库珀-库伦（Couper-Kuhlen）的研究结果指出互动语言学的核心理念在于将语言的结构和使用视为互动语境的必然产物，同样，方梅等的研究结果认为要从社会交际互动（social interaction）这一语言最原本的自然栖息地（natural habitat）之中来考察语言。而这一语言的自然栖息地就是语言交际所处的互动环境。[③] 互动语言学的研究一方面关注在互动交

---

① VYGOTSKY L S. Mind in society：The development of higher psychological processes ［M］. Cambridge：Harvard University Press，1978.

② 周鹏. 儿童语言习得机制跨学科研究：进展、问题和前景 ［J］. 语言战略研究，2021（6）：48－59.

③ 方梅，李先银，谢心阳. 互动语言学与互动视角的汉语研究 ［J］. 语言教学与研究，2018（3）：1－16.

际中被塑造的语言结构，另一方面也注重考察互动交际中的多模态言语行为。

要全面理解语言，就必须将其置于言谈互动的场景中。谢格洛夫（Schegloff）[①]、塞尔廷和库珀-库伦[②]、姚双云和王杰[③]的研究结论具有一致性：言谈互动作为语言的基本形式，是人类语言发展的根基。只有在生动有趣的言谈互动中，人们才能更好地学习和掌握语言。

为了更真实地反映儿童语言发展特点，我们必须关注儿童日常口语会话，观察儿童实际使用中的语言特点。因此我们的语料首先必须是基于真实和自然发生的录音或录像资料，并且不应预先进行理论假设，而应忠实地观察语言现象，对互动中的对话进行实证性研究。互动语言学关注社会交际、互动和认知因素在真实会话中对语言结构及规则的塑造，强调语言生成应是一个动态的过程。语言习得的过程是由互动交际中使用的意义驱动的。在互动过程中，人们首先明确语境，通过语境中包含的暗示，了解说话者的真实意图，进而理解并使用语言。随着语言使用经验的不断积累，个体逐渐熟悉语言规律，并能够灵活有效地进行语言表达。因此，明确的意义实际上来自语境，而非语言符号本身。了解语境的过程是语言习得过程中的重要环节，是理解语言符号意义的关键所在。

婴幼儿在语言习得的早期阶段即开始置身于与家长的交流互动环境之中，即便尚未具备口语表达能力，但他们已开始倾听并理解成人的交际意图，并迅速认识到家长在与自己进行互动沟通，并期待得到回应。儿童通过观察成人之间的言语和非言语活动，逐渐领悟话语的含义。他们通过反复接触、使用和比较成人的言语，特别是引发语的句子，逐步总结出语句的各种构成要素及其相互关系，推导出句法规则。在回应他人时，他们通过句法操作不断尝试，使得语言由最初的片段逐渐发展为完整的表达结构。因此，在对话情境中，儿童会模仿成人的语言规则，根据自身理解生成新的语言结构，甚至表现出一定的创造性。李慧敏和王磊奇的研究显示成人与三岁前儿童沟通时多采用的是"成人引发——儿童作应答"的互动模式，这有利于儿

① SCHEGLOFF E A. Turn organization：One intersection of grammar and interaction ［C］// OCHS E，SCHEGLOFF E A，THOMPSON S A. Interaction and grammar. Cambridge：Cambridge University Press，1996：52—133.

② COUPER-KUHLEN E，SELTING M. Interactional linguistics：Studying language in social interaction ［M］. Cambridge：Cambridge University Press，2018.

③ 姚双云，王杰. 互动语言学在汉语二语教学中的应用：理论基础与实践设计 ［J］. 华文教育与研究，2024（1）：10—16＋25.

童和成人形成共同的关注点，共享语境和知识。^① 邹立志的研究指出成年人和儿童在言语交际功能上存在显著差异，正是由于这种不同，语言互动在有效完成言语交际的同时，还促进了儿童语言能力的发展。^②

互动语言学作为语言学研究的一个重要分支，强调了自然语言的社会交互属性。根据这一理论视角，自然语言的本质不仅仅体现为一系列抽象的语法结构和词汇表征，更重要的是，它源于并服务于人际交往的实际需求。因此，对于儿童而言，语言学习的过程本质上是一个逐步融入成年社会成员之间交流实践的过程，这一过程包括理解和采用成人的交流意图、习得语言表达和提升理解的能力，以及进一步掌握社会文化背景下的交往规则。儿童通过对成人言语行为的模仿和参与，不断积累经验，学会解读和使用复杂的语言符号系统，同时也逐步树立起与社会文化群体相一致的交际意识和行为习惯。尽管这一语言习得的过程需要时间的漫长积累和经验的不断沉淀，但它无疑构成了自然语言不断发展和演进的坚实基础。整体来看，互动语言学为我们理解儿童如何在社会文化环境中学习语言提供了深刻的理论洞察，强调了语言习得不仅是认知发展的结果，更是社会化过程和文化适应的必然产物。

语言习得是一个复杂的过程，受个人的遗传学以及他们生活环境的影响。各种理论不应该被简单地看作是备选方案。几乎所有的理论都无法给出圆满的解释，各自都有一些合理的成分。不过，有几点共识：第一，儿童具有习得语言的先天能力，这一能力不一定是乔姆斯基所说的那种机制。这种能力随着儿童的大脑发育和认知的发展在后天也有一个不断发展的过程。第二，儿童学习语言既有主动性和创造性，但也需大量的语言输入，通过模仿习得语言。第三，儿童学习语言，虽然主要是通过习得的方式，但也有学得的成分。第四，儿童语言习得是一个复杂的过程，有些语言范畴，例如语用能力，几乎需要人们一生去习得。这些在后面的各语言项目的研究中都有体现，每种理论都为我们研究儿童早期语言发展提供了宝贵的思路和有针对性的指导。

---

① 李慧敏，王磊奇. 汉语儿童早期应答语的发展 [J]. 当代语言学，2023 (6)：917－934.

② 邹立志. 互动语言学视角下普通话儿童指别标记语的发展 [J]. 首都师范大学学报（社会科学版），2021 (2)：130－139.

第二章 语　料

第一节　语料库概述

本书采用的自然语料来自"汉语儿童多模态口语语料库",该语料库是临沂大学外国语学院认知科学与语言学能学科平台所建,旨在为鲁东南地区儿童语言研究提供支持①。有关语料库的详细信息请参见表2-1:

表2-1　"汉语儿童多模态口语语料库"构成情况

语料库构成	参加儿童类型	研究内容
普通发展儿童长期跟踪口语语料库	普通发展儿童（TD：Typical Development Children）	句法、语义、语用、词汇等获得与使用情况
发展障碍儿童口语调查语料库	发展障碍儿童： 自闭症儿童（ASD：Autism Spectrum Disorder） 多动症儿童（ADHD：Attention-Deficit/Hyperactivity Disorder） 学习障碍儿童（MLD：Mild Learming Disabilities） 智力障碍儿童（ID：Intellectual Disabilities）	

第二节　语料收集情况简述

一、四名汉语儿童基本信息

本书使用了"普通发展儿童长期跟踪口语语料库"中四名儿童的长期跟踪语料——各儿童出生于山东省临沂市兰山区,无认知缺陷、身体机能发育

---

① 谢楠,张笛. 汉语儿童多模态口语语料库建设研究［J］. 外语电化教学,2017,177（5）：53－60.

16

良好、智力正常、无听说异常。具体情况请见表 2－2：

表 2－2　四名汉语儿童的基本情况

儿童	GYC	SWK	WJH	WMX
性别	女	女	男	男
生日	2012/11/3	2013/01/11	2012/02/20	2012/07/28
开始年龄-转写结束年龄	1；01；06—4；01；02	1；01；12—3；12；28	1；08；20—4；06；23	1；03；20—4；01；05
父母情况	职业：均为高校教师	职业：均为高校教师	职业：父亲为政府工作人员，母亲为高校教师	职业：父亲为律师，母亲为高校教师
	学历：硕士，在读博士	学历：博士，硕士	学历：学士，硕士	学历：学士，硕士
日常生活语言环境	父母与其他看护人均为北方方言，但与 GYC 交流时使用普通话	父母与其他看护人均为北方方言，但与 SWK 交流时使用普通话	父母与其他看护人均为北方方言，但与 WJH 交流时使用普通话	父母与儿童沟通使用普通话，外祖母与儿童沟通使用北方方言
入学年龄及学校语言环境	2 岁 10 个月左右上幼儿园，普通话	3 岁 2 个月左右上幼儿园，普通话	3 岁 6 个月左右上幼儿园，普通话	3 岁 8 个月左右上幼儿园，普通话
语料密度	每周一份（150），字数：1,430,568	每周一份（142），字数：1,346,293	每周一份（140），字数：1,331,462	每周一份（140），字数：1,311,994

＊注：语料密度指每周采集的转写总份数。其中 GYC 较为特殊，她从出生就录有一些小段视频，第十章使用了部分小段视频。

二、语料收集与转写

（一）语料收集

我们成立了录像和转写团队，每名儿童由两名固定的录像成员负责录制，语料库的收集方式为定期定点录像。具体录制情况参见表 2－3。我们始终坚持在自然的、真实的、日常的情景下展开拍摄，尽可能地囊括完整的交际场景，包括实时场景、参与者完整的手势、动作、表情，同时还兼顾成人语言输入以及儿童自身的主动性。在录像过程秉持不干预看护人与儿童的自然互动原则，但是在儿童长时间无语言输出的情况下，会采取不带有测试儿童语言知识或者诱导儿童输出某种语言格式的为目的的策略，比如可能提示看护人发问或者给予玩具来破局。

表 2-3　语料收集情况表

语料收集情况介绍	
时长	一小时不间断录制
频率	每周一次
录制地点	儿童所在地
录制设备	松下摄像机（型号：HDC-HS900GK）
备注	每次录像开始和结束时，录像组成员需要说明 时间、地点、责任人、参与人等信息。

（二）语料转写

本研究平台严格参照 CHILDES 国际标准建设语料库，与此同时我们制定了"汉语儿童多模态口语语料库"转写标准，明确规定了文档命名格式、各种符号的使用标准、无法辨认或者模糊语音的处理方式、停顿、语音延长、重复、回述和场景描述等细节。所有语料都严格按照该标准进行转写。我们为这四名儿童都配备了专业的转写团队，总计转写语料 570 份，转写的语料保存为 eaf、cha、txt 三种格式。每名儿童的转写团队成员构成以及语料转写情况详见表 2-4。基于计算四名儿童 MLU 阶段的需要，在分词时我们使用 SegmentAnt_1.1.0 软件进行分词。基于目前汉语学界对于分词的标准还存在争议，目前我们只根据软件自带的分词标准处理语料，没有进行词性标注。转写界面示例以及输出文本界面请见图 2-1。

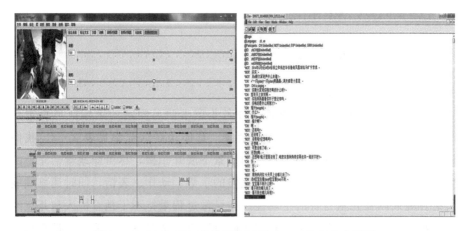

图 2-1　ELAN 转写软件界面以及 CLAN 输出文本界面

表 2 - 4 转写团队构成以及语料转写情况①

每位儿童的转写团队构成	类别	人数	职能
	学生团队成员	2	语料转写
	平台研究员	2	检查、核对文字内容
语料转写软件	ELAN（EUDICO Linguistic Analysis）		
语言分析程序	CLAN（Computerized Language Analysis）		
分词软件	SegmentAnt _ 1.1.0		
检索软件	AntConc _ 3.4.4		
转写时间	GYC：1 岁 1 个月—4 岁		
	SWK：1 岁 1 个月—3 岁 12 个月		
	WJH：1 岁 8 个月—4 岁 6 个月		
	WMX：1 岁 3 个月—4 岁		
转写份数	GYC：150 份		
	SWK：142 份		
	WJH：140 份		
	WMX：140 份		

以下为 SWK 在 3；09；20（3 岁 9 个月 20 天）输出的部分语料转写片段——该样本的场景是 SWK 正在和母亲玩角色扮演游戏。样本中使用了特定符号来标注不同层次语言，具体注解参见表 2 - 5（包含未出现在样本中的符号）。本文所举语例均按照该样本格式进行，同时在语例结尾处标记该名儿童的缩写及该语例产生时的年龄，例如"SWK：3；09；20"表示该语例是名为 SWK 的儿童在她三岁九个月二十天时产生。

　　CHI：你现在是海狮班。

　　MOT：好的♯我现在是海狮班的小朋友了。

　　MOT：老师快带我来♯去参加走路的游戏吧。

　　CHI：你喜欢这个走路的游戏吗?

　　MOT：老师我喜欢那个走路的游戏♯快带我去参加吧。

　　CHI：你说不喜欢。

　　MOT：我喜欢♯我现在非常喜欢。

――――――――――

　　① 该语料转写软件为荷兰 Max Planck 心理语言学研究所开发的免费的多媒体标注软件，下载网址为 https：//tla. mpi. nl/tools/tla-tools/，可以进行转写、标注、搜索、利用视频与文字链接进行回看。

CHI：呀。

CHI：它还有点。

CHI：你要把这个事情告诉妈妈哈。

MOT：好的。

CHI：妈妈会提醒你。

MOT：好的。

CHI：再参加这个走路。

CHI：会带好吃的来接你的呢。

MOT：嗯♯好的。

EXP：Children is singing。

MOT：老师我等得着急了♯什么时候来带我参加走路的游戏啊？

MOT：苗苗老师？

MOT：不是来带我参加走路的游戏的吗？

CHI：不。

CHI：我给你吃好吃的。

CHI：你吃。

CHI：好吃的。

CHI：吃的。

CHI：吃的。

CHI：吃。

MOT：谢谢。

MOT：吃饱了喝足了♯我们去参加走路的游戏吧。

CHI：再吃一点吧。

MOT：不行我吃撑啦♯我就走不动啦。

CHI：啊？

CHI：再吃啊。

CHI：再吃吧♯吃饱了就行。（SWK：03；09；20）

表 2－5　语料中特定符号注解表（按字母排序）

符号	注解
ANT	姨妈等话语层
CHI	儿童话语层
CHI2	小伙伴话语层
exp	解释层（解释说明话语层伴随的场景）

符号	注解
FAT	父亲话语层
GRM	祖母/外祖母话语层
GRP	祖父/外祖父话语层
MOT	母亲话语层
WWW	表示成人间的交流，与儿童无关
xx	表示不能识别的话语
♯	表示句内停顿
~:	表示语音延长

第三节　语料选取标准与语言习得标准

一、语料选取标准

我们的研究基于语料，因此语料的选择是整个研究的基础，需要确定并阐明选取标准。我们的选取标准主要是指儿童自发地、主动地发出清晰明确的话语，即儿童自主输出话语，没有家长的引导、排除掉模仿和重复，只有儿童自主输出的正确、清晰的句子才是我们研究的对象。

二、习得标准

研究儿童语言习得规律时，制定习得标准至关重要，因为这直接影响着我们是否能够提取出关于儿童语言习得的规律。例如，以我们研究对象量词为例，我们可以通过比较不同量词在什么时间或阶段被使用，来发现儿童语言发展的规律。借此我们可以进一步挖掘这背后的原因和机制，最终绘制出儿童习得该语言能力的趋势图。学界关于习得标准有三种界定方法——首现时间习得标准、正确率标准、类型/例子标准，表2-6为习得标准界定原则以及学界使用情况：

表2-6　儿童语言习得标准定义及使用一览表

习得标准	首现时间获得标准	正确率标准	类型/例子（type/token）标准
界定原则	首次自发输出某一项目的时间就是其获得时间	使用输出的某一项目的正确率来作为获得标准	根据自发输出项目类型/例子的次数来判断该项目的获得与否

21

续表

习得标准	首现时间获得标准	正确率标准	类型/例子（type/token）标准
学界使用情况	Stromswold（1995）	Brown（1973）：90%	Wong & Ingram（2003）：3次（type）
	杨贝（2014）	缪小春（1986）：2/3	Rowland et al.（2003）：3次（type）
		Radford（1990）：90%	范莉（2010）：3次（type）
		李宇明 & 陈前端（1998）：2/3	张云秋 & 郭婷（2014）：3次（token）
		Lee & Law（2001）：75%	张云秋 & 李若凡（2017）：3次（token）

关于这三种习得标准学界内一直存在一些争议与分歧。第一，首现时间习得标准不具有科学性，因为儿童首次输出某个语言项目存在一定的偶发性，可能很长一段时间内这个语言项目并没有再次输出，也就是说，这个语言项目实际上还不具备可产性。第二，正确率标准（90%的正确率）太过于严格且具有主观性，儿童语言发展过程具有动态性以及多样性，不可避免地会出现犯错的现象，但是这种错误具有积极作用，他们在错误中自我调整并逐步内化该语言项目。第三，类型/例子标准是学界目前常用的判断标准之一，学界主要的分歧是——是使用自发输出项目类型的数量还是例子的数量来进行判断。我们这里采取学界大部分使用的标准，使用类型（3次）来判断——即儿童自发累计输出一个词3次，且使用正确，即认为儿童习得该研究对象。3次可以是一次录像中出现的次数也可以是连续录像中累计出现的次数。例如：玩小鸟—．（WJH 1；09；25）小鸟♯是的（WJH 2；07；29）刚小鸟慧慧怎么还叫啊？（WJH 2；08；19）一个小鸟一个小鹿．（WJH 2；08；27），"鸟"是在 WJH1 岁 9 个月 25 天出现第一次，在 2 岁 8 个月 19 天出现第二次，在 2 岁 8 个月 27 天出现第三次，累计自主输出三次，我们将"2；08；27"作为 WJH 词汇"鸟"的习得时间。

第四节 儿童语言发展阶段的划分——平均句长

根据具体的研究对象和研究目的不同，需要采用的方法也各不相同，目前学界一般使用以下四种方法描述儿童语言的发展阶段：
①将儿童语言的发展阶段划分为独词阶段、双词阶段和多词阶段。
②使用平均句长（MLU）来划分阶段。

③直接使用儿童的年龄阶段。

④使用某种错误或者结构的出现来界定语言发展阶段。

平均句长（MLU）是一种量化儿童语言发展能力的方法，也是一种客观、简便、可测定和易于理解的语法知识发展指标。它通过将特定话语范围内出现的语素或词的总数除以句子的总数得出的值来衡量。在临床和学术研究中，MLU 已经作为常用的语言分析指标得到了广泛的应用，据勒布（Loeb）等 2000 年的调查显示在语言样本分析中 MLU 的应用率为 91%[1]。张显达指出目前学界检验 MLU 效度的方法有两种：一是长期追踪观察儿童语言发展，二是跨龄研究。[2] 具体见表 2-7：

表 2-7　MLU 效度检验方法表

检验 MLU 效度方法	方法	缺点	代表人物
长期追踪	从收集的语料计算 MLU 长度，并比较其中指标值的变化与相应的句法发展。	在人力、时间上要求很高，需要同时追踪多名儿童，如果有儿童因为突然的家庭事件或者其他因素中断追踪甚至退出，就会影响资料的完整性。	Brown (1973)
跨年龄研究	对数十位到数百位不同年龄层的儿童做访问，将收集的语料计算 MLU，并与其他语言发展指标相比较。	对个别儿童语言发展了解不足，无法探究个别等差异。	Scarborough (1991)

我们使用的语料是长期追踪的语料，期间没有出现中断和退出的情况，因此得出的 MLU 的值是具有效度的。此外我们使用 MLU 量化是因为它的计算单位可以是语素或词。那么从汉语的特点上来看，以词为单位统计 MLU 较为科学，有助于使用 MLU 来对照语言的发展。除此之外，我们的研究还采用将儿童的实际年龄阶段与 MLU 相结合的方法，尽量使研究结果更加客观和更具有科学性。如果只使用一种方法的话，或者只用一个观察指标，儿童的个体语言发展差异——比如性别差异等因素可能会影响研究结果，导致出现偏差最终影响研究的准确度和信度。此外根据普通儿童 MLU 得出的研究成果，可以作为发展障碍儿童语言发展情况的参照，因为发展障

① 盖笑松，杨薇，邰宇．儿童语言样本的分析技术 [J]．心理科学进展，2009，17（6）：1242-1249.

② 张显达．平均语句长度在中文中的应用 [J]．听语会刊，1998（13）：36-48.

碍儿童的语言发展规律和过程与普通儿童类似（发展障碍儿童的语言发展过程比较缓慢并且水平较低）。根据以往文献的研究方法[①]，我们统计了四名儿童每次录像的 MLU，并将 MLU 值小于 2 划分为一个阶段，接下来以 0.5 为一个单位刻度进行划分，大于 4 的作为最后一个阶段。四名儿童的具体 MLU 值请见表 2 - 8。

表 2 - 8 四名儿童语言发展阶段——以 MLU 值为标准

儿童情况		第一阶段 MLU 值：<2.0	第二阶段 MLU 值：2.0—2.5	第三阶段 MLU 值：2.5—3.0	第四阶段 MLU 值：3.0—3.5	第五阶段 MLU 值：3.5—4.0	第六阶段 MLU 值：>4.0
GYC	年龄	1；01；06— 1；12；18	2；01；13— 2；03；15	2；03；22— 2；05；23	2；06；01— 2；12；23	3；01；12— 3；09；11	3；09；18— 4；01；02
	MLU	1.33—1.87	2.38—2.45	2.54—2.81	3.11—3.45	3.54—3.87	4.01—5.02
SWK	年龄	1；01；12— 2；03；24	2；04；01— 2；07；07	2；07；14— 2；10；21	2；10；28— 3；02；12	3；02；18— 3；12；28	
	MLU	1.46—1.97	2.07—2.45	2.51—2.93	3.05—3.49	3.52—3.99	
WJH	年龄	1；08；20— 2；01；04	2；01；11— 2；03；24	2；04；01— 2；07；03	2；07；08— 3；07；03	3；07；11— 3；09；07	3；09；14— 4；06；23
	MLU	1.66—1.99	2.05—2.46	2.51—2.95	3.08—3.49	3.51—3.97	4.05—5.31
WMX	年龄	1；03；20— 2；01；06	2；01；13— 2；04；25	2；05；02— 2；08；01	2；08；08— 3；05；10	3；05；16— 4；01；05	
	MLU	1.27—1.78	2—2.43	2.51—2.92	3.05—3.42	3.5—3.99	

儿童 MLU 值不是稳步上升的，会由于某种因素影响到 MLU 值的波动，所以表 2 - 8 中 MLU 值与年龄时间点并非一一对应。我们选取的是阶段性质的数值，也就是说某个阶段的 MLU 值是稳定的，从区间中选取出最大和最小的 MLU 值，即为表中所呈现的语言发展阶段。从表中可以看出这个年龄段的儿童至少有五个语言发展阶段，语言发展较快的甚至可以到第六阶段，比如 GYC 和 WJH。总体来说，如果两个词出现的语言发展阶段不同，那么它们的习得处于两个不同的阶段；如果两个词在同一语言发展阶段出现，那么可以说它们是同一时期习得的，但是体现在儿童的实际年龄上可能会有差异，并且习得的顺序也有差异。

---

① ROWLAND C F, PINE J M, LIEVEN E V, &. THEAKSTON A L. Determinants of acquisition order in wh-questions：Re-evaluating the role of caregiver speech ［J］. Journal of Child Language，2003，30（3）：609—663. 以及 BROWN R. A first language：The early stages ［M］. Cambridge：Harvard University Press，1973.

第三章　汉语儿童常用句末语气词习得

第一节　汉语学界句末语气词研究概述

贺阳指出语气是一种通过语法形式表达复杂主观情绪一种语法范畴。[①]表达语气的方式有多种，包括语调、句型变化、语气词和其他语气元素（语气副词、助动词和叹词），而语气词则可被看作是汉语语气范畴中的一种基本形式标志，其语法形式必须是封闭的，这是汉语语法区别其他语言的一个重要特点。汉语中人们经常在句末使用语气词来表达讲话者对某些行为或事件的态度和看法，同时这些语气词的使用也能够增加语言交流的情感色彩。然而，由于没有像英语、俄语等印欧语系语言中的语气词这样的虚词词类，因此给外国留学生学习汉语语气词带来了困难——他们常常在需要时不使用，而在不需要时却又使用了。另一方面，汉语儿童在早期阶段就掌握了语气词的使用，而且很少出错。因此，深入研究汉语儿童如何能够在相对较短的时间内掌握语气词的使用，并为何对母语表达的情绪如此敏感是很有价值的。

非汉语学界关注较多的是情态（modality）。而把语气（mood）看成一种从属于动词的一个语法范畴，通过动词的曲折变化来表达。同时，语言学家对欧印语系的语气研究较多，但对汉藏语系的语气研究较少。关于儿童语气词的研究主要见于日语和韩语中，日语里儿童语气词的研究者主要有宫原（Miyahara）[②]、克兰西（Clancy）[③]、松冈（Matsuoka）[④]、白井

---

① 贺阳. 试论汉语书面语的语气系统 [J]. 中国人民大学学报，1992 (5)：59—66.

② MIYAHARA M. The acquisition of Japanese particles [J]. Journal of Child Language，1974，1：283—286.

③ CLANCY P M. The acquisition of Japanese [C] //SLOBIN D I. The cross-linguistic study of language acquisition：Volume 1：The data. Hillsdale，NJ：Lawrence Erlbaum，1985：373—524.

④ MATSUOKA K. The acquisition of Japanese case particles and the theory of case checking [D]. Storrs Mansfield：University of Connecticut，Storrs，1998.

(Shirai) 等①、藤本（Fujimoto）②、村杉（Murasugi）③ 等，韩语中的研究主要见于克兰西④、崔（Choi）⑤、李（Lee）⑥ 等人，其中有类似于汉语的语气词类别。这些研究为以后的研究提供了一些有意义的研究方法和观点。日语儿童语言习得的早期数据大部分来自父母的观察和日记研究，如大久保（Okubo）⑦ 将自己与孩子（从一岁至六岁）之间的对话进行录音；藤原（Fujiwara）⑧ 通过日记的形式对自己儿女与家庭成员之间的互动进行研究；还有野地（Noji）⑨ 也是通过日记的形式对自己和儿子从出生到六岁的对话进行研究。虽然早期的这些研究包含实质的数据，但他们仅仅进行了一些描述并没有对一个特殊语言点进行研究，因此对儿童语言的比较和分析是较为困难的。

克兰西的纵向研究数据由 30 小时组成（搜集范围从一岁半到三岁半的日本儿童的语料），描绘了日本儿童语法习得的一个大致阶段，并完成了日语语气词习得顺序的综合研究。⑩ 宫原的纵向研究结论与克兰西的类似⑪。藤本将儿童的语气词习得情况与他们母亲的话语输入进行了相关研究，发现儿童在 MLU 为 3.0 的时候，就开始以自己特定的模式习得语气词，并且与

---

① SHIRAI J，SHIRAI H，FURUTA Y. On the acquisition of sentence-final particles in Japanese [C] //PERKINS M，HOWARD S. New directions in language development and disorders. New York：Springer，2000：243－250.

② FUJIMOTO M. L1 acquisition of Japanese particles：A corpus [D]. New York：The City University of New York，2008.

③ MURASUGI K. Steps in the emergence of full syntactic structure in child grammar [J]. Nanzan Linguistics，2013，9：85－118.

④ CLANCY P M. Form and function in the acquisition of Korean wh-questions [J]. Journal of Child Language，1989，16（2）：323－347.

⑤ CHOI S. Early acquisition of epistemic meanings in Korean：A study of sentence-ending suffixes in the spontaneous speech of three children [J]. First Language，1991，11（1）：93－119.

⑥ LEE C. The acquisition of modality [C] //LEE C，SIMPSON G，KIM Y，LI P. The handbook of East Asian psycholinguistics：Volume III Korean. Cambridge：Cambridge University Press，2009：187－220.

⑦ OKUBO A. Yooji gengo no hatatsu [M]. Tokyo：Tokyodoo，1967.

⑧ FUJIWARA Y. Yooji no gengo hyoohen nooryoku no hattatsu [M]. Tokyo：Bunka Hyoron Publishing Co，1977.

⑨ NOJI J. Yooji no jgengo seikatsu no jittai（Vols. 1－4）[M]. Tokyo：Bunka Hyoron Publishing Co，1974—1977.

⑩ CLANCY P M. The acquisition of Japanese [C] //SLOBIN D I. The cross-linguistic study of language acquisition：Volume 1：The data. Hillsdale, NJ：Lawrence Erlbaum，1985：373－524.

⑪ MIYAHARA M. The acquisition of Japanese particles [J]. Journal of Child Language，1974，1：283－286.

母亲输入的语气词频率的相关性不大。① 从话语标记的角度看，村杉认为日本儿童话语标记（ne、na）的出现要早于 RIAs（Root Infinitive Analogues）并且在儿童没完全习得 SFPs 的句法属性之前，他们就能够利用语用线索来连用 RIA 和 SFP。② 其他学者对语气词的研究焦点是格标记（-ga、-o 和-ni）和一个特定的语气词，如松岗③研究了-ni；白井等④学者研究了句末语气词；近年来，日本研究者，比如松井（Matsui）等⑤以及松井和山本（Yamamoto）⑥ 采用实验的方法从心理理论、认知和语用学来研究儿童的句末语气词的特殊用途。基于认知发展的普遍性，克兰西⑦通过交叉数据对两名讲韩语的儿童习得 wh 疑问语气词的顺序进行了研究，结论是这个顺序是基于认知发展的普遍性，习得顺序的差异性使用家长和儿童之间的互动风格、输入频率和儿童个人对语言形式选择的不同来解释。

汉语学界对儿童语气词习得研究主要集中在普通话和粤语，普通话儿童语气词的研究主要见于李（Li）、刘（Liu）、钱（Qian）、宋（Song）、陶（Tao）、彭（Peng）的研究，粤语儿童语气词的研究主要见于李（Lee）⑧、李和罗（Law）⑨ 的研究，此外还有台湾地区也有儿童语气词的研究，如厄

---

① FUJIMOTO M. L1 acquisition of Japanese particles：A corpus [D]. New York：The City University of New York，2008.

② MURASUGI K. Steps in the emergence of full syntactic structure in child grammar [J]. Nanzan Linguistics，2013，9：85－118.

③ MATSUOKA K. The acquisition of Japanese case particles and the theory of case checking [D]. Storrs Mansfield：University of Connecticut，Storrs，1998.

④ SHIRAI J，SHIRAI H，FURUTA Y. On the acquisition of sentence-final particles in Japanese [C] //PERKINS M，HOWARD S. New directions in language development and disorders. New York：Springer，2000：243－250.

⑤ MATSUI T，YAMAMOTO T，MCCAGG P. On the role of language in children's early understanding of others as epistemic beings [J]. Cognitive Development，2006，21（2）：158－173. MATSUI T，YAMAMOTO T，MIURA Y，MCCAGG P. Young children's early sensitivity to linguistic indications of speaker certainty in their selective word learning [J]. Lingua，2016，27（1）：175－176.

⑥ MATSUI T，YAMAMOTO T. Developing sensitivity to the sources of information：Early use of the Japanese quotative particles tte and to in mother-child conversation [J]. Journal of Pragmatics，2013，59：5－25.

⑦ CLANCY P M. Form and function in the acquisition of Korean wh-questions [J]. Journal of Child Language，1989，16（2）：323－347.

⑧ LEE H T T，WONG C H，WONG C S P. Functional categories in child Cantonese [C] // Paper presented at the Seventh International Conference on the Cognitive Processing of Chinese and Other Asian Languages，Chinese University of Hong Kong，Hong Kong，1995.

⑨ LEE H T T，LAW A. Epistemic modality and the acquisition of Cantonese final particles [C] //NAKAYAMA M. Issues in East Asian language acquisition. Tokyo：Kuroshio Publishers，2001：67－128.

博（Erbaugh）[①] 和常（Chang）[②] 的研究。普通话的语气词习得研究主要以硕士论文为主（其中博士论文一篇），具体情况请见表 3-1。粤语的儿童语气词习得研究主要以香港中文大学的粤语语料库的产出成果为主，如李等学者研究了两名讲粤语儿童的自然追踪语料，发现两名儿童在 1；09 至 1；11 之间习得了各类功能范畴，其中就包括句末语气词；[③] 李和罗分析了三名粤语儿童的 2—3 岁之间的追踪语料，认为句末语气词出现在儿童的双词阶段，并且重点研究了几个语气词的习得情况（lo1，wo5，gwaa3）。[④] 高（Ko）着重对讲粤语的儿童句末语气词的形式和功能进行研究。[⑤] 厄博在对四名台湾儿童的语言习得的研究中，仅对 SFPs 进行了较少的讨论（了，啊，呢，吗），并认为儿童发展出 CP 层（Complementizer Phase）的标志是话题化和 SFPs。[⑥] 常对一名台湾儿童进行了个案追踪研究（2；03－3；00），探讨了句末语气词的语用功能并比较与成人语气词语用功能的异同。[⑦]

表 3-1　汉语学界儿童语气词习得研究概况[⑧]

作者时间	语料情况	研究内容	理论解释
钱益军（2003）	群案（105 人）＋追踪（2 人；0；08—2；04，1；08—2；08，－CHILDES）	四类语气词＋六个典型语气词（了、啊、吧、的、呢、吗）	基于使用的

① ERBAUGH M. The acquisition of Mandarin ［C］ //SLOBIN D I. The cross-linguistic study of language acquisition. Hillsdale, NJ：Lawrence Erlbaum Associates，1992：373－524.

② CHANG M H T. The Discourse Functions of Mandarin Sentence-final Particles：A Longitudinal Case Study of a Child from Twenty-Seven Months Through Three Years Old ［D］. Taipei：National Taiwan Normal University，1991.

③ LEE H T T，WONG C H，WONG C S P. Functional categories in child Cantonese ［C］ // Paper presented at the Seventh International Conference on the Cognitive Processing of Chinese and Other Asian Languages，Chinese University of Hong Kong，Hong Kong，1995.

④ LEE H T T，LAW A. Epistemic modality and the acquisition of Cantonese final particles ［C］ //NAKAYAMA M. Issues in East Asian language acquisition. Tokyo：Kuroshio Publishers，2001：67－128.

⑤ KO C. Form and function of sentence final particles in Cantonese-speaking children ［D］. Hong Kong：University of Hong Kong，2000.

⑥ ERBAUGH M. The acquisition of Mandarin ［C］ //SLOBIN D I. The cross-linguistic study of language acquisition. Hillsdale, NJ：Lawrence Erlbaum Associates，1992：373－524.

⑦ CHANG M H T. The Discourse Functions of Mandarin Sentence-final Particles：A Longitudinal Case Study of a Child from Twenty-Seven Months Through Three Years Old ［D］. Taipei：National Taiwan Normal University，1991.

⑧ 我们用＋CHILDES 表示使用了国际通用的语料建设标准，－CHILDES 表示没有使用，我们使用儿童姓名的汉语拼音首字母来代表儿童，1；01；06 代表 1 岁；1 个月；6 天，下同。

续表

作者时间	语料情况	研究内容	理论解释
李慧敏（2005）	同上	六个典型语气词（同上）+五个非典型+五个合音	基于使用的
刘雅娟（2009）	追踪（1人为主：1；02—3；07，3人为辅：1；10—2；02，+CHILDES）	吧、吗	基于使用的（认知+语用）
陶小宇（2012）	追踪（4人：0；10—2；00，+CHILDES）	四个语气词（呢、吧、吗、嘛）	基于规则的
王悦婷（2012）	追踪（2人：1；02—4；06，1；06—4；06，+CHILDES）	研究情态中包含五个语气词（呢、吧、吗、呗、嘛）	基于使用的（认知+语言能力）
宋晓琳（2013）	追踪（1人：0；10—1；10，	吧、吗	基于规则的

　　上述研究主要集中在句末语气词的句法和语义方面，并取得了一定的成果。但儿童语气词习得研究在语料使用上儿童数量较少（只有 2—3 名孩子），部分语料没有按照国际通用规则 CHILDIES（Child Language Data Exchange System）进行收集整理，缺乏系统分析数据的基础理论，缺乏一个所有类型语气词的概述，也没有提出一个可以解释现象的一般规则。我们的研究是以儿童多模态口语语料库①为依托，从中选取了四名儿童的长期追踪语料，在儿童语言发展相对完整的情况下，对句末语气词的习得进行了系统的研究，并关注语言在实际交流中的动态特性，特别是引入互动视角来研究儿童语气词习得可以更全面地理解儿童语言发展的过程。在选取语料的时候我们注意了性别方面的平衡（两男两女），尽管开始追踪的时间稍有不同（取决于男孩较女孩在早期语言发展方面的阶段性延迟），但是追踪的时间都是在儿童并没有产出语气词之前就开始了，因此具有较好的前语言阶段的基础。阶段性的终结时间段我们统一选取在四岁这个年龄段。力求在儿童话语能力发展相对完善的条件下，对儿童的语气词习得情况进行研究。

---

　　① 语料库是建库伊始就根据 CHILDES 语料库建设方法制定了一套科学统一的录制、转写与提取标准与规范，四名儿童的语料全部按照该标准与规范进行搜集与整理，力求研究的基础具有较强的科学性、规范性与持续性。

第二节　本次研究设计

一、研究对象

经过语料检索，我们得到 16 个句末单音节语气词，但是有些单音节语气词出现的频率相对较低（少于 50 次，而且有些甚至是个位数或者 10 次左右），这可能造成语气词习得趋势分析失真。因此我们选择了出现次数高于 50 次的语气词进行单音节语气词总趋势的分析，分别是：啊、吧、吗、呢、的、了①、嘛、啦、喽②，请见图 3-1 和图 3-2③（图纵轴为语气词习得天数，横轴为语气词种类，四种不同颜色的折线代表四名儿童）。

从图 3-1 中可以看出，四名儿童中 GYC、SWK 和 WJH 三名儿童的语气词发展趋势和发展的时间段都非常相似，另一名儿童 WMX 的语气词发展水平高于其他三名儿童。其发展时间与其他三名儿童有较为明显的差距，WMX 的语气词发展折线处于整个图的最上部很少与其他三名儿童的折线重合，从图 3-2 中根据 MLU 的划分阶段，差距更为显著。WMX 单音节语气词"吗、的、了2、嘛、啦"与其他三名儿童相比皆高出一个阶段，SWK 单音节语气词"喽"比其他三名儿童低一个阶段。那么这些差异意味着什么呢？为了揭示儿童使用常见单音节语气词的总体发展概貌，我们需要详细分析这九个语气词的实际习得时间、同一个发展阶段的内部习得次序、MLU 阶段和使用频率等。

二、研究问题

本次研究，我们主要探讨三个问题：

①句末语气词习得顺序是怎样的？

---

① 当"了"处于句中宾语、补语之前时，则为动态助词"了$_1$"；当"了"处于句尾名词性宾语和数量补语之后时，则为语气词"了$_2$"；当"了"处于句尾动词、形容词之后时，一般就兼有语气词和动态助词两种作用，记作"了$_{1+2}$"。其中的"了$_{1+2}$"由于受到汉语"V/Adj＋了"常用表达式的影响获得时间较早并且不好界定"了$_{1+2}$"是口气词还是语气词，在这里先暂时仅讨论语气词"了$_2$"。

② 具体语料请见附录。

③ 为了更科学地对儿童语气词的获得阶段进行观察，我们以 MLU 值为标准将语气词的获得时间进行了划分。MLU（Mean Length of Utterance）就是将特定范围内话语中出现的语素或者词的总数除以句子的总数得出的值。把 MLU 值小于 2 划分为一个阶段，接下来以 0.5 为一个单位刻度进行划分，大于 4 的作为最后一个阶段，限于篇幅所限，此处只给出 MLU 的阶段。

②互动视角下，儿童与家长之间的互动如何影响儿童对句末语气词的习得？

③是否能够构建一个儿童句末语气词习得模式？

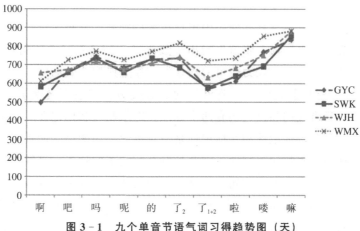

图 3-1 九个单音节语气词习得趋势图（天）

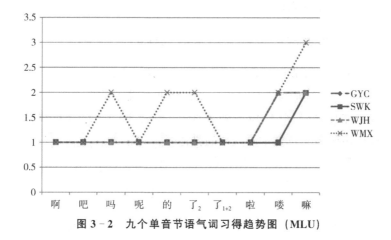

图 3-2 九个单音节语气词习得趋势图（MLU）

第三节 汉语儿童常用句末语气词习得描写

一、语气词分类

本章主要参照刘丹青①的研究进行分类，着重考察 9 个句末语气词，分

① 刘丹青. 语法调查研究手册［M］. 上海：上海教育出版社，2017.

类如下：

$$典型语气词\begin{cases}功能语气词（functional\ particle）：的、了_2、吗\\口气词（tone\ particle）：啊、吧、呢\end{cases}$$

一般语气词啦、喽、嘛（合音语气词）

典型语气词就是指日常使用中出现频率特别高、分布比较广，表达语气相对复杂的6个语气词。张谊生指出一般语气词就是指日常使用频率较低，分布比较窄，表达语气较为简单的语气词，除了典型语气词外，其他的都是一般语气词。[①] 目前典型和一般语气词的分类方法已在学术界达成基本共识。区分功能语气词和口气词有两个标准，即限制性和标记性。限制性和可选性是一对概念，标记性和非标记性是一对概念。功能语气词具有基本的交际功能，有相对较强的限制性，因此具有补全句子的功能。口气词在句中加入了说话人的态度，不影响句子的基本交际功能，所以可以省略。标记性是指功能语气词可以标记句子类型（sentence type），如陈述句、疑问句等。也就是说如果一个词语是功能语气词，那么它可以标记句子类型，而不出现在所有的句子类型的末尾。

二、汉语儿童常用单音节句末语气词的习得情况

四名儿童的单音节句末语气词习得情况见表3-12、表3-13、表3-14、表3-15。为了更清楚地进行分析，我们将四名儿童的九个单音节句末语气词的习得具体月龄和MLU阶段列表3-2和表3-3。结合折线图和列表，我们可以得出四名儿童九个语气词的具体习得顺序为：

GYC：啊＞了$_{1+2}$＞啦＞吧＞呢＞的＞吗＝了$_2$＞喽＞嘛

SWK：了$_{1+2}$＞啊＞啦＞吧＝呢＞了$_2$＞吗＞的＞喽＞嘛

WJH：了$_{1+2}$＞啊＞吧＝呢＞啦＞的＞吗＞了$_2$＞喽＞嘛

WMX：啊＞了$_{1+2}$＞吧＞啦＞呢＞吗＞了$_2$＞的＞喽＞嘛

表3-2　儿童九个语气词的习得年龄

	啊	吧	吗	呢	的
GYC	1；04；12	1；10；04	1；12；18	1；12；04	1；12；11
SWK	1；07；08	1；09；25	1；12；10	1；09；25	1；12；17
WJH	1；09；22	1；10；09	1；11；20	1；10；09	1；11；13

---

① 张谊生.现代汉语虚词［M］.上海：华东师范大学出版社，2000.

	了₂	了₁₊₂	嘛	啦	喽
WMX	1；08；07	1；12；02	2；01；13	1；12；28	2；03；01
GYC	1；12；18	1；06；26	2；03；15	1；08；06	2；02；28
SWK	1；10；20	1；07；02	2；04；08	1；09；04	1；10；27
WJH	1；12；24	1；08；27	2；04；30	1；10；18	2；02；10
WMX	2；02；28	1；11；27	2；05；02	1；12；11	2；04；05

表 3-3　儿童九个语气词习得的 MLU 阶段

	啊	吧	吗	呢	的	了₂	了₁₊₂	嘛	啦	喽
GYC	1	1	1	1	1	1	1	2	1	2
SWK	1	1	1	1	1	1	1	2	1	1
WJH	1	1	1	1	1	1	1	2	1	2
WMX	1	1	2	1	2	2	1	3	1	2

　　综合图 3-1、图 3-2 和表 3-2、表 3-3，可发现四名儿童的语气词总体习得模式。六个典型语气词"啊、吧、吗、呢、的、了"和一个一般语气词"啦"基本处于 MLU 的第一个阶段，其中，"吗、的、了₂"的习得时间与其他四个语气词相比，习得较晚。但有一个例外，WMX 的"吗、的、了₂"习得是在 MLU 的第二阶段，这个例外恰恰启发我们去研究这六个典型语气词的具体习得顺序。结果发现，其他三名儿童"吗、的、了₂"的习得次序都晚于"啊、吧、呢"，因此，在 MLU 第一阶段习得的六个语气词可划分为两个层次：MLU 第一阶段的第一梯队，为主观性强的口气词（啊、吧、呢）语气词习得；第二层次为 MLU 第一阶段的第二梯队，是功能性较强的功能语气词（吗、的、了₂）习得。其余的三个一般语气词"啦""嘛"和"喽"也使用频率较高，"啦"处于 MLU 的第一个阶段；"嘛"和"喽"处于 MLU 的第二个阶段。在这里有两个例外是 SWK 的"喽"出现较早处于 MLU 的第一个阶段，而 WMX 的"嘛"出现较最晚处于 MLU 的第三个阶段，该例外也辅证了其他三名儿童对这两个一般语气词习得而言，"喽"要早于"嘛"。

　　通过综合考虑四名儿童的语气词习得时间、阶段和顺序，我们可以得到儿童常用语气词的习得模式。由于个体差异，四名儿童语气词的习得阶段并不完全吻合，但是习得时间和习得阶段可以在次序上有某种契合性。例如三名儿童的口气词（啊、吧、呢）的习得时间和顺序都早于功能语气词（吗、的、了₂），另一名儿童的口气词（啊、吧、呢）的习得阶段（MLU）则早于功能语气词（吗、的、了₂）。剩下的一般语气词的习得次序则为"啦""喽""嘛"，其中四名儿童的"啦"皆在第一阶段习得（MLU）；三名儿童的"喽"在第二阶段习得（MLU），一名儿童的"喽"在第一阶段习得（MLU）；三名儿童的"嘛"在第二阶段习得（MLU），一名儿童的"嘛"在第三阶段习得（MLU）。虽然"喽"和"嘛"的习得阶段皆有一个例外，但是这个例外可以用来辅证"喽"和"嘛"的习得次序，即"喽"的习得次序要早于"嘛"。四名儿童语气词总体习得规律为（借用符号">"表示"早于"）：

①典型语气词的习得规律为：口气词（啊、吧、呢）＞功能语气词（吗、的、了₂）。

②一般语气词的习得规律为：啦＞喽＞嘛。

③语气词的整体习得规律为：（啊、吧、呢、啦）＞（吗、的、了₂）＞（喽、嘛）。

三、汉语儿童常用单音节句末语气词习得模式的原因分析

既然我们已经得到汉语儿童句末语气词的习得规律，那么其规律背后的深层次的运行机制或者说习得原因的主因素是什么？是儿童语言自身的发展内在规律还是家长的语言输入决定了儿童语气词的习得？

我们将儿童和家长的语气词使用频率和平均值列表3-4、表3-5和图3-3、图3-4。可发现不论是儿童还是家长的典型语气词的使用频率都比一般语气词的使用频率高，这符合我们对语气词的分类。但是由于数据的复杂性，关于儿童使用语气词内部规律和家长对儿童语气习得的影响不能进一步观察到。因此，应用SPSS软件对四名儿童语气词使用频率与家长的语气词使用频次进行Pearson（R）相关性分析，请见表3-7。

表3-4 儿童与家长语气词使用频次情况一览表（单位：次）

	啊	吧	吗	呢
GYC	5.43	11.95	5.38	5.85
GYCJZ	63	63	27.92	15.99
SWK	3.56	9.14	8.05	7.37
SWKJZ	58.38	31.46	16.43	15.9
WJH	4.58	13.25	8.23	3.02
WJHJZ	77.14	66.51	31.58	7.76
WMX	3.08	11.42	14.48	11.02
WMXJZ	41.06	35.79	28.94	10.9

续表

	的	了	啦	喽	嘛
GYC	3.04	27.59	2.38	0.82	0.76
GYCJZ	23.28	37.95	5.39	0.6	1.43
SWK	2.6	20.83	6.26	0.55	0.79
SWKJZ	30.45	40.15	12.42	1.77	1.36
WJH	4.02	24.22	5.54	0.77	0.76
WJHJZ	26.1	25.74	13.14	1.18	5.73
WMX	3.17	31.39	2.02	0.98	0.84
WMXJZ	18.25	20.31	6.14	1.31	2.86

表 3 - 5　儿童与家长使用语气词平均值[①]情况一览表（单位：次/份）

	啊	吧	吗	呢	的	了	啦	喽	嘛
GYC	5.43	11.95	5.38	5.85	3.04	27.59	2.38	0.82	0.76
GYCJZ	63	63	27.92	15.99	23.28	37.95	5.39	0.6	1.43
SWK	3.56	9.14	8.05	7.37	2.6	20.83	6.26	0.55	0.79
SWKJZ	58.38	31.46	16.43	15.9	30.45	40.15	12.42	1.77	1.36
WJH	4.58	13.25	8.23	3.02	4.02	24.22	5.54	0.77	0.76
WJHJZ	77.14	66.51	31.58	7.76	26.1	25.74	13.14	1.18	5.73
WMX	3.08	11.42	14.48	11.02	3.17	31.39	2.02	0.98	0.84
WMXJZ	41.06	35.79	28.94	10.9	18.25	20.31	6.14	1.31	2.86

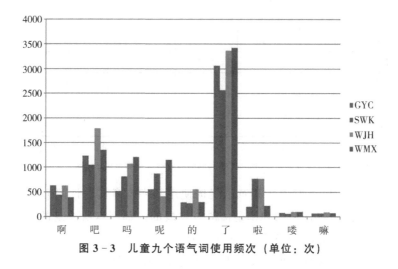

图 3 - 3　儿童九个语气词使用频次（单位：次）

---

　　① 语气词使用频率平均值是用每个语气词出现的总频次除以语料总份数，其中每位儿童的每个语气词的语料总份数是从这个语气词初现的那份语料直至最后那份语料，每位家长的每个语气词的语料总份数是整个跟踪过程的语料份数。

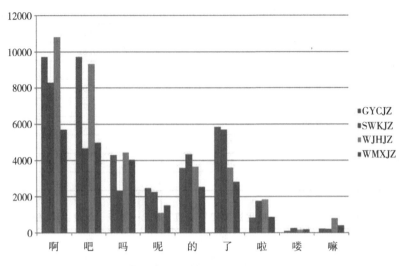

图 3-4　家长九个语气词使用频次（单位：次）

表 3-6　儿童与家长语气词使用频率相关分析情况一览表（N＝8）

统计指标	均值 （mean）	标准差 （SD）	单样本 T 检验	儿童自身显 著性（双侧） （p）	Pearson （R） 相关性	家长与儿童 相关显著性 （双侧）（p）
GYC	7.02	8.43	2.5	.037		
GYCJZ	26.51	24.14			.488	.182
SWK	6.57	6.20	3.18	.013		
SWKJZ	23.15	18.70			.400	.286
WJH	7.15	7.48	2.87	.021		
WJHJZ	28.32	26.84			.312	.414
WMX	8.41	9.78	2.58	.033		
WMXJZ	18.40	14.45			.279	.467

注：p＞0.05 表示差异性不显著；0.01＜p＜0.05 表示差异性显著；p＜0.01 表示差异性极显著。R 是相关系数，在［－1，1］之前，R 越大说明两者的关系越密切。

　　由表 3-6 可以看出，儿童语气词使用频率自身显著性的 p＜0.05，这意味着儿童的语气词使用频率是由语言发展的内部因素所决定的[①]；家长与儿童的 Pearson（R）相关性系数范围为 0＜0.279－0.488＜0.5，可认为两者具有一定的相关性，但是家长与儿童的相关显著性 p＞0.05，实际上家长

---

　　① 儿童自身我们没有使用相关性分析，因为并不需要对四名儿童进行两两相关性分析，只需要家长与儿童的相关性分析。

的语气词输入对于儿童语气词的使用频率不具有显著性影响，说明家长的语气词输入并不是决定儿童使用语气词的主要因素。

如果儿童的语气词使用频率真是语言发展的内部因素所决定的，那么什么内部因素可能起主导作用呢？为了试图找出答案，需要进一步进行探讨。我们统一截取了 2；01－3；12 这 24 个月的每位儿童的语气词出现频率[①]进行四名儿童整体的语气词因子分析。具体情况请见表 3－7。

表 3－7　儿童单音节句末语气词（N＝24）使用频率情况（整体数据）

	均值	标准差
啊	17.31	5.61
吧	54.07	14.75
吗	30.59	12.05
呢	32.32	13.89
的	13.14	4.79
了₂	25.89	10.35
嘛	2.93	1.56
啦	21.17	9.44
喽	3.41	2.36

随后对数据进行了可行性分析：KMO（Kaiser-Meyer-Olkin）检验目的是检验数据是否适合用于因子分析。如果 KMO 接近 1，表示适合做因子分析，如果 KMO 接近 0，表示不适合做因子分析。

表 3－8　KMO 和 Bartlett 的检验（整体）

取样足够度的 Kaiser-Meyer-Olkin 度量		.716
Bartlett 球形度检验	近似卡方	81.939
	df（自由度）	36
	Sig.（显著性）	.000

由表 3－8 我们可以看出，KMO 检验结果大于 0.7，属于较好，Bartlett 球形度检验具有高度显著性（p＜0.01），说明四名儿童的整体数据较适合作因子分析。用主成分法提取因子时，初始一致性之和为 1，所有变量的一致性都大于 0.6（＞0.5），因此，提取的因子能够较好地反映原始变量的

---

① 以月为单位进行统计，有的儿童语气词出现晚于 2；01，我们统一进行加权处理，默认为出现 1 次，这样并不影响最终的分析结果。

信息（见表3-9）。

表3-9 儿童单音节句末语气词公因子方差（整体数据）

	初始	提取
啊	1.000	.786
吧	1.000	.777
吗	1.000	.700
呢	1.000	.827
的	1.000	.789
了$_2$	1.000	.782
嘛	1.000	.760
啦	1.000	.641
喽	1.000	.615

表3-10 儿童单音节语气词整体因子提取总的方差解释

成份	初始特征值			提取平方和载入		
	特征值	贡献率%	累积贡献率%	特征值	贡献率%	累积贡献率%
1	3.426	38.061	38.061	3.426	38.061	38.061
2	2.078	23.091	61.152	2.078	23.091	61.152
3	1.174	13.039	74.192	1.174	13.039	74.192
4	.628	6.980	81.172			
5	.527	5.855	87.027			
6	.469	5.207	92.235			
7	.327	3.632	95.867			
8	.228	2.534	98.400			
9	.144	1.600	100.000			

从表3-10中我们可以看出，四名儿童整体>1的特征值有3个，对应的累积贡献率为74.192%，较好。因此提取了3个因子，累计贡献率为：74.192%。即男童组语气词的发展过程中因素的74.192%取决于3个因子。

表3-11 儿童语气词整体因子成分矩阵

因子成份	1	2	3
啊	.786	−.397	.104
吧	.684	.428	.354

因子成份	1	2	3
吗	.857	.645	−.149
呢	351	−.116	−.281
的	.669	−.049	.583
$了_2$	.877	−.108	−.028
嘛	.451	.269	−.696
啦	.034	.798	−.050
喽	−.246	.667	.331

从表 3－11 中我们可以看出，四名儿童语气词第一个整体因子中表现突出的是"吗"和"$了_2$"＞0.8；第二个整体因子中表现突出的是"啦"＞0.7，第三个整体因子中表现突出的是"的"＞0.5。那么根据之前我们的语气词分类，四名儿童语气词第一个整体因子为功能语气词中的语气词"吗"和"$了_2$"，第二个整体因子为一般语气词"啦"，第三个整体因子为功能语气词中的语气词"的"。由此我们可以总结出四名儿童语气词整体语言内部发展过程中，占据主导地位的为功能语气词因子"吗""$了_2$"和"的"，另外还有一个一般语气词因子"啦"。这里出现一个一般语气词因子的原因可能与"啦"是"了"和"啊"的合音有关。"了"是一个占主导地位的功能语气词因子，而"啊"则是儿童最早习得的一个口气词，两者的合音"啦"占据一个因子的原因就不言而喻了。

本章小结

本章结合汉语儿童句末语气词的习得情况、主要因素和规律来进行儿童句末语气词习得模式的构建与解释。

汉语儿童的语气词习得基本顺序是：口气词＞功能语气词＞一般语气词，儿童语气词整体语言内部发展的主导因素为功能语气词因子。其中，有一个例外即"啦"，它作为一般语气词却在口气词的习得队列中出现并且也作为一个影响因子出现，原因很可能是"啦"是功能语气词"了[①]"和口气词"啊"的组合音。此外，"$了_{1+2}$"和"啊"在儿童语气词习得中均处于很

---

① 这里的"了"包括"$了_{1+2}$"和"$了_2$"。

早的阶段①这也可能导致了一般语气词"啦"习得时间较早。并且"了"是一个主导的功能语气词因子再加上"了"和"啊"是最早习得的两个功能语气词和口气词，这可以说是"啦"占据一个因子的根源所在。那么为什么儿童语气词的习得规律是这样的呢？这可以从语气词自身所承载的意义和句法特征来解释。

首先我们来看习得顺序，口气词早于功能语气词早于一般语气词。包括"啊、呢、吧"的口气词主要用于表达说话人的感受，具有较大的随意性和主观性，从语义上来讲更为"空洞"也可以说"虚"。因此，在儿童语言发展的早期，儿童很容易在句子的末尾添加一个语气词来表达他们的情感或者情绪，这可能揭示了为什么口气词的习得要早于功能语气词和一般语气词。功能语气词的习得晚于口气词，但早于一般语气词。其原因，可能是功能语气词"的、了$_2$、吗"，具有一定的补全句子的功能，反映说话者的交际目的。在形式语法中，这些功能性语气词是"算子"（operator）。"的"和"了$_2$"可以算做作 I P 层次的算子，约束并支配其范围（scope）内的变量；"吗"则是 CP 层次的算子，被它约束和支配的变量是命题，可以变成是非疑问句②。功能语气词"的、了$_2$、吗"与口气词相比，更容易标记句结构，主要用于标记陈述句和疑问句的句法分类。功能性语气词的语义也比口气词更稳固、更"实"，主观性也不如口气词强。也正是因为功能语气词具有句法功能，涉及功能属性并且在使用上也具有较多限制，因此在习得阶段上要晚于口气词。但是也恰恰是由于功能语气词要涉及句法功能属性，并且具有标记性，在语义上较"实"，在儿童句末语气词内部的语言发展中超过了较"虚"的口气词和使用范围较"窄"的一般语气词成为主导因素。至于一般语气词，由于使用频率"低"和使用范围"窄"，也不涉及句法功能，从而儿童较晚习得也不能成为儿童语气词语言发展的内部主导因素。

其次阐明了不同因素在儿童句末语气词习得中的作用。SPSS 的相关性测算成人的话语输入与儿童的语气词发展具有一定的相关性但是并不显著，这可能说明儿童语气词的习得和发展是语言内部的发展规律决定的，而一些发展细节和成人的话语输入相关，例如在口气词内部，有的儿童较早习得"呢"，有的儿童较早习得"吧"，一般语气词可能是影响儿童语言发展的因

---

① 在我们的研究中，四名儿童有两名最先出现"了$_{1+2}$"，两名最先出现"啊"。
② 胡建华，石定栩．完句条件与指称特征的允准［J］．语言科学，2005（5）：42—49．

素之一；但是却不会打破语言本身发展规律，例如功能语气词不能在口气词习得之前习得，一般语气词不能取代功能语气词成为主导因素。

影响儿童句末语气内部语言发展的主导成分是功能语气词。语气词的抽象分类结构和主导因素是儿童固有的、内在的语言知识的一部分，不需要学习。也就是说，汉语儿童的句末语气词背后的运行机制不受周围语言输入的影响。这与藤本有关日本儿童语言习得的结论一致。[①] 成人话语输入频率只能对部分或儿童个体的语言习得产生相应的影响。也可以说，成人话语输入的频率对儿童的语言习得是一个非主导因素，是一个次要因素。但我们不应当忽略的是儿童与家长的语言互动会影响儿童语气词发展的细节，从而造成语言发展的个体差异。在具体的语言互动过程中，家长的语气词使用可以为儿童提供重要的语言学习环境和学习机会，例如，家长在对话中使用不同的语气词可以帮助儿童理解这些词的语用功能和情境使用，从而在具体情境中掌握其使用方法。此外，儿童在与家长互动的过程中，通过模仿和重复家长的语气词使用，可以逐渐掌握这些语气词的语音、语义和句法特征。互动语言学强调语言习得是一个动态的、互动的过程，儿童通过与周围人的互动不断调整和完善自己的语言系统。这一观点与本章研究中发现的儿童语气词习得顺序和主导因素的结论是一致的，进一步支持了语言内部发展规律在儿童语言习得中的主导作用。

最后，我们可以总结出儿童句末语气词的习得模式：口气词 > 主导因素 功能语气词 > 一般语气词。

本章的研究目的主要是调查典型发展儿童句末语气词的习得时间和使用频率，以确定儿童句末语气词习得模式。这种模式可以应用于对有语言障碍的儿童的指导和干预。在本章研究中，年龄和MLU被结合起来划分句末语气词的习得阶段，因为年龄不能作为划分发育障碍儿童语言习得阶段的唯一因素。但本章并没将汉语儿童常用的句末语气词进行更详细的分类。例如可以从句末语气词出现在不同句类的习得时间角度进一步详细分析。此外，还可以从语用角度，重点关注句末语气词的主观程度构建语用功能网络等，这些都是以后研究中要着重解决的问题。

---

① FUJIMOTO M. L1 acquisition of Japanese particles：A corpus [D]. New York：The City University of New York，2008.

表 3-12　GYC 单音节句末语气词使用情况（1：01—4：01）

语气词 （频次）	首现例句（时间）	习得例句（时间）
啊（624）	姥姥啊！（1；04；12）	妈妈啊！（1；04；12）鸭鸭啊！（1；04；12）爷爷啊！（1；04；12）
吧（1231）	吃吧！（1；09；09）	吃吧！（1；10；04）吃吧！（1；10；04）
吗（515）	睡觉吗？（1；12；18）	像糖吗？（1；12；18）你要吗？（1；12；18）
呢（556）	两边呢！（1；11；27）	那我这个呢？（1；11；27）贴毛毛呢．（1；12；04）
的（286）	洗澡的．（1；12；11）	它吃饭的．（1；12；11）它洗澡的．（1；12；11）
了$_{1+2}$了$_2$ （3062）	没了．（1；06；16）切蔬菜了（1；12；04）	好了．（1；06；16）坏了．（1；06；26）到了姥姥家了．（1；12；04）我要豆豆了．（1；12；18）
嘛（65）	厚的嘛．（2；03；15）	再藏起来嘛．（2；03；15）这♯这嘛．（2；03；15）
啦（202）	呼啦圈来啦．（2；03；22）	两个♯还没讲这个啦！．（2；05；23）我碰到僵尸脸上去啦．（2；06；07）那那来啦．（2；06；07）倒啦．（2；06；07）我的熊你来啦．（2；06；07）
喽（78）	不洗喽．（1；11；20）	它要回家喽．（2；02；28）打人喽．（2；02；28）

表 3-13　SWK 单音节句末语气词使用情况（1：03—4：01）

语气词 （频次）	首现例句（时间）	习得例句（时间）
啊（434）	妈妈啊！（1；07；08）	爸爸啊！（1；07；08）姐姐啊！（1；07；08）
吧（1042）	走吧！（1；09；04）	领吧！（1；09；25）起吧！（1；09；25）
吗（813）	送来吗？（1；12；10）	好吃的吗？（1；12；10）好吃吗？（1；12；10）还有吗？（1；12；10）
呢（870）	妈妈呢？（1；08；07）	要呢？（1；08；13）小象呢？（1；09；25）树呢？（1；09；25）
的（270）	好高高的．（1；11；21）	好脏的．（1；11；21）妈爬楼的．（1；12；17）
了$_{1+2}$了$_2$ （2562）	没了．（1；07；02）没有电了．（1；10；20）	啊♯没了．（1；07；02）没了．（1；07；02）小龙玩小汽车了．（1；10；20）打不开门了．（1；10；20）露屁股了．（1；10；20）剥完橘橘．（1；10；20）
嘛（68）	吃撑了嘛（2；04；08）	还要嘛．（2；04；08）布鲁托在这嘛．（2；04；08）
啦（560）	没啦．（1；08；21）	没有没有啦．（1；08；21）走啦．（1；09；04）
喽（61）	睡觉觉喽（1；09；25）	坏喽．（1；10；16）妈妈♯妈妈我来喽！（1；10；27）

表 3-14　WJH 单音节句末语气词使用情况（1：08—4：06）

语气词 （频次）	首现例句（时间）	习得例句（时间）
啊（628）	走啊！（1；09；11）	有饭啊！（1；09；11）不是啊！（1；09；22）
吧（1789）	这个吧！（1；09；25）	这样吧！（1；09；25）〈还要〉还要吧？（1；10；09）放这边吧．（1；10；09）没有〈有〉有锅吧．（1；10；09）
吗（1070）	可以走吗？（1；11；07）	不动 [.] 不动 [.] 不动吗？（1；11；20）哎♯还行吗？（1；11；20）
呢（414）	不看♯看什么呢？（1；09；11）	那姑父呢？（1；09；25）这个呢？（1；10；09）
的（555）	姥爷一起的．（1；09；04）	过不去的．（1；09；04）刷碗的．（1；11；13）
了$_{1+2}$了$_2$（3367）	斜了．（1；08；27）我给水饺加油了．（1；12；05）	火♯大了．（1；08；27）好了．（1；08；27）嗯—；碰到左腿了．（1；12；18）敲门，刚才敲门了．（1；12；24）
嘛（90）	拿下来嘛．（2；01；29）	奶奶称一称嘛．（2；03；16）．要不拿下来电池看一看嘛．（2；04；30）
啦（770）	就来啦．（1；08；27）	吃奶啦．（1；10；09）都搁盘啦．（1；10；18）
喽（98）	都掉喽．（1；11；20）	出来喽．（2；01；11）网不住，这个小铲大喽．（2；02；10）好喽．（2；02；10）

表 3-15　WMX 单音节句末语气词使用情况（1：04—4：01）

语气词 （频次）	首现例句（时间）	习得例句（时间）
啊（385）	弄啊！（1；08；07）	妈妈♯头♯头啊！（1；10；07）姐姐啊！（1；10；07）
吧（1348）	爬吧！（1；09；26）	挖吧！（1；11；11）走吧！（1；12；02）走．走吧．（1；12；02）
吗（1477）	关上门吗？（2；01；13）	好吗？（2；01；13）妈妈♯起吗？（2；01；13）
呢（922）	玩呢！（1；12；28）	这是什么呢？（1；12；28）这呢♯在这呢♯在♯这．（1；12；28）
的（295）	是妈妈冲的．（2；02；03）	投它的．（2；02；25）我开车♯我是开♯开♯车的．（2；03；01）开车的（2；03；01）挖沙的．（2；03；01）小鱼♯在这里弄的．（2；03；01）
了$_{1+2}$了$_2$（3422）	没了．（1；11；25）到八楼了．（2；02；28）	掉了．（1；11；25）破了．（1；11；27）掉了．（1；11；27）怎么回到家了？（2；02；28）这回♯进门了．（2；02；28）
嘛（73）	胖总管嘛．（2；04；25）	剥开给我吃嘛！（2；05；02）．怎么可以嘛（2；05；02）给我搭托马斯小火车嘛．（2；05；02）
啦（475）	没啦．（1；11；25）	咋啦？（1；12；11）行啦．（1；12；11）
喽（97）	出去玩♯出去玩喽．（2；03；14）	回来喽♯姐回来喽．（2；03；27）那个妈要把车开走喽．（2；04；05）歪倒喽．（2；04；05）又不见喽．（2；04；05）

第四章　汉语儿童物量词习得

第一节　物量词研究概述

量词系统作为汉语重要的组成部分，是认知世界的重要体现，量词也是人们对世界量化处理的认知手段。物量词作为量范畴系统中的分支，用以计算事物数量，在汉语本体研究中已经发展相当成熟，在儿童语言习得研究中，相对于其他儿童量词的习得研究，儿童物量词的研究是稍微丰富一点的，国内外学者都对此做出了研究并提出了观点。

国外非汉语儿童物量词习得研究方法主要以实验法为主：布鲁克斯（Brooks）和布莱恩（Braine）通过图片选择实验探索了儿童对通用量词 all 和 each 的理解，考察了儿童将量词限定在所修饰的名词短语上的能力以及将语义表征与包含通用量词的句子联系起来的能力[①]。结果表明，当儿童习得映射到现有语义表征的语言线索时，发展变化可能会逐渐发生。穆索利诺（Musolino）基于一系列心理语言学实验研究了英语儿童对含有否定和数量名词短语的句子意义的习得途径，强调了普遍语法和语言可学性理论在语言发展及其生物学基础方面所起的作用[②]。近些年部分学者从标量尺度着手进行研究，比如赫雷维茨（Hurewitz）等通过实验比较了 3 岁以下和 3 岁以上儿童的数字表达和定量表达，结果表明儿童学习和评价数字和量词的过程是不同的，尽管数字和量词都有一个潜在的标量结构，但控制数字和量词尺度的内部原理在它们的组合学中是不同的[③]，他们的研究结果与萨尔内卡

---

① BROOKS P J，BRAINE M D S. What do children know about the universal quantifiers all and each? [J]. Cognition，1996，60（3）：235-268.

② MUSOLINO J. Universal grammar and the acquisition of semantic knowledge：An experimental investigation into the acquisition of quantifier negation interaction in English [D]. College Park：University of Maryland，1998.

③ HUREWITZ F，PAPAFRAGOU A，GLEITMAN L，GELMAN R. Asymmetries in the acquisition of numbers and quantifiers [J]. Language Learning and Development，2006，2（2）：77-96.

（Sarnecka）和格尔曼（Gelman）[①]的研究结果一致，这些结果表明非常小的孩子使用不同的机制习得数字和量词。

国外对于汉语儿童物量词习得研究集中在次序与特征方面。尤尼达等（Unida）研究发现儿童习得名词与量词的方式不同，从习得进程上来看，量词的习得要逊于名词的习得，是自下而上习得的，需要大量的经验积累才能理解量词复杂的语义规则。此外，胡（Hu）发现儿童对表示生命特征的量词习得早于表示其他特征的量词。[②] 厄博发现汉语儿童量词的习得顺序为特殊量词＞普通量词＞指类量词。[③] 郑礼珊等[④]、钱等[⑤]、李等[⑥]的研究结论一致认为汉语儿童基本能够区别可数量词以及不可数量词，不会轻易地混淆二者，但是儿童会在可数量词内部泛化使用"个"。钟检秀指出儿童在语言习得的早期阶段已经意识到量词的可数与不可数句法特征。[⑦]

国内汉语儿童物量词习得研究也多呈现心理学发展态势，在研究方法上多为横向实验法与纵向追踪法。李文馥和马谋超研究发现：4—10岁儿童对"几个"和"很多"的理解与实验中呈现的对象的范围存在密切关系，相对于"几个"，儿童能较早地理解"很多"；6岁儿童只在0—10的范围内可以理解，在0—10以及0—20范围内理解"几个"，4岁儿童无法区分"很多"和"全部"。[⑧] 龚晨发现儿童很小就能明确区分量词的可数以及不可数特征，会在可数类以及不可数类内部误用量词但是不会出现跨类错误，[⑨] 俞航则认

① SARNECKA B W，GELMAN S A. Six does not just mean a lot：Preschoolers see number words as specific [J]. Cognition，2004，92（3）：329－352.

② HU Q. The acquisition of Chinese classifiers by young Mandarin-speaking children [D]. Boston：Boston University，1993.

③ ERBAUGH M S. Taking stock：The development of Chinese noun classifiers historically and in young children [C] //CRAIG C. Noun classes and categorization. Amsterdam：John Benjamins Publishing Company，1986：399－436.

④ CHENG L L S，SYBESMA R. Yi-wan tang，yi-ge tang：Classifiers and massifiers [J]. Tsing Hua Journal of Chinese Studies，1998，28（3）：385－412.

⑤ CHIEN Y C，LUST B，CHIANG C P. Chinese children's comprehension of count-classifiers and mass-classifiers [J]. Journal of East Asian Linguistics，2003，12（2）：91－120.

⑥ LI P，BARNER D，HUANG B H. Classifiers as count syntax：Individuation and measurement in the acquisition of Mandarin Chinese [J]. Language Learning and Development，2008，4（4）：249－290.

⑦ 钟检秀. 儿童普通话量词习得研究综述 [J]. 文教资料，2014（30）：168－170.

⑧ 李文馥，马谋超. 儿童理解数量词"几个""很多"的发展特点 [J]. 心理学报，1992，24（2）：158－164.

⑨ 龚晨. 汉语普通话儿童量词获得研究 [D]. 天津：天津师范大学，2010.

为 4—6 岁是儿童量词产出的关键期。[1] 彭小红、陈坤田研究发现 1—4 岁儿童的量词习得遵循由个体量词-临时量词-集合量词发展规律，儿童的认知水平与泛化和借用错误是误用量词的主要影响因素呈现"个"泛化使用、句式顺应同化的特点，[2] 这与黄进[3]、丁凌云[4]、俞航的研究结果一致——个体量词早于非个体量词、部分量词与临时量词，年龄、语言能力、教育环境、个体差异为影响儿童量词习得的影响因素。

综上，儿童物量词习得发展规律、特征、影响因素等研究多以 4 岁以上儿童为主，研究方法上多运用统计分析法、案例分析法、追踪调查法、诱导产出法等，对 4 岁以下儿童物量词习得研究较少或者研究不够全面。基于语言的社会属性，本章拟引入互动视角，以"汉语儿童多模态口语语料库"数据研究 1—4 岁汉语儿童物量词习得情况，详细统筹描述儿童在离散性、非离散性量词、约量词语方面的习得趋势、规律并分析其特征和机制，并尝试以基于使用原则和联结主义等来解释其成因。

第二节　现代汉语物量词成员界定

有别于印欧语系等语系，在汉藏语系中，量词系统十分之发达，因此在汉语词汇系统中占据重要的地位。自 1898 年马建忠始，至 20 世纪 50 年代经数代学者的研究，最终由中国科学院语言研究所语法小组在《语法讲话》里定名为"量词"。张志公[5]对此也颇为认可，此后意见渐趋一致，量词最终得以定名立类。对于物量词内部分类的研究，如张志公将名量词内部具体划分为个体量词、集合量词、部分量词、度量衡量词、容器量词、临时量词；[6] 刘月华将名量词内部划分为两大类——专用量词和借用量词，并在专用量词内部划分了六个小类——个体量词、集合量词、度量词、不定量词、

---

① 俞航. 汉语儿童量词获得研究 [D]. 湘潭：湘潭大学，2013.

② 彭小红，陈坤田. 说汉语儿童早期量词发展个案研究 [J]. 湘南学院学报，2016（3）：75—78.

③ 黄进. 儿童语言中个体量词"个"的运用及其他 [J]. 南京广播电视大学学报，2003（3）：51—53.

④ 丁凌云. 儿童语言中的量词 [J]. 安徽师范大学学报（人文社会科学版），1999（1）：111—112.

⑤ 张志公. 暂拟汉语语法教学系统 [M]. 北京：人民教育出版社，1957.

⑥ 张志公. 论语文教学改革 [M]. 南京：江苏教育出版社，1987.

准量词、复合量词;① 邵敬敏将名量词划分为外形特征类、非外形特征类以及附容处所类;② 何杰将名量词划为个体量词、集合量词、部分量词、专职量词、借用量词、临时量词。③ 以上各家量词内部分类标准不一致,导致量词小类面貌多样,学界内分歧众多(如临时量词与借用量词之区别,准量词与量词兼类之争,复合量词之争),且量词成员庞大,不利于采集和分析。本文以具体物质为基点锁定量词范畴,剔除时间量词与空间量词,根据李宇明④的研究成果按照物质的离散性与非离散性将物量词内部划分为离散性量词与非离散性量词。将表示个体单位的个体量词归于离散性量词,将种类量词、群体量词、货币量词、度量衡量词(重量)都归于非离散性量词,同时依据事物的准确量与模糊量划分出物量系统中的约量词,将各家的不定量词、部分量词、约量词都归于约量词。除了上述各家的分类,再根据吕叔湘⑤对"来""多""半"的语义分析,以及刘宁生对"大约"的语法语义分析⑥,宋孝才对"些""点儿"做的比较分析⑦,以及李宇明对约量词语内部做的较为详细的分析⑧,划定出约量词语成员。经整合后具体物量词成员见表 4 - 1、表 4 - 2、表 4 - 3:

表 4 - 1 离散性物量词成员表

个	根	颗	张	只	块₁
辆	朵	本	条	件	句
粒	棵	座	片₁	匹	头
首	份	则	顶	支	扇
节	幅	把	条	艘	滴
场	道	门	轮	台	架
部	所	位	声	枚	具
面	口	株	乘	帧	曲

① 刘月华. 实用现代汉语语法 [M]. 北京:外语教学与研究出版社,1983.

② 邵敬敏. 量词的语义分析及其与名词的双向选择 [J]. 中国语文,1993 (3):28—32.

③ 何杰. 现代汉语量词研究 [M]. 北京:民族出版社,2000.

④ 李宇明. 汉语量范畴研究 [M]. 武汉:华中师范大学出版社,2000.

⑤ 吕淑湘. 试说表概数的"来"[J]. 中国语文,1957a (4):18—19. 吕淑湘. 再说"来",以及"多"和"半"[J]. 中国语文,1957b (9):24—25.

⑥ 刘宁生. "大约"的语义、语法分析 [J]. 语文研究,1985 (3):36—39.

⑦ 宋孝才. 不定量词"点儿"与"些"比较 [J]. 语言教学与研究,1982 (3):81—86.

⑧ 李宇明. 汉语量范畴研究 [M]. 武汉:华中师范大学出版社,2000. 李宇明. 量词与数词,名词的扭结 [J]. 语言教学与研究,2000 (3):50—58.

期	页	盏	听	桩	幢
栋	项	尾	堂	篇	瓣
册	方	封	锭	挺	章
柄	段	丸	叶	眼	番
通	卷	剂	集	辑	列₁
杆	幕	床₁	户	家	班₁
名	堵	码	处	线	盆₁

表 4-2　非离散性物量词成员表

群	双	对	队	列₂	捆
把	批	帮	副	股	排
窝	系列	组	届	挂	束
叠	瓶	打	拨	伙	丛
簇	包	袋	担	层	楼
碗	杯	盆₂	床₂	套	组
串	笼	棚	车	片₂	管
缸	桶	一身	一桌子	一地	一手
一脸	一头	一脑袋	一鼻子	斤	两
吨	磅	块₂	元	种	类
样	窑	沓	柜	飞机	壶
池	一肚子	一腔	一脚	一屁股	一嘴

表 4-3　约量词成员表

多	少	来	些	点	大约
上下	左右	多少	几	数	若干
余	两	一二	两三	三四	四五
五六	六七	七八	八九	半	三五
十八	百八十	万八千	千八百	不到	不足
前后	以上	以下	外	内	前
后	出头	接近	将近	几乎	过
逾	不满	估计	差不多		

　　上述成员表中，有一些词既可以当作离散性量词又可以当作非离散性量词，以小 1 小 2 加以区分，片₁、床₁、列₁、班₁、盆₁、块₁。作为离散性量

词，比如"一片树叶""一床被子""一列火车""一班车""一盆花""一块石头"；片$_2$、床$_2$、列$_2$、班$_2$、盆$_2$、块$_2$作为非离散性量词，比如"一片树林""一床花生""一列士兵""一班人马""一盆汤""一块钱"。此外鉴于"口"的名量词与动量词扭结的特性，本章暂不做分析。

第三节　汉语儿童物量词习得描写

一、词汇习得描述

根据语料选取范围、现代汉语物量词成员的界定、习得标准的制定等原则，我们检索四名儿童的语料共得物量词的成员总频次、首现时间和习得时间等信息，具体情况请见表4-4。经检索分析语料，我们发现在物量词成员中，GYC共习得22个物量词，其中离散型物量词12个（占比约54.5%），非离散型物量词5个（占比约22.7%），约量词5个（占比约22.7%）。SWK共计习得26个物量词，其中离散型物量词13个（占比50%），非离散型物量词8个（占比约30.8%），约量词语5个（占比约19.2%）。WJH总计得27个物量词，其中离散型物量词13个（占比约48.1%），非离散型物量词9个（占比约33.3%），约量词5个（占比约18.5%）。WMX总计习得28个物量词，其中离散型物量词14个（占比50%），非离散型物量词9个（占比约32.1%），约量词5个（占比约17.9%）。"个"是四名儿童使用频次最多的物量词，也是最早习得的离散性量词，GYC在（1；06；26）、SWK在（1；06；08）、WJH在（1；09；04）以及WMX在（1；11；02）习得该词。1—4岁年龄段的汉语儿童所习得的这些物量词，不论是习得时间还是出现频次均有较大差异，但是习得趋势是基本一致的，呈现出离散性量词首现时间早、习得阶段前、出现频次多、习得成员多的显著特征，在习得数量上男童女童并无明显差异。

表4-4　儿童物量词习得情况表

成员词		GYC	SWK	WJH	WMX
离散性量词	个 （首现时间/习得时间/出现频次）	1；03；03/ 1；06；26/ 5118	1；06；02/ 1；06；08/ 7877	1；08；20/ 1；09；04/ 12678	1；12；02/ 1；12；02/ 10467
	根 （首现时间/习得时间/出现频次）	1；12；11/ 2；01；20/ 30	2；07；07 /2；07；07/ 44	1；10；23/ 2；07；08/ 47	2；01；06/ 2；05；09/ 17

成员词	GYC	SWK	WJH	WMX
颗 （首现时间/习得时间/出现频次）	2；01；13/ 2；01；13/ 6	1；11；14/ 2；06；07/ 105	1；09；11/ 2；12；010/ 19	2；01；13/ 2；07；24/ 55
张 （首现时间/习得时间/出现频次）	1；09；26/ 1；11；08/ 29	1；11；21/ 1；12；03/ 86	2；02；23/ 2；03；16/ 124	2；04；05/ 2；09；28/ 16
只 （首现时间/习得时间/出现频次）	1；09；20/ 1；09；20/ 78	1；09；16/ 1；10/06/ 389	1；10；23/ 1；10；23/ 212	1；12；23/ 1；12；28/ 232
块₁ （首现时间/习得时间/出现频次）	2；03；29/ 2；03；29/ 100	1；12；03/ 1；12；03/ 81	1；09；11/ 1；09；11/ 607	2；02；03/ 2；02；03/ 297
辆 首现时间/习得时间/出现频次）	1；10；10/ 2；10；09/ 9	2；04；23/ 2；04；23/ 39	2；07；29/ 2；07；29/ 312	2；04；25/ 2；04；25/ 137
朵 （首现时间/习得时间/出现频次）	2；10；05/ 2；10；05/ 7	2；02；04/ 2；02；04/ 6	2；03；24/ 2；03；24/ 7	2；09；09/ 2；09；09/ 9
本 （首现时间/习得时间/出现频次）	2；05；09/ 2；08；08/ 19	1；11；06/ 1；11；06/ 185	1；09；11/ 1；09；11/ 62	1；12；28/ 1；12；28/ 8
条 （首现时间/习得时间/出现频次）	2；01；13/ 3；04；04/ 27	1；12；21/ 1；12；21/ 131	1；12；18/ 1；12；18/ 64	2；02；11/ 2；02；11/ 128
粒 （首现时间/习得时间/出现频次）	/	3；09；21/ 3；09；21/ 5	/	/
棵 （首现时间/习得时间/出现频次）	2；07；19/ 2；07；19/ 7	/	2；12；11/ 2；12；11/ 10	2；02；25/ 2；02；25/ 31
座 （首现时间/习得时间/出现频次）	3；07；16/ 3；07；16/ 4	2；05；19/ 2；05；19/ 22	3；08；17/ 3；08；17/ 34	/
片 （首现时间/习得时间/出现频次）	/	2；10；13/ 2；10；13/ 27	3；07；24/ 3；07；24/ 7	3；02；10/ 3；03；20/ 15
首 （首现时间/习得时间/出现频次）	/	/	/	2；09；28/ 2；09；28/ 8
份 （首现时间/习得时间/出现频次）	/	/	/	3；06；15/ 3；06；15/ 6

续表

成员词		GYC	SWK	WJH	WMX
	斤 （首现时间/习得时间/出现频次）	2；02；06/ 3；10；15/ 6	/	2；01；11/ 2；01；11/ 54	2；09；02/ 2；09；02/ 3
	块₂ （首现时间/习得时间/出现频次）	2；04；05/ 2；04；05/ 24	2；10；28/ 3；02；18/ 49	2；01；11/ 2；01；11/ 356	2；03；27/ 2；03；27/ 41
	双 （首现时间/习得时间/出现频次）	/	2；04；08/ 2；04；08/ 5	1；10；09/ 1；10；09/ 29	2；02；11/ 2；02；11/ 10
	群 （首现时间/习得时间/出现频次）	/	/	3；05；27/ 4；03；11/ 10	/
	种 （首现时间/习得时间/出现频次）	1；11；20/ 2；10；15/ 12	2；01；13/ 2；01；13/ 60	1；11；20/ 1；11；20/ 550	2；05；15/ 2；05；15/ 46
非离散性量词	碗 （首现时间/习得时间/出现频次）	/	2；10；28/ 3；01；20/ 9	1；11；20/ 1；11；20/ 48	2；03；14/ 3；04；26/ 5
	杯 （首现时间/习得时间/出现频次）	2；07；12/ 2；07；12/ 11	2；01；13/ 2；01；13/ 24	1；11；26/ 1；11；26/ 15	2；03；01/ 2；12；14/ 8
	包 （首现时间/习得时间/出现频次）	3；01；17/ 3；01；17/ 3	2；04；27/ 2；06；03/ 11	2；08；15/ 2；08；15/ 4	2；02；17/ 2；10；11/ 15
	套 （首现时间/习得时间/出现频次）	/	/	1；12；05/ 2；08；19/ 60	/
	袋 （首现时间/习得时间/出现频次）	/	2；12；09/ 2；12；09/ 4	/	2；05；15/ 2；05；15/ 7
	串 （首现时间/习得时间/出现频次）	/	2；07；07/ 3；00；29/ 4	/	3；03；06/ 3；03；06/ 7
约量词	几 （首现时间/习得时间/出现频次）	1；09；20/ 1；09；20/ 107	1；11；21/ 1；11；27/ 163	1；08；27/ 1；09；04/ 379	3；12；13/ 3；12；13/ 3
	多 （首现时间/习得时间/出现频次）	2；03；22/ 2；03；22/ 267	1；10；06/ 1；10；06/ 257	1；09；04/ 1；11；07/ 332	2；03；22/ 2；03；22/ 38

续表

成员词	GYC	SWK	WJH	WMX
少 （首现时间/习得时间/出现频次）	2；04；18/ 2；04；18/ 10	2；02；04/ 2；02；04/ 6	2；02；10/ 2；02；10/ 17	3；06；22/ 3；06；22/ 10
些 （首现时间/习得时间/出现频次）	1；11；08/ 1；11；08/ 107	2；01；20/ 2；01；20/ 284	1；08；27/ 1；10；09/ 159	2；01；29/ 2；01；29/ 60
一点 （首现时间/习得时间/出现频次）	1；11；27/ 1；11；27/ 78	1；12；27/ 1；12；27/ 162	1；11；26/ 1；11；26/ 31	2；04；25/ 2；04；25/ 20
总计（单位：次）	6059	10035	16227	11699

将四名儿童的物量词习得时间折算为具体天数作为纵轴，如1；06；26＝1＊365＋6＊30＋26＝571天，将习得的物量词成员作为横轴绘制出四名儿童物量词习得趋势图（图4-1），可以看到四名儿童的物量词习得趋势为：在离散性量词中女童早于男童，在非离散性量词中男童早于女童，在约量词中女童早于男童，总体来看，物量词习得趋势为女童早于男童。

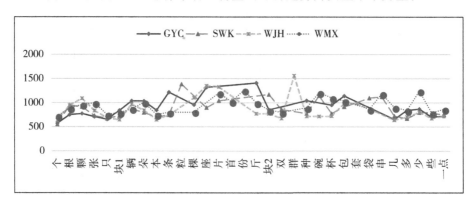

图4-1 儿童物量词习得趋势图（单位：天）

有些物量词个别儿童习得了但是其他儿童没有习得，还有些出现的总频率较低，有的甚至是个位数，这样低的出现频率将会导致量词习得趋势失真。因此我们在所有离散性量词中只取出现频率高于20次的，且每个儿童都有的物量词，在非离散性量词中只取出现频率高于10次的（此类量词频率普遍较低），且每个儿童都有的以及所有约量词共计12个：个、只、块1、条、块2、种、杯、几、多、少、些、一点，绘制了四名儿童的习得趋势图

（图 4－2）。此外，目前学界通常使用 MLU 作为衡量儿童语言发展的重要指标。根据本语料库的四名儿童语言发展阶段表（表 2－8）以及图 4－2，我们绘制了以 MLU 为参照的四名儿童的物量词习得趋势图（图 4－3）。

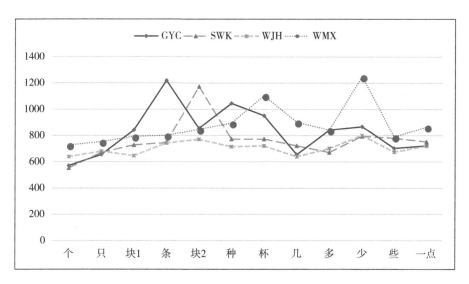

图 4－2　儿童 12 个物量词习得趋势图（单位：天）

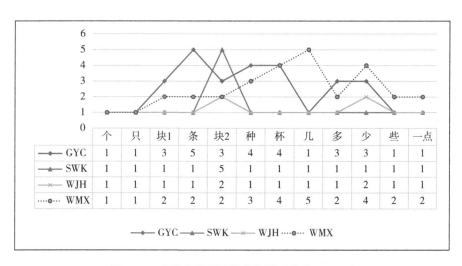

图 4－3　儿童物量词习得趋势图（单位：MLU）

从图 4－2 和图 4－3 可以看出四名儿童的物量词习得时间有一定的差异性，其中 SWK 和 WJH 发展趋势较为相似，GYC 和 WMX 呈现出较为明显的差异。

表 4 - 5　儿童物量词习得 MLU 阶段一览表

		GYC	SWK	WJH	WMX
离离散性量词	个	1	1	1	1
	根	4	2	4	3
	颗	2	2	4	3
	张	1	1	2	4
	只	1	1	1	1
	块₁	3	1	1	3
	辆	4	2	4	2
	朵	4	1	2	4
	本	4	1	1	1
	条	5	1	1	5
	粒	/	5	/	/
	棵	4	/	4	2
	座	6	2	5	2
	片	/	3	2	4
	首	/	/	/	4
	份	/	/	/	5
非离散性量词	斤	6	/	2	4
	块₂	3	5	2	2
	双	/	2	1	2
	群	/	/	6	/
	种	4	1	1	3
	碗	/	4	1	4
	杯	4	1	1	4
	包	5	2	4	4
	套	/	/	4	/
	袋	/	4	/	2
	串	/	4	/	4
约量词	几	1	1	1	4
	多	3	1	1	2
	少	3	1	2	5
	些	1	1	1	2
	一点	1	1	1	2

表 4-6　儿童 MLU 阶段物量词习得情况表

	MLU1	MLU2	MLU3	MLU4	MLU5	MLU6
GYC	6	1	4	7	2	2
SWK	14	6	1	3	2	
WJH	13	6	0	6	1	1
WMX	3	8	4	10	3	

通过表 4-5 和表 4-6 我们可以看出 SWK 在 MLU1 阶段呈现物量词习得爆发，在 MLU1、2 阶段习得了 20 个占其总数的 76.9%。GYC 的量词在 MLU1—MLU4 阶段都平稳发展，WMX 在 MLU1 阶段与其他三人差异明显但是在 MLU2 和 MLU4 阶段呈现爆发态势，此外，SWK 和 WJH 在各个阶段习得量词趋势基本相似，与图 4-3 结论一致。综合四名儿童的物量词习得时间、阶段和顺序，由于个体差异，四名儿童物量词的习得阶段并不完全一致，但是习得时间和习得阶段可以在次序上得到大体结论——离散性量词＞约量词＞非离散性量词①。

二、物量结构习得描述

（一）"数词＋量词＋名词"结构

朱德熙明确指出就数量短语的性质而言，数词和量词可以组合成数量词用来修饰名词②，吕叔湘提出从结构上来讲，数词可以放在名词前或者名词后，加上数词的有无可以有四种形式——"二马""马二""两匹马""马两匹"——除"两匹马"之外都是文言文格式。③ 那么儿童在早期语言发展过程中也会使用文言文格式吗？通过检索语料发现儿童使用数量结构通常固化为"数字＋量词＋名词"的结构，符合现代汉语数量短语的结构。如果有动词，一般遵循"动词＋数词＋量词＋名词"结构，儿童较先习得较为简单的数量名结构，而后习得较为复杂的动数量名结构。李宇明解释语言发展顺序性的成因时提到应当从语言难度和输入频度来解释语言发展的顺序性。④ 那么从结构上看，"数词＋量词＋名词"结构要易于"动词＋数词＋量词＋名词"结构，率先被儿童习得，我们认为儿童从语言环境中先习得较为容易记

---

① 本文使用符号"＞"来表示早于。
② 朱德熙．语法讲义［M］．北京：商务印书馆，1982.
③ 吕淑湘．中国文法要略［M］．北京：商务印书馆，2014.
④ 李宇明．儿童语言的发展［M］．武汉：华中师范大学出版社，2004.

忆和使用的量词结构从而固化好数量名结构，然后根据需要添加不同的动词。这与语法系统的发展也保持一致，李宇明指出儿童语言发展顺序是由独词句阶段向双词句阶段和电报句阶段递进发展的[①]，按照我们检索语料的结果来看，与这一结论是一致的。比如以下例句：

CHI：两个锅盖．（WJH：1；11；20）

CHI：嗯♯那就画十八只．（WJH：4；12；03）

CHI：两架一架轰炸机还有一架战斗机再只是六个六辆坦克．（WJH：4；12；03）

CHI：这有一条蛇！（GYC：3；07；09）

CHI：小妹妹也好玩♯你看好像一根火腿肠．（GYC：3；07；16）

CHI：你看我搭的一辆小［/］小汽车．（SWK：2；09；23）

CHI：甜甜圈有四块♯蛋糕有五块［!］（SWK：3；04；27）

CHI：画棵大树可以吗？（WMX：2；06；14）

（二）"数词＋名词"结构

李宇明指出在量的表达手段中会有一些数词单用的情况，例如方言、大数目、数词的连用或者叠用、单音节位数词、计量货币或者袭古。[②] 这是基于成熟语言系统进行的情况统计。早期儿童语言发展中，数字与名词的习得情况要优于量词的习得情况，但是儿童在一岁半左右就掌握了"个"及其格式之后，早期儿童会在各种名词前加量词"个"，所以数词单用的情况不多，我们通过检索发现，仅在货币表达上，尚未掌握货币量词的儿童会出现"数字＋钱"这样的表达方式。如：

CHI：我要买这个了．GRA：你买这个啊？CHI：嗯．GRA：多少钱？CHI：两钱．GRA：两钱？CHI：嗯．GRA：两块钱？CHI：两块钱吧？（GYC：2；04；05）

在该语例中，由于儿童尚未习得货币量词"块"，所以出现了"两钱"的搭配方式。李宇明研究指出儿童的表达需求是高于词汇储备的，如果在现有语言系统中缺失这一量词时，她就会采用其他策略做出相应表达。[③] 有趣的是，尽管儿童喜欢泛化使用量词"个"，但是我们没有检索到"个钱"的搭配，说明在儿童的认知与归类推理中，钱是不同于其他的物品的，是一种

① 李宇明．儿童语言的发展［M］．武汉：华中师范大学出版社，2004.
② 李宇明．汉语量范畴研究［M］．武汉：华中师范大学出版社，2000.
③ 李宇明．儿童语言的发展［M］．武汉：华中师范大学出版社，2004.

特殊的事物，较其他日常物品更加抽象，无法用"个"与之相搭配，内在推理归类机制发挥作用，并且此时儿童的认知当中没有可以与之匹配的量词，所以儿童选择省略了量词，而没有添加他熟知的其他量词。

（三）"量词＋名词"结构

李宇明指出与物量词相关的量词单用情况有两种，第一种是当"一＋量词"作为定语省略时，第二种为"一＋量（＋名）前有修饰成分，比如"这""那""哪"等。① 在检索语料的过程中，我们发现这两种情况在汉语儿童物量词习得中都有所体现，相较于第一种情况，第二种情况更为常见，如下例所示（如前文使用过该例句，此处将其再次列举时采用原编码）：

CHI：xxx 妈妈我想喝包鲜奶在玩♯我想喝包鲜奶妈妈 .MOT：你该吃饭了吧 .CHI：我喝包鲜奶妈妈 .MOT：自己弄喝就喝 .CHI：快给我扒开 .（WMX：2；10；11）

GM1：你干什么又？CHI：xxx.CHI：奶奶找双筷子给我 .GM1：这都可以 .CHI：奶奶找双筷子给我 .（WJH：2；06；05）

MOT：你还会画大乌龟吗？CHI：要画个♯小乌龟 .CHI：我要画个小娃娃 .CHI：我要画个脸♯型！(GYC：2；07；19）

FAT：还有小鸭子♯哦♯这里还有一个 .CHI：贴这个♯萄萄 .FAT：啊♯这个♯这个是不是啊♯是吧？CHI：贴这个♯手上 .FAT：嗯-：好的 .CHI：喜欢这个小鸭子 .（SWK：1；11；14）

GM1：锅盖 .GM1：锅盖 .CHI：做完连 .CHI：xxx.CHI：那个锅-：盖 .GM1：拿吧 .GM1：拿吧 .CHI：给奶奶 .（1；08；27）

CHI：我们去哪个楼看看♯看妈妈？（WMH：3；01；20）

量词单用的情况主要见于数量为一的时候，对于成人而言，当我们在增加数词"一"的时候，会有一种强调的意味，"请给我一包盐"此时我们在强调我们要的是一包而不是两包三包，当我们省略数词"一"的时候，语气是舒缓的，没有强调的意味。那么儿童语言中也有这种区别吗？我们通过检索语料发现，当儿童在量词前添加数词"一"时，也有强调或者明确目标语的数量，例如：CHI：啊我拼成一个大西瓜（GYC：2；11；04）CHI：喝一个牛奶♯酸奶也可以 .（WJH：1；12；24）CHI：这有一个开电扇的妈妈 .（3；01；20），当儿童省略数词"一"的时候，潜意识当中是不明确数量的，交际重点不在于数量而在于目标语，同时出于交际与表达的目的，儿

---

① 李宇明 . 汉语量范畴研究［M］. 武汉：华中师范大学出版社，2000.

童想让听话者明确数量的时候就会添加数词。我们还发现在与指示词相搭配使用量词时，儿童更喜欢使用"这个"，达 15215 次，而"那个"为 4894 次，"这一"为 750 次，"那一"为 204 次。李宇明的研究表明早期儿童以自己为轴心向外辐射来观察世界，使用近指方便使用儿童"自我中心"观察视点和话语表达支点来描述世界[①]，这与儿童在量词的选择使用上的情况是一致的。

第四节　汉语儿童物量词习得模式与原因分析

李宇明指出物量是计算事物数量的量范畴，在语言中主要与名词有关，事物有离散性与非离散性之分，那么量词的表达也有离散性与非离散性之分。离散性量词用来表示个体单位，这一类的量词有个、根、块、本、朵、只、条、颗等，非离散性的事物或者部分离散性事物用非离散性量词，包括种类量词、群体量词、度量衡量词、货币量词，这一类量词有群、种、双、包、块（货币单位）、口等。四名儿童离散性量词习得情况可见表 4-4。

离散性量词例句如下所示：

CHI：我是一个宝（GYC：1；10；31）

CHI：我需要两根磁力棒．（SWK：2；11；05）

CHI：又一颗石头（WJH：2；12；10）

CHI：拿张纸♯笔呢♯笔呢？（WMX：2；06；14）

CHI：我贴了两只蜜蜂．（SWK：2；10；28）

CHI：一块小毛巾就行了（GYC：2；03；29）

CHI：最 [/] 最矮的一辆车就是这辆消防（WJH：3；05；22）

CHI：画一朵花（WJH：2；04；01）

非离散性量词例句如下所示：

CHI：有一群小鱼．（GYC：2；10；05）

CHI：哎呀糖糖再来喝一杯．（GYC：3；03；22）

CHI：我看看有几块钱呀！（GYC：2；05；23）

CHI：卖手串五块钱一个-（SWK：3；02；18）

CHI：给萄萄一杯（SWK：2；01；13）

---

① 李宇明．儿童语言的发展［M］．武汉：华中师范大学出版社，2004.

CHI：在那双鞋找那个刷子．（SWK：2；04；08）

CHI：好吧♯我们一人一杯♯干杯．（WMX：3；06；15）、

CHI：买棒棒糖．GRA：www.UNCLE：哎．CHI：几块钱♯几块钱♯
几块钱-．GRA：啊？CHI：几块钱？（WMX：2；23；27）

CHI：跟这群小鱼玩的．（WMX：3；05；02）

一、离散性量词习得模式与原因分析

（一）"个"在物量词习得中占据中心地位及原因分析

由表4-4可以看出四名儿童最早习得离散性量词，GYC在（1；06；26）、SWK在（1；06；08）、WJH在（1；09；04）以及WMX（1；12；02）时习得量词"个"。从数量和频次上看，离散性量词数量和频次均高于非离散性量词。在所有的量词习得情况中我们可以看到，"个"不仅是第一个被儿童习得的量词，从频次上看，量词"个"的使用一直占主导地位。为什么早期儿童率先习得"个"而非其他的量词呢？为什么"个"使用频率如此之高？吕红梅指出"个"是使用频率高、分布范围广的词，可以和一般物名词、专有名词、动物名词等相搭配使用。[①] 通过分别检索四名儿童在习得第一个物量词之前的语料，绘制了表4-7、表4-8、表4-9，我们发现成人输入"个"的频率远远高于其他量词，占据绝对的优势：GYCJZ（个：2063次）、SWKJZ（个：394次）、WJHJZ（个：316次）、WMXJZ（个：979次）。此外，在这一阶段中，家长输入物量词的频次呈现出离散型物量词最多，约量词次之，而非离散型物量词最末之。这也正对应了儿童习得物量词的次序：离散性量词＞约量词＞非离散性量词。基于量词"个"是使用最广泛、最常见的量词，儿童在家庭和社区的互动中，频繁接触到这一量词，进一步促进了其习得过程，文化背景和语言环境共同作用，使量词"个"在儿童语言发展初期占据主导地位，因此在量词习得的初始阶段环境输入频率对儿童量词习得具有主导影响力，儿童通过模仿习得了表达的固定格式，当家长与儿童互动时大量输入某一结构或者某个词汇，儿童则较容易习得该语言结构或者词汇。这也就解释了为什么儿童首先习得"个"。同时我们认为在这一阶段，在同家长的互动语境中，儿童在掌握量词"个"的同时习得了"量词＋名词"结构以及"指示代词（这、那）＋个"结构，也就是说儿童接受了量词总是在名词之前或者总是在指示词之后这一规则，通过

---

① 吕红梅．现代汉语量词"个"的研究［D］．济南：山东大学，2011.

检索我们没有发现儿童将量词使用在名词之后或者指示词之前的案例。他们明白名词之前或者指示词之后应该有一个占位符，这个占位符在儿童语言发展的初期被锁定为"个"，呈格式化发展。

表4-7　儿童家长离散型物量词输入频次表

（儿童习得首个物量词之前）（单位：次）①

离散型物量词															
个	根	颗	张	只	块₁	辆	朵	本	条	粒	棵	座	片	首	份
GYCJZ															
2063	3	0	27	52	17	0	1	16	0	0	0	0	2	0	0
SWKJZ															
394	1	1	5	18	6	0	0	6	3	4	0	0	0	0	0
WJHJZ															
316	0	0	10	6	4	0	0	0	0	0	0	0	0	0	0
WMXJZ															
979	10	3	17	64	27	12	9	13	2	2	1	0	8	2	0

表4-8　儿童家长非离散型物量词输入频次表

（儿童习得首个物量词之前）（单位：次）

非离散型物量词										
斤	块₂	双	群	种	碗	杯	包	套	袋	串
GYCJZ										
7	0	5	0	1	1	1	2	0	0	0
SWKJZ										
0	0	0	0	0	0	21	0	0	0	0
WJHJZ										
0	0	0	0	1	0	0	0	0	0	0
WMXJZ										
0	1	6	0	7	0	4	7	0	0	0

---

① 表4-7、表4-8、表4-9统计次数时只留取词汇作为量词的次数，比如"杯"既可以是名词，又可以被借用为量词，我们在统计次数时只统计其作为量词的次数。本文中在儿童后面添加"JZ"表示家长。

表 4-9　儿童家长约量词输入频次表

（儿童习得首个物量词之前）（单位：次）

约量词				
几	多	少	些	点
GYCJZ				
29	70	1	20	34
SWKJZ				
4	16	0	11	8
WJHJZ				
12	17	0	6	30
WMXJZ				
30	75	11	28	32

CHI：我先发一个吧．（WJH：2；10；15）

CHI：挖个橘橘．（WMX：2；04；05）

CHI：那个一点都不辣．（SWK：2；02；23）

CHI：买这个♯买这个．（GYC：1；01；10）

（二）呈现泛化使用"个"的特征及原因分析

通过对四名儿童的语料进行检索，我们发现在各个时期，"个"的使用都遥遥领先，即便在掌握了新的量词之后，在与同一个名词相搭配时，会交叉使用"个"与新量词。通过检索发现，GYC 儿童使用"朵花"搭配 7 次，使用"个花"搭配 21 次，其中在习得"朵"之后使用"个花"搭配 20 次，即儿童在掌握某个量词之后，依然会发生二者混用的情况。以下为以"朵"为例，四名儿童混用"朵"与"个"的案例。

CHI：这个花花♯还没贴完吗？（GYC：2；08；11）

CHI：嗯嗯看这里♯看这里♯一朵花．（GYC：3；07；29）

CHI：你看那有许多朵花．（GYC：3；08；06）

CHI：呀姥爷给了就一个花．（GYC：3；09；26）

CHI：还有个妈妈♯还有个花．（SWK：3；08；24）

CHI：要粘到这朵花才漂亮当当当．（SWK：3；11；22）

CHI：画一朵花-：（WJH：2；04；01）

CHI：站着你帮我画这两个花．（WJH：3；08；01）

CHI：这个♯这个花先呼♯也打哈欠了（WMX：3；05；16）

CHI：嗯♯五♯五朵花都要睡觉了．（WMX：3；05；16）

李宇明指出儿童在语言使用中会采取偏向性策略，比如语言的格式化现象，泛化也是语言的格式化现象之一，是儿童对某语言项目的理解或使用超出了目标语言的现象。① 儿童最先习得"个"及其"数字/这/那＋个＋物体/人/动物"结构，产生了固定的表达格式，儿童会将其认知系统里的物体首先与这一结构结合，形成初始泛化。语言习得是一个动态的过程，儿童在语言发展过程中不断进行同化与顺应，在儿童早期语言习得中，量词"个"由于其高频使用，被迅速同化为儿童语言系统的一部分。当儿童学会新的量词（如"朵"）时，可能会出现短暂的混用现象，这是因为儿童需要时间来顺应新的语言结构和规则，在这个过程中，儿童会尝试将新的量词纳入已有的语言框架，直到形成新的语言规则和使用习惯。所以虽然在掌握了"朵"之后仍然经常使用"个"与花相搭配，出现了同一时间段"个花"与"朵花"交叉使用。除了儿童自身内在的原因之外，我们检索成人语料发现，"个"的误用在成人身上也非常明显，正如李宇明所言，在成人的语言中也明显存在"个化"倾向，这种倾向也是当代汉族人共同的语言心理倾向，这种心理倾向体现在与儿童互动中频繁使用"个"，因此不可避免地对儿童在量词使用中的倾向性产生了影响。②

综上所述，在儿童早期量词习得中，"个"的泛化使用可以归因于高频的语言输入、互动中的模仿与重复，社会交往中的语言习惯，因此"个"的泛化使用不可避免，这一结论与丁凌云等学者研究结果一致。

在儿童早期的语言习得中，不仅仅有"个"的泛化使用，当儿童习得新的量词，这一新的语言现象的加入让儿童觉得很新奇，就好像得到了一个新的玩具，面对新奇的事物总是会有无限的乐趣，会在一段时间里不停地重复使用该量词，内在整合系统开始工作，类推功能与规则意识浮现，儿童就会喜欢用新的量词去搭配他所使用到的名词，从而对名词进行分类，哪怕超出了该量词的使用范围，例如：CHI：要是♯中间刻着一条墙（WJH：4；06；07），儿童认为形状为长条的东西都可以使用"条"，所以对墙使用了"条"，再比如：CHI：妈妈我要送给你一根花．（GYC：3；05；27），儿童已经习得了"根"的词义指向—长条的或者与植物有关，所以看到有细长茎秆的花，内在推理机制开始运作，将其归类于"根"这一条目下。随着量词的泛化使用，儿童的归纳推理能力越来越强，泛化使用量词将逐步减少，随

---

① 李宇明．儿童语言的发展［M］．武汉：华中师范大学出版社，2004．
② 李宇明．儿童语言的发展［M］．武汉：华中师范大学出版社，2004．

着年龄、智力、认知水平的增长，儿童能慢慢总结出某一类事物的共同特征。比如汽车和坦克都有轮子在陆地行驶，需要使用量词"辆"，飞机与战斗机都是有翅膀细长形状的可以在天空飞行的交通工具，都可以使用量词"架"，例如：CHI：两架一架轰炸机还有一架战斗机再只是六个六辆坦克（WJH：4；12；03）。量词习得的过程是动态的、是在交际中接收成人反馈后不断自我调整的、自我纠正的，不是一蹴而就的。

二、非离散性量词习得模式与原因分析

由表4-4以及语料例句可以看出：

第一，四名儿童的非离散性量词习得都晚于离散性量词，但是没有过于靠后，GYC在（2；04；09）习得货币量词"块"，SWK在（2；01；13）习得"种"和"杯"，WJH在（1；10；09）习得"双"，WMX在（2；01；11）习得"双"。虽然四名儿童习得非离散性量词的数量远远低于离散性量词的习得数量，频次也较低，但是一直在持续发展。

第二，在非离散性量词的数量上看，可容型量词数量要高于其他量词。邵敬敏将容器型量词分为可容型量词和可附型量词。[①] 可附型量词一般为二维平面或者人体器官，通常搭配"一"来使用，检索结果表明，四名儿童中只有两名男童习得了"一地"的用法，并且每名儿童只出现一次，所以在此不做讨论。可容型量词一般都是名词借用为量词，一般会有一个立体空间，与被测量物为容器与内容的关系。可容型量词的习得取决于儿童对容器的认知程度，儿童要先掌握该容器词的基础语义、形状、大小以及用途，之后才能将其借用为量词，所以可容型量词习得要晚于容器类词汇习得。比如以"碗"为例，在SWK掌握其为量词之前，作为名词出现在该儿童语料中42次，表明该儿童对"碗"这一事物已经有了足够的认知，请看如下例句：

CHI：这个是我的.

CHI：这个喝水的♯小碗.（SWK：2；05；12）

MOT：哦♯喝水的小碗啊.

CHI：把♯把这个小碗倒到水里♯我就咕咚咕咚喝水.

MON：玩一个♯串珠子的游戏好不好？

CHI：好的.

CHI：但我〔/〕我必〔/〕必须给〔/〕给你做一个〔/〕个米妮蔬菜汤

---

① 邵敬敏. 量词的语义分析及其与名词的双向选择〔J〕. 中国语文，1993（3）：28—32.

［/］汤才

CHI：我得健身一下才能帮你做［/］做一碗米妮蔬菜汤．（SWK：3；01；20）

CHI：健身完了．

MON：哦：-健身一下才能帮我做米妮蔬菜汤是不是？

GRA：自己还歪歪啦啦的披上袄穿倒穿着棉裤．

CHI：钱包．（WMX：2；09；02）

GRA：吆我还寻思撂家去来这不．

CHI：xx．

GRA：昨天找找不着．

CHI：xxx妈妈我想喝包鲜奶在玩♯我想喝包鲜奶妈妈．（WMX：2；10；11）

MOT：你该吃饭了吧．

CHI：我喝包鲜奶妈妈．

MOT：自己弄喝就喝．

CHI：快给我扒开．

上述第一个例句表明该儿童已经对碗有明确的认知（大小、用途、内容），即便对"碗"和"水"之间的关系表达不清，但是已经在概念上理解了"碗"的用途。上述第二个例句中，该名儿童已经可以使用"碗"作为量词，并且在该例句中儿童首先使用了量词"个"，但是随即进行自发性修正，这表明儿童知晓在当前场景下"个"与"米妮蔬菜汤"不是正确搭配。在上述第三个例句中，儿童发现了钱包并且在无成人引导下准确地喊出了钱包，表明儿童对"包"这一事物（外面有包裹物，里面有容纳物）的形状及用途有一定的认知。这一部分可以借由斯珀伯（Sperber）和Wilson（威尔逊）提出的语义关联理论解释，他们认为儿童理解话语的过程就是认知语境中旧信息和新信息相互作用的结果，其中之一的原则为关联的认知原则，关联性越大，交际越成功。[1] 以"碗"为例，"碗"作为生活中的一个物体其用途已经在与家长互动的过程中为儿童所获知（用来装食物），当内容为食物时，二者的关联性变大，一碗饭或者一碗汤变成一个整体，完成了从容器-内容-整体的语义关联，而家长的相关言语输入则更快地帮助儿童理解这一语义关

---

[1] SPERBER D，WILSON D. Relevance：Communication and cognition［M］. Oxford：Blackwell，1986.

联从而使儿童习得新的量词，并且该量词与食物相关，看到可以被碗装进去的内容物后，会自发地关联到该量词，完成了从容器到量词的语义习得。这可以看出互动语境、认知水平、阅历的积累有助于提高量词，尤其是在非离散性量词中的可容型量词的习得之中。

三、约量词语习得模式与分析

李宇明认为约数词语是专门用来表达约量的数词、数词组合、量词组合，约数词语包括"多""多少""几""好多""许多"之类的数量性质的词语。[①] 有一些词语具有多种功能，我们在此仅描述其在物量范畴内作为标量词使用的情况。四名儿童的约量词语习得情况请见表 4-10 和例句：

表 4-10　约量词习得情况表

<table>
<tr><td colspan="2">成员词</td><td>GYC</td><td>SWK</td><td>WJH</td><td>WMX</td></tr>
<tr><td rowspan="10">约量词</td><td>几
（首现时间/习得时间/出现频次）</td><td>1；09；20/
1；09；20/
107</td><td>1；11；21/
1；11；27/
163</td><td>1；08；27/
1；09；04/
379</td><td>2；03；27/
3；02；25/
3</td></tr>
<tr><td>多
（首现时间/习得时间/出现频次）</td><td>2；03；22/
2；03；22/
267</td><td>1；10；06/
1；10；06/
257</td><td>1；09；04/
1；11；07/
332</td><td>2；03；22/
2；03；22/
38</td></tr>
<tr><td>少
（首现时间/习得时间/出现频次）</td><td>2；04；18/
2；04；18/
10</td><td>2；02；04/
2；02；04/
6</td><td>2；02；10/
2；02；10/
17</td><td>3；06；22/
3；06；22/
10</td></tr>
<tr><td>些
（首现时间/习得时间/出现频次）</td><td>1；11；08/
1；11；08/
107</td><td>2；01；20/
2；01；20/
284</td><td>1；08；27/
1；10；09/
159</td><td>2；01；29/
2；01；29/
60</td></tr>
<tr><td>一点
（首现时间/习得时间/出现频次）</td><td>1；11；27/
1；11；27/
78</td><td>1；12；27/
1；12；27/
162</td><td>1；11；26/
1；11；26/
31</td><td>2；04；25/
2；04；25/
20</td></tr>
<tr><td colspan="2">总计（单位：次）</td><td>569</td><td>872</td><td>918</td><td>131</td></tr>
</table>

　　GRA：我给你青蛙去吧．CHI：我拿几个去．CHI：行．CHI：哦♯我再拿一个．（GYC：2；06；28）

　　CHI：被大熊猫挡♯住［！］了．CHI：我拿出来．FAT：啊♯都在这里．CHI：拿几个藏起来．FAT：都拿给淘爸．（SWK：2；02；04）

---

　　①　李宇明．汉语量范畴研究［M］．武汉：华中师范大学出版社，2000.

CHI：图图家里好多车♯这回你也有好多车了不是吗？（WMX：2；05；23）

CHI：我的水少你的水多（WJH：3；09；07）

MOT：要-：太沉就拎不动啦．CHI：再沉我能拎动．CHI：这些不多呀-：．MOT：奥♯这些不多啊．CHI：嗯．CHI：少-：很少-：＋＞．（WJH：3；01；03）

CHI：喝一点奶粉就不喝了．（WJH：3；07；24）

通过表 4-10 我们能看到儿童最先习得的约量词语是"几"和"多"，GYC 在（1；09；20）习得"几"、SWK 在（1；10；06）习得"多"、WJH 在（1；09；04）习得"几"、WMX 在（2；03；22）习得"多"，此外四名儿童对于"少"的理解与使用均弱于"多"，甚至弱于其他约量词语。这也表明儿童对"多""少"这一对反义词语的掌握呈现不对称性。由于约量词"几"与数字的关联性最大，在早期成人与儿童的对话中出现次数最多，比如成人经常用"几"来向儿童询问数量，所以几是最容易被儿童与数量建立起关联关系的词语。当儿童将几个与不确定数量关联在一起的时候，出于交际互动的目的，儿童没有被要求或者不必表达出具体数量的时候，他们就会选择几个来表达一个大约量，并形成一个固定范式与名词搭配。当然这种大约量是既客观又主观的，因为随着年纪的增长、认知的增加，儿童又习得了程度词"好"并组合成新的主观大量范式"好几个"。"好"也是表达夸张的程度词，而且我们研究发现当儿童使用"几＋量词"搭配名词时很少在句末添加语气词，但是当儿童使用"好几＋量词＋名词"这一结构时，有时会添加语气词"呢""了"。李宇明提出加在句末能起到表达主观量作用的标记词主要有"而已""罢了"和"呢""了"，"呢"和"了"语义辖域中的表量词语都是主观大量。[①] 此外，张笛研究指出夸耀是儿童使用"呢"或者"了"的言语意图之一[②]，所以当儿童使用"好＋几＋量词＋名词呢/了"或者"好＋几＋量词＋名词"都是表达主观上的大量。随着年龄的增长，对"几"的认知也在不断发展，到三岁左右已经可以熟练使用"整数＋好＋几＋量词"这种结构表达不确定数量。如下例所示：

CHI：我得在吃♯十好几个蛋糕了！（GYC：3；06；11）

CHI：爸爸我吃了好几个呢♯爸爸我吃了好几个呢．（SWK：2；08；18）

CHI：妈妈有好几个电线．（WMX：3；10；24）

---

① 李宇明．汉语量范畴研究［M］．武汉：华中师范大学出版社，2000.

② 张笛．汉语儿童句末语气词获得研究［M］．北京：新华出版社，2019.

CHI：动车是［/］动车是好几个好几个轮子的．（WJH；3；11；16）

此外，"多"也是经常出现在儿化用语中的约量词，我们发现当儿童使用"多"作为约量词语时，一般使用"好多"（315）、"很多"（750）、"真多"（6）、"太多"（78）、"这么多"（152）、"那么多"（126）。当儿童使用"很多"时一般以陈述形式出现，句子结构更加完整些，例如：CHI：我有很多朋友．（SWK；2；02；09）。也会使用"很多很多"这种覆叠结构来表达主观上的大量，例如：CHI：我画很多很多的泡泡．（GYC；2；10；05）。当儿童使用"好多""真多"时，句子长度更短，更加口语化，来表达情感上的满足感和感叹，例如：CHI：好多蚂蚁呀．（GYC；2；08；15）；CHI：好多救护车．CHI：真多（GYC；2；05；23）。儿童也会使用"好多好多"这种覆叠结构，在语气上表达更加夸张的量，例如：CHI：妈妈你看♯里面装好多好多的创可贴呀-:！（WMX；3；03；28）。在使用"这么多"时，与"那么多"相对，在时间与空间上更多是表达以儿童为中心的事物或者人，儿童将其用作两种意图：有参照的固定量或者超出心理预期的量。当没有参照对象时，"这么"的语义指向程度比较模糊，当有参照对象时，其语义指向程度更具体，当指向语义较虚的程度时，它指的是根据说话者主观判断的高程度，正如韩柳所言，说话者根据自己的主观认定，使用"这么"来表示一种程度较高、模糊或抽象的概念。[①] 当儿童在无参照时使用"这么多""那么多"同样表达主观上极多的含义，例如：CHI：爷爷种了这么多菜呢！（GYC；3；07；29）；CHI：有这么多的孩子呀．（WMX；3；04；19）；CHI：你怎么那么多地方都不想带我去呀（WJH；4；11；26）。儿童在语言早期就可以通过使用约量词语来表达主观的看法、情感，实现与成人世界的交际互动。

本章小结

早期汉语儿童语言习得中，量词比名词或者动词习得难度大，本章发现物量词的习得顺序为离散性量词＞约量词＞非离散性量词，呈现自下而上的特点，顺应了语义习得从简到难、从具体到抽象的过程。从物量词习得数量、习得时间以及使用频率上看，离散性量词绝对优于非离散性量词，其中"个"是最早被习得并使用最广的量词，也是容易被误用的量词。

---

① 韩柳．"这么"的句法语义功能研究［D］．济南：山东大学，2014.

从非离散性量词习得情况的内部来看，儿童对可容型量词的掌握要优于度量衡量词、货币量词、种类量词和群体量词，这一类量词的发展不是停滞的，而是随着认知水平缓慢发展。在非离散性量词内部习得中，一些借用量词的语义习得要更为复杂。李平指出联结主义的"互动激活"（interactive activation）理论认为语言加工的过程既包含从下至上的过程也包含从上至下的过程①，儿童在掌握"数词＋量词＋名词"结构的时候，熟悉的量词位置被替换成了熟悉（或者不熟悉）的名词，有助于帮助儿童接受这一熟悉名词新身份。早期儿童已经能够熟练掌握约量词语，从频次上看，儿童对约量词语的掌握要优于非离散性量词但劣于离散性量词，并且对约量词语隐含的主观量也有了较深的认识。

早期儿童物量词习得结构为三种，第一种为"数量名"结构，该结构为儿童物量词使用的主要结构；第二种为"数词＋名词"结构，使用非常少，偶现于货币量词的使用中，受到认知水平制约，随着词汇的增长该现象也消失不见；第三种为"量词＋名词"结构，有时儿童会省略数字"一"，使用"动词＋量词＋名词"结构突出交际重点，此外"这个"的使用要优于"那个"。

这一阶段的儿童已经能熟练使用"多""些""几""点"等约量词语，基于使用原则，使用"好几个""很多很多""这么多"等词语表达不确定或者夸张的量以满足交际的目的，并时刻接收外界反馈适时调整，将现实生活场景与语言构式相联结，观察并模仿目标人物（交际对象），使自己输出的语言无限接近交际对象，完成有效的互动，同时排除无效互动的构式项目。认知的水平和阅历的积累对儿童掌握量词是有帮助的，能够使他们完成从简单语义到复杂语义的理解，并在反馈中不断调整自己的表达格式，以期与外界越来越接近，最终达到无障碍交际的目的。

儿童在量词的使用过程中不可避免地出现了泛化及误用的情况，这虽然为量词习得增加了难度，但是同时也在加强儿童学习量词的能力。四名儿童都出现了泛化使用"个"的现象，但并不仅限于"个"，也出现了"根""条"等泛化现象，克拉克（Clark）认为泛化其实是一种普遍深入的现象②，随着认知与交际需要会逐渐完成从"泛化"到"分化"。托马塞洛指

---

① 李平. 语言获得的联结主义模式 [J]. 当代语言学，2002，4（3）：164—175.

② 曹中平，杨秀华. 语义获得的特征理论及其实验研究新进展 [J]. 湖南师范大学教育科学学报，2002，1（1）：119—123.

出两岁以前的儿童能产出大量基于项目的构式，从而逐渐形成各种各样的构式岛，从环境输入中不断地归纳概括最终习得构式①，对于汉语儿童而言，最开始习得"个"，形成"数＋个＋名"初级认知，此后会继续和大量的不同具体名词搭配使用，形成基于量词的构式雏形，在基于功能分布的分析中，儿童可以将具有相似句法表现的语言项目归类为词汇范畴，从词汇中抽出具有量化特征的词归入到量词范畴，这也可以解释为什么会出现泛化使用量词的现象。儿童推理归纳总结的过程实际上也是内在学习能力与逻辑能力发挥作用的过程，促进儿童能够迅速掌握语言的复杂奥义。

早期汉语儿童物量词语的习得遵循了从词语的机械模仿到词语的结构模仿再到创新的过程——比如儿童最初只是模仿成人的语言"两个""三个"后来模仿"个＋名词"。从语义上来看，这遵循了从词语的具体语义到关联语义的过程，从交际角度看，遵循了以自我为中心向外延扩散的过程，也遵循了顺序性和连续性发展特征。物量词的习得机制在于儿童的语言发展过程也是交际互动不断升级的过程，儿童在这一过程中运用学习能力，将互动语境中的语言代码输入到自身的学习系统中，通过模仿、迁移、创造等手段进行语言输出，再通过交际过程中的正向或者反向反馈不断纠正、调整自己的语言格式以期实现内心期望的交际互动，同时喜欢采用偏向性策略，李宇明认为即便此种策略超出了目标语的使用范畴，随着认知水平的提升，会在输出与反馈中再不断调整。②

认知结构是语言的基础，影响汉语儿童的物量词语习得的因素主要是儿童的认知水平，早期儿童的认知水平也是在交际互动中不断提升的。因此，当儿童习得的量词越来越多，推理归类能力发展越来越成熟，量词使用的正确性也不断提高；其次环境影响也是一大因素，儿童对数量表达结构的语义理解离不开与家长、社会之间的相互作用，我们可以看到成人语言的输入频次对儿童物量词语的使用有一定的影响，但不是永久影响，随着认知水平的提升，这种泛化和误用均在减弱；再次为儿童语言发展能力的个体化差异，每个物量词的习得时间不是整齐划一的，与每名儿童的认知水平与互动环境差异有关，但是在物量词内部大类上的总体习得顺序是基本一致的。21世纪的儿童接触的信息量是远远高于20世纪的儿童所接触的信息量的，接触

---

① TOMASELLO M. Constructing a language：A usage-based theory of language acquisition [M]. Cambridge：Harvard University Press，2003.

② 李宇明. 儿童语言的发展 [M]. 武汉：华中师范大学出版社，2004.

的信息越多，交际的需求就越旺盛，思维外化的重要性显现得越来越早，他们迫切地希望能与成人共享他们眼中的世界，内在学习机制与外部信息共同作用，不断完善儿童的思维外化编码，最终实现与成人世界的交际，使自己融入社会。

第五章 汉语儿童指称类代词习得

第一节 指称类代词研究概述

在哲学界和语言学界，指称一直是备受瞩目的核心概念之一。它宛如一座桥梁，连接着语言与现实世界，承载着人们对事物的命名、指代和理解，其复杂性和重要性不言而喻。而当我们将目光聚焦于汉语这一独特的语言体系时，指称问题更是因汉语自身的诸多特性而变得愈发错综复杂，充满了探索的魅力与挑战。

深入探讨汉语儿童指称类代词的习得过程，不仅有助于我们更全面、更深入地了解儿童语言发展的内在机制，揭示语言与认知之间的紧密联系，还能为汉语教学、儿童语言障碍的诊断与干预等提供宝贵的理论依据和实践指导。因此，对汉语儿童指称类代词习得的探讨具有重要的学术价值和现实意义，值得我们深入研究和探索。希望通过本章的探讨，能为这一领域的知识积累和理论发展贡献一份力量，同时也为关心汉语儿童语言发展的教育工作者、家长以及研究者提供一些有益的参考和启示。

一、指称类代词现状

西方哲学家罗素（Russell）、费雷格（Frege）、维特根斯坦（Wittgenstein）、塞尔（Searle）等人都是指称研究的杰出代表。他们认为，指称就是该语词的意义。词语的指称问题，是当代语义学、语言哲学和心理学讨论的热门话题。本章拟从语言互动角度探讨汉语儿童指称类代词的习得。现梳理相关文献，按照词类将汉语儿童代词研究情况总结如下。

（一）人称代词研究综述

在儿童语言人称代词习得的研究中，国外学者大多关注人称代词的习得顺序及其背后的影响机制。查尼（Charney）和恰特（Chiat）针对英语儿童对人称代词习得的研究显示，第一人称单数代词和第二人称单数代词的出现时间早于其他人称代词。库利（Cooley）[①]、查尼、斯特雷耶（Strayer）的研究均指出，人称代词的习得顺序为"我＞你＞他"。此外，库利、赫胥黎（Huxley）、克拉克（Clark）、恰特以及麦克尼尔（McNaill）的研究均发现，在婴幼儿成长早期（22 到 26 个月期间），他们会置换人称代词"我"和"你"。布鲁姆（Bloom）的研究认为，单数人称代词的习得要早于复数人称代词，儿童更能够习得与之距离较靠近，关系更加亲密的所指。美国心理学家沙茨（Shatz）认为，英语儿童对第一、第二人称代词的掌握优于第三人称代词，且差异显著。

国内学者从人称代词习得顺序及生理机制等角度对汉语儿童人称代词的习得进行了研究。吴天敏和许政援探讨了儿童人称代词习得时间、三岁前儿童使用的人称代词数量以及人称代词在词类中的比例。[②] 许政援和闵瑞芳则对人称代词的习得顺序进行了详细说明。[③] 朱曼殊、陈国鹏等认为：随着年龄的增长，儿童对人称代词的理解水平不断提高；对"我"的理解最好，其次是"你"，最后是"他"。[④] 苍静波从儿童习得人称代词的过程来探讨人类思维模式的特点。[⑤] 程兰研究了儿童的汉语人称代词"他"的语法化习得过程并探讨影响因素。[⑥]

综上所述，国内外学者对儿童习得人称代词的结论基本一致，即英语儿童和汉语儿童习得人称代词的顺序都是"我＞你＞他"，并从儿童的生理因素、认知能力、语言环境、语言刺激、习得方法等方面讨论和解释这一模式。也有个别学者提出"我"和"你"同时出现的现象。

（二）指示代词研究综述

国外学者从定义方面对指示代词进行界定，并从二语习得的角度研究儿童指示语的习得。关于指示代词的分类，韩礼德和哈桑（Hason）提出"this，that，these，those，the，here，there，then，now 都是指示性引用"；

---

① COOLEY C H. A study of the early use of self-words by a child [J]. Psychological Review, 1908，15：339−357.

② 吴天敏，许政援. 初生到三岁儿童言语发展记录的初步分析 [J]. 心理学报，1979（2）：153−165.

③ 许政援，闵瑞芳. 汉语儿童人称代词的获得 [J]. 心理学报，1992（4）：3−11.

④ 朱曼殊. 儿童语言发展研究 [M]. 武汉：华中师范大学出版社，1986.

⑤ 苍静波. 儿童人称代词习得与思维模式探究 [J]. 黑龙江生态工程职业学院学报，2013，26（5）：150−151.

⑥ 程兰. 儿童汉语人称代词"他"的语法化习得 [J]. 黑龙江生态工程职业学院学报，2014，27（1）：151−152.

夸克（Quirk）的研究认为"this，that，these，those 这四个词都是指示指称"。克拉克的研究指出从第二语言习得的角度将儿童指示性表达的习得过程分为四个阶段。

国内学者从汉语儿童习得指示词的时间及顺序等方面进行研究。孔令达和陈长辉[①]，彭小红[②]，张兴峰和吴卫东[③]等研究发现：指示词"这"和"那"早在 2 岁前就出现在儿童言语中，近指词"这"及由"这"构成的复合指示词一般比远指词"那"及由"那"构成的复合指示词早出现。朱曼殊等研究发现各个年龄段对指示词的理解有明显差异；不同的语言环境对儿童指示词的理解有影响。[④] 梁敬美描写了即席口语会话中指别标记语"这、那"的功能分布情况及其语用、话语与即席三大功能。[⑤] 刘丽艳描述了话语标记"这个、那个"的三个最重要的元语用功能：话语组织、语境顺应和人际互动。[⑥] 陶红印从话语层面研究了指示词"这、那"的情境用法、语篇用法和认同用法等。[⑦] 许家金对青少年自然语言中话语标记"那（个）"的话语功能进行了系统的研究。[⑧] 殷树林从话语和言语行为两个角度考察了话语标记"这个、那个"在口语中的使用情况。[⑨] 厉杰对语法化口头禅"这个、那个"的语言特征、语篇语用功能进行了研究。[⑩] 隆江源对儿童指别标记语的发展特点做了初步描写和解释。[⑪]

综上所述，国内外学者从不同视角对不同年龄段指示代词的习得情况进行研究，并得出一致结论：儿童对指示代词的理解是以自身为中心的。如果

---

① 孔令达，陈长辉 . 儿童语言中代词发展的顺序及其理论解释 [J]. 语言文字应用，1999（2）：4—46.

② 彭小红 . 儿童早期词汇发展过程中确有名词倾向吗？[D]. 长沙：湖南大学，2004.

③ 张兴峰，吴卫东 . 幼儿语言习得过程中代词习得的个案研究 [J]. 德州学院学报，2007（1）：89—92.

④ 朱曼殊 . 儿童语言发展研究 [M]. 武汉：华中师范大学出版社，1986.

⑤ 梁敬美 . "这-""那-"的语用与话语功能研究 [D]. 北京：中国社会科学院研究生院，2002.

⑥ 刘丽艳 . 作为话语标记的"这个"和"那个"[J]. 语言教学研究，2009（1）：89—94.

⑦ 陶红印 . 从语言习得的角度看汉语的推广与传播 [J]. 云南师范大学学报（对外汉语教学与研究版），2008（2）：6—8.

⑧ 许家金 . 汉语自然会话中话语标记"那（个）"的功能分析 [J]. 语言科学，2008（1）：49—57.

⑨ 殷树林 . 话语标记"这个""那个"的语法化和使用的影响因素 [J]. 外语学刊，2009（4）：92—96.

⑩ 厉杰 . 口头禅：类别、机制与功能 [D]. 上海：上海外国语大学，2013.

⑪ 隆江源 . 汉语儿童指示代词获得研究 [D]. 长沙：湖南大学，2018.

参照点与儿童自身的中心相同（如儿童坐在说话人旁边），儿童就比较容易正确理解；如果参照点与儿童自身中心需要进行一定的逆向转换（如儿童坐在说话人对面），儿童就不容易正确理解；如果儿童作为旁听者坐在中心，既不能完全以自己为参照点，也不需要做反向转换，那么理解的难度介于上述两种情况之间。儿童对"这""这个"和"那""那个"两对指示代词的理解程度随着年龄的增长而逐年提高。

（三）疑问代词研究综述

国外学者对英语儿童特殊疑问句习得的研究开展较早。研究表明，英语儿童在特殊疑问句的发展中经历了三个阶段：第一阶段（大约 3 岁半）时，疑问代词置于句首，但没有进行倒装；第二阶段（大约 3 岁半到 4 岁）时，疑问代词前置，并且陈述句中助动词与主语进行倒装；第三阶段（4 岁到 4 岁半）时，儿童的陈述句和否定句表达均与成人语法规则相符合。贝卢吉（Bellugi）和克里马（Klima）的研究均认为，由于英语的特殊疑问句在形态上变化较复杂且具有标记性，儿童需要较长时间才能完全掌握。

国内对汉语儿童习得疑问代词的研究也取得了很好的成果。梁卫兰等研究表明，16 个月至 30 个月儿童词汇量快速发展，而疑问代词的使用一般从 19 个月开始，以后发展迅速。① 吴筱雅研究表明：从 36 个月开始，儿童使用疑问代词的总体频率随着认知水平的发展而有所下降。② 蔡红认为：随着幼儿认知能力的提高和语言符号置换语境符号能力的增强，儿童早期习得疑问句经历了"独语疑问句→独语疑问词＋多词句→多词疑问句"三个阶段。③ 李若凡认为：习得序列首先受到疑问代词自身指别性质的影响，典型用法最先出现；通过简单语言形式习得的用法先于通过复杂形式习得的用法出现；场域用法先于非场域用法习得。④

综上所述，国内外学者对儿童疑问代词习得的发展进行了广泛的研究。由于研究对象，即儿童的母语不同，再加上研究目的和方法的差异，研究结果往往不一致。结合国内外儿童疑问句习得的相关研究成果，我们可以看到，不同国家的儿童在习得特殊疑问词的顺序上几乎一致；儿童通常先习得

① 梁卫兰，都波等．幼儿中文语言词汇发展的研究［J］．中华儿科杂志，2002（11）：650－653.

② 吴筱雅．3～6 岁汉语儿童疑问代词使用情况研究［J］．教育导刊（幼儿教育），2009（1）：19－21.

③ 蔡红．2—3 岁幼儿疑问句发展的三个阶段［J］．新疆大学学报（哲学·人文社会科学版），2021，49（2）：138－144.

④ 李若凡．普通话儿童疑问代词指别性习得研究［J］．当代语言学，2022，24（03）：392－412.

论元特殊疑问句，然后再习得附加语特殊疑问句。

二、拟进一步探讨的问题

在前人研究的基础之上，本章依托"汉语儿童多模态口语语料库"，精心选取四名儿童 1—4 岁自然产出的语料样本，针对语料中呈现的指称类代词展开了全面且穷尽式的系统考察，旨在深度探究汉语儿童在早期阶段对指称类代词的习得状况，以及这些代词在句法、语义和语用等多个维度所展现出的特点、性质。通过细致分析，总结归纳出指称类代词的习得规律，精准衡量指称概念的范畴化程度。

此外，本章创新性地将既有的研究框架与互动视角有机融合，借此深化对指称类代词习得过程与机制的理解，进一步丰富和完善儿童语言习得的理论体系。

本章所获结论，有望为汉语本体研究提供全新的实证依据，助力挖掘汉语语言结构的内在规律；为幼儿语言教育领域提供科学的指导策略，助力优化教学方法与课程设计；为对外汉语教学提供有效的参考范式，助力提升教学效果与质量，在上述多个领域均具有不可忽视的参考价值 。

第二节　现代汉语指称类代词成员界定

代词在语言系统中扮演着重要角色，汉语代词的研究已经积累了丰富的成果。汉语中的代词可以分为原型（典型）成员和非原型（非典型）成员。原型成员主要包括三种类型：指示代词、疑问代词和人称代词，而非原型成员在汉语的不同历史时期所涵盖的词类有所不同。

在古代汉语研究中，周法高将代词划分为人称代词、指示代词和疑问代词三类。[①] 现代汉语研究中，吕叔湘指出，近代汉语中的代词没有固定的指称对象，可以在不同语境中指代不同的人、事、动作或状态。他还将代词的宾语分为实体/非实体、有定/无定和指示/称代等类别。[②] 在现代汉语的研究中，吕叔湘将人称代词归入"指称（有定）"的范畴，而疑问代词则归于"指称（无定）"。[③]

---

① 周法高. 中国古代语法［M］. 北京：中华书局，1990.
② 吕叔湘、朱德熙. 语法修辞讲话［M］. 北京：商务印书馆，2013.
③ 吕叔湘. 吕叔湘全集. 第一卷（中国文法要略）［M］. 北京：商务印书馆，2002.

总体而言，汉语代词的具体定义在不同时期有所变化，但可以确认的是，代词的主要原型包括指示代词、疑问代词和人称代词，这一原型分类也得到了跨语言研究的支持。

迪塞尔（Diessel）指出，基于印欧语言的传统语法区分了多种代词类型，包括指示代词、疑问代词、人称代词、不定代词和关系代词，而不定代词通常由非重读疑问词派生，关系代词则通常源于指示词或疑问词。[①]

巴特（Bhat）认为，人称代词与其他代词在性质上存在显著差异：典型的人称代词为单一语素，主要用于表示语篇角色；而其他代词则通常由双语素构成，用于指称普遍概念或具体功能。[②]

本章聚焦于儿童对人称代词、指示代词以及疑问代词的习得过程，原因在于这些领域中存在一系列亟待解决的关键问题，具体如下：

①汉语儿童指称类代词的认知规律及其认知机制：深入探究汉语儿童在掌握指称类代词时所遵循的认知规律，剖析其背后的认知机制，包括如何在大脑中构建起对这些代词的理解与运用体系，以及这一过程与儿童整体认知发展的关联。

②汉语儿童指称类代词的范畴化程度：精准衡量汉语儿童对指称类代词的范畴化水平，明晰儿童在多大程度上将不同的指称类代词归入特定的语义、语法范畴，以及这种范畴化程度对其语言表达准确性和丰富性的影响。

③疑问代词的非疑问用法：系统考察疑问代词在实际使用中呈现出的非疑问用法现象，研究儿童如何理解和运用疑问代词的这些特殊用法，以及这一过程反映出的儿童语言理解与运用的灵活性和复杂性。

对上述问题展开深入探讨，有助于我们更为透彻地理解汉语儿童指称类词语的习得规律，全面探索影响儿童指称类词语习得的各类因素及其内部作用机制，进而为儿童语言研究提供极具价值的补充，推动该领域研究的深入发展。

第三节 汉语儿童指称类代词习得描写

在语义学领域，指称通常用于描述名词或代词与其所指代的具体对象之间的关系。代词在实词类别中属于抽象程度较高的词类。本节将基于前一节

---

① DIESSEL H. The Ordering Distribution of Main and Adverbial Clauses：A Typological Study [J]. Language，2003（77—3）：433—455.

② BHAT D N S. Pronouns [M]. Oxford：Oxford University Press，2004.

明确的研究范围—人称代词、指示代词和疑问代词—对四名儿童的相关语料进行汇总和分析。在此基础上总结汉语儿童指称类词语的习得规律，从互动视角探究促进指称类词语习得的影响因素和内在的认知机制，进一步深化儿童指称类代词的习得研究。

一、人称代词习得

人称代词是一种基于主体中心意识的指称方式，用于指代交际中的参与者（即说话者、听话者及其他相关方）。由于人称代词具有高度的抽象性，它要求使用者具备较高的语言认知能力和语义处理能力。儿童只有在掌握了人称代词在指称中的作用后，才能准确地运用这些代词。周国光认为，要正确使用代词，就必须能够进行复杂的抽象和概括，要摒弃过去已经形成的直接命名的方法，代之以具有时空相对性的新的代词系统。①

（一）汉语儿童人称代词习得描述

本节选取的人称代词，为典型的"你""我""他/她/它"及其相对应的复数形式"你们""我们""他/她/它们"，其他不够典型的词如"咱""大家"等不在本章中一一赘述。

人称代词在语言交流中频繁使用，其指称意义既具有普遍性，又具相对性，根据具体的语境和交际角色（言者、听者、第三方）的变化而变化。

随着儿童认知能力的提升，他们的思维深度逐渐增加，这要求他们的语言表达能够简化复杂的概念。儿童逐渐用人称代词替代直接称谓，这一变化反映了他们对"化繁为简"语言需求的适应。陈长辉认为，儿童要正确理解和使用人称代词，需要一定程度的语言表达能力和语义操作能力，并能随时调整和改变话语角色的参考点。② 研究表明，儿童最早习得的代词是第一人称代词"我"，这与此前学者的研究结论一致。第一人称"我"是在儿童意识到说话者和他（她）行为之间联系的语境中习得的，在此过程中，来自成人的不断的语言输入起着重要作用。例如：

MOT：我下去啊，哦我下去我先去妈妈下去♯你下去啊？CHI：我.CHI：嗯.CHI：我啊.MOT：我啊，我是你.MOT：我是糖糖.（GYC：1；06；30）

① 周国光.论词义发展演变的类型［J］.韶关学院学报（社会科学版），2004（25－11）：89－94.
② 陈长辉.儿童语言中的人称代词.安徽师大学报（社会科学版）.1998（1）：105－110.

妈妈在与 GYC 聊天时，多次使用第一人称"我"，在语言输入的刺激下，此时 GYC 习得了表达第一人称的"我"。妈妈又通过解释"我"就是"你"，就是"糖糖"进行语言强化，进一步让儿童明确"我"指的就是儿童自己，儿童对第一人称"我"的使用得到了修正。在儿童的一般认知能力和她所习得的语言输入的互动下，儿童的语言能力习得了进一步发展和强化。

初级阶段的认知是从经验开始的，由于儿童的自我意识的局限性，他们总是先将指代自己的名词转化为"我"，并表现出使用"我"或"我的"强烈偏爱。如：

CHI：我♯饿，肉肉，吃肉肉-：（GYC：1；08；06）；

CHI：我的♯小裤裤（SWK：1；11；10）；

CHI：恩♯这是我的个 X（SWK：1；11；27）。

在两岁左右，儿童的自我意识显著发展，这一阶段他们开始使用"我"及其组合短语和句子来表达请求、愿望、抱怨等，这表明儿童的自我中心意识对语言表达产生了影响。成人的积极回应进一步强化了儿童对这种用法的理解。例如：

CHI：我还要．FAT：还要啊♯好．（SWK：1；11；27）

CHI：我想上小广场．MOT：哦♯你想上小广场．（SWK：1；12；17）

第一个例句中儿童使用"我"表达了一种申诉。第二个例句中儿童使用"我"表达了一种愿望。大多数研究认为，幼儿在学习人称代词时通常遵循以下顺序"我" > "你" > "他/她/它"。这是因为第一人称代词"我"始终指代说话者自己，具有直接性和明确性。而第二人称代词"你"指代的是除说话者外的任何其他人，其指称对象会随听话者的不同而变化，具有相对抽象性。

相比之下，第三人称代词如"他/她/它"则更为复杂，因为它需要儿童理解更多关于其他人的信息和背景。如妈妈说"我啊，我是你"，这句话中第一个"我"，就是泛指第一人称，第二个"我"是指儿童自己，而这句话中的"你"就是指听话人。在这种情况下，儿童在语境中很难将听话者的指称顺利转化为"你"。这主要是因为在早期阶段，他们的概念和认知能力还不足以处理代词所涉及的抽象性和灵活性。当儿童的概括能力逐渐提高后，他们能够学会用"你"来替代具体的直称词，从而实现更为简化的表达。这表明"你"的认知加工难度通常高于"我"，因为它涉及更多的语境和情境变换。

表 5 - 1　人称代词习得情况

	GYC	SWK	WJH	WMX	频次总数	占比
我 （首现时间/习得 时间/出现频次）	1；05；24/ 1；06；30/ 7626	1；07；08/ 1；09；04/ 12566	1；08；20/ 1；08；20/ 14008	1；04；28/ 1；07；30/ 14820	49020	57.67%
你 （首现时间/习得 时间/出现频次）	1；01；06/ 1；03；03/ 3075	1；07；02/ 1；09；04/ 4310	1；08；27/ 1；08；27/ 8202	1；04；28/ 1；10；27/ 4166	19753	23.24%
他/她/它 （首现时间/习得 时间/出现频次）	1；07；12/ 1；09；26/ 1860	1；06；16/ 1；06；16/ 1859	1；08；20/ 1；08；27/ 4360	1；11；11/ 2；01；19/ 4041	12，120	14.26%
我们 （首现时间/习得 时间/出现频次）	2；03；08/ 2；08；15/ 168	1；11；21/ 2；02；23/ 491	1；11；13/ 1；12；05/ 1193	2；02；17/ 2；04；11/ 682	2，534	2.98%
你们 （首现时间/习得 时间/出现频次）	1；12；18/ 2；10；07/ 52	1；12；27/ 2；04；08/ 44	1；10；09/ 2；05；07/ 269	2；03；08/ 3；01；13/ 31	396	0.47%
他们/她们/它们 （首现时间/习得 时间/出现频次）	2；03；15/ 2；05；09/ 114	2；02；15/ 2；02；23/ 230	2；01；29/ 2；02；23/ 553	2；04；15/ 2；04；15/ 276	1，173	1.38%
总计	12895	19500	28585	24016	84996	100%

从统计中我们不难看出，1—4 岁儿童的话语中，"我"比其他人称代词出现得更频繁。两岁前，"我"出现 787 次，"你"出现 252 次，"他/她/它"出现 193 次。考察发现，"我"最早产生于 1 岁 6 个月，但在此期间儿童对"我"的习得不成熟，反映出儿童在人称代词的习得过程中，人称代词逐步被直称替换。

　　MOT：谁的袜袜啊？CHI：糖糖．（GYC：1；06；30）

　　MOT：我下去啊，哦我下去我先去妈妈下去♯你下去啊？CHI：我啊．（GYC：1；06；30）

第二人称代词"你"最早出现在 1 岁 9 个月。从儿童最早开始使用第一人称"我"直到最后他们能够正确使用第一人称"我"，这期间存在着一个潜在的时期，即"你""我"倒置期，在这个时期，儿童可能会错用"你"与"我"，这种混淆现象通常发生在"你"代词的产生前后，并且常常在成人的引导性话语之后出现。然而，这种现象并不影响儿童对对话的整体理解。

　　CHI：你烦人．GRA：谁烦人？CHI：糖糖烦人．（GYC：1；09；09）

　　CHI：吃♯萄萄吃♯萄萄吃．MOT：这是药♯好苦．CHI：你吃♯你吃

♯你吃-：．MOT：你想吃啊-：？CHI：你想吃啊-：？FAT：那是爸爸吃的．（SWK：1；10；14）

在此阶段，儿童在使用代词时常常会出现第一人称与第二人称的混用现象，即把"我"错误地说成"你"，或把"你"说成"我"。尽管这种混用在儿童的话语中存在，但他们在理解成人的"我"和"你"时通常表现得很准确，这表明他们对成人语言的理解是正确的。这一阶段通常是短暂的。例如，在上述第二个例句中，儿童使用"你"可能只是机械地模仿和重复焦点信息。此时，SWK虽能发出"你"的语音单位，但尚未完全掌握其语义，语音和语义的符号单位之间的衔接尚未完成。这种现象表明，儿童最初是依据自己的认知系统来理解和使用单词的。随着对成人语言系统的认识加深，并在成人的引导下，他们逐渐调整和完善自己的语言使用，最终发展为成人的语言系统。

MOT：我是谁啊？CHI：你♯就是你．MOT：就是我？MOT：我是谁啊．CHI：你就是淘妈．（SWK：2；04；27）

人称代词不仅具有其基本的指称功能，还存在一些特殊的用法。宋会鸽指出，"你"除了实际上用来指听话人之外，还有一些非传统的用法，即用来指说话人自己或任何人的虚指性用法。例如：

CHI：妈妈♯我的城堡♯你说你你在干嘛♯我说我在搭高楼好吗？（SWK：3；10；10）。

在SWK与妈妈的对话中，第一个"你"指代的是听话者，而第二个和第三个"你"则指的是说话者自己。儿童语言中，"你"的虚指用法相对少见，不属于其常规意义。这种虚指用法涉及了更复杂的心理过程和结构（张春泉，2005），因此通常是在说话者掌握语言之后才出现的一种技巧性用法，它涉及词语的文学意义，需要较长时间来掌握。从认知角度来看，这一过程表现为"你"从常规用法（典型用法）向非常规用法（临时性用法）的转化。儿童对认知对象的理解经历了从简单到复杂、由近及远、由即时到非即时的变化，这种复杂性提升了他们的语言表达潜能和水平。

"他/她/它"最早在1岁8个月出现，普遍出现是在2岁，都是用来指代出现在面前的人或事物；随着儿童认知能力的发展，还可以用来指代没有出现在面前的人或事物。第三人称代词的习得通常发生在第一人称和第二人称之后，主要因为其指称范围更为广泛。在语言使用中，"他"可以指代在场的对象，也可以指代不在场的对象，这使得它的习得难度增加。此外，在幼儿早期的语言环境中，第三人称代词"他/她/它"的出现频率较低。然而，随着儿童逐渐用"你"和"我"取代直接称呼的方式，他们需要一个代词来有效地指代"第三方",从而使得第三人称代词的习得成为必然。

CHI：爸爸♯他还有.（SWK：1；09；20）

CHI：（依古比古）他看见了小毯子.（SWK：1；09；27）

CHI：他吃啥？（SWK：1；10；21）.

分析上述数据表明,第三人称代词最初用于指代故事或游戏中的角色,或者指称视野中的人或动物。

直称的使用,即直接命名或指称对象,对"你""我""他/她/它"的习得产生了一定的抑制作用,因为直称本身能够满足命名和指称的功能。

在现代汉语中,人称代词还涉及"数"的语法范畴。单数人称代词的习得基于儿童对单一具体对象的感知,而复数人称代词的习得则依赖于儿童对群体概念的理解。心理学研究表明,即使是年仅 2 岁的儿童,也能够理解不同数量的对象的集合,尽管他们在使用表示数量的词汇方面仍显困难。这一心理基础为儿童习得复数人称代词提供了支持。

研究显示,儿童对复数人称代词如"我们""你们""他们"的习得通常晚于单数人称代词如"我""你""他/她/它"。在 1 岁 11 个月时,儿童开始使用"我们",但真正掌握这一概念通常是在 2 岁左右。如：CHI：我♯我们盖大房（WJH：1；12；05）。习得复数概念的时间较晚,是因为幼儿总是以单个具体物体的形式感知外部世界。儿童习得复数概念的晚期与他们最初对单个具体物体的感知有关,随着认知发展,他们逐渐能够从个体扩展到群体。儿童的习得顺序反映了他们从单数代词到复数代词的发展轨迹,这一过程难以逆转。

（二）小结

杨先明认为,随着儿童习得范畴数量的扩大和对范畴内涵理解的扩展,儿童逐渐在一些相互关联的词汇之间建立起各种联系,形成范畴网络。这种习得不是随意的,而是通过将相关词汇按语义场有机地连接起来来实现的。

与名词的使用相比,人称代词的理解和运用对于儿童来说更加复杂。首先,正确使用人称代词需要儿童先建立自我意识,并能够区分"自我"与"他人"。其次,儿童在使用人称代词之前必须已经掌握了直称词的正确用法。儿童在 1 岁 6 个月之前就开始使用直称了。再次,儿童在习得人称代词的过程中,来自成人的语言输入和语言刺激,即"成人发起——儿童应答（修正）"模式,起到了重要的强化和修正的作用[①]。通过成人语言的示范和对儿童使用过程中存在的偏误的纠正,儿童逐渐掌握了人称代词的正确使用。

---

① 李慧敏,王磊奇.汉语儿童早期应答语的发展［J］.当代语言学,2023,25（6）：917－934.

最重要的是，与直称名词的初级符号化过程相比，人称代词涉及对直称名词的更高层次的符号抽象。在掌握了基本能力之后，儿童还需要发展符号心理运算能力，才能准确使用人称代词[①]。除了基础的语言能力外，人称代词的使用还受到说话者之间空间和时间关系的影响。特别是第一人称代词"我"和第二人称代词"你"容易被混淆，因为它们在时间和空间上具有显著的相对性。在对话中，说话者和听话者可以互称对方为"你"或称自己为"我"，这与直接使用名字相比，需要额外的心理转换。儿童必须理解并适当地调整"你"和"我"的使用条件，这增加了他们在言语过程中所需的认知负担和语言习得的难度[②]。

直接名称的使用表明，儿童在时间和空间上逐渐形成了统一的对话角色和交流模式。与直称名词的固定一对一关系不同，人称代词则表现出动态的相对关系。陈梦指出，人称代词的习得过程本质上是儿童将直称名词逐步替换为人称代词的过程，这一替换的难易程度体现在"你""我""他/她/它"的习得顺序上。[③] 研究发现，儿童通常按照"我＞你＞他"的顺序掌握单数人称代词，这一结果与国内心理学和语言学领域的研究结论一致。在实际的语言中，第一人称"我"指的是说话者本人，与语言环境无关（除了直接引用）。在儿童的第一次认知经验中，儿童一旦认识到"我"和"说话人"之间的关系，就总是把指代自己的名词转化为"我"。儿童"我"的意识在2岁左右时进一步发展。

儿童对"你"的理解更为复杂，因为儿童在言语中很难顺利地将"受话者的直称名字"转化成"你"。当涉及语言信息的对象时，"你"可以指代除了说话人以外的任何一个人，而直称的使用是特定的。如果儿童在说话时用"你"而不是"说话人的直接名称"，就必须认识到"你"的指称对象是可变的，既可以是A，也可以是B，这就要求儿童有较高的概括水平，以及识别另一个人即说话者作为情感对象的能力，所以"你"的产生自然没有"我"的产生那么顺利。

第三人称"他/她/它"的习得是最困难的。在具体的语言环境中，"他/她/它"的所指范围比较广，既可以是在言语场景中的，又可以是不在言语场景中的，这就要求儿童必须认识到"他/她/它"的"近指"和"远指"的提

---

① 陈长辉.儿童语言中的人称代词.安徽师范大学学报（社会科学版）.1998（1）：105－110.

② 同上

③ 陈梦.儿童人称代词习得研究综述［J］.汉字文化，2021（11）：20－22.

法没有区别。语言心理认为，一旦儿童用"我""你"分别代替了直称，并在认知上得到发展，他们就需要有概括"第三方"的词，以便能更加经济地进行交流。因此，儿童自然而然地同化了"他/她/它"，并进而产生出第三人称代词"他/她/它"。研究发现，"他/她/它"在产生之初指的是在他们面前的人或物，然后才指不在他们面前的人或物，这与儿童认知水平的发展一致。

人称代词在儿童语言发展中发挥着关键作用，因为它们帮助儿童理解语言交流中的最小编码原则。这个原则要求说话者在表达时尽量减少信息的冗余，以减轻听者的认知负担。从语言处理的角度来看，人称代词的使用比指称名词所需的时间更短，这降低了发言的复杂性和语音负担。尽管人称代词比名词更具抽象性和象征性，但它们的使用加快了信息的传递。因此，人称代词的使用不仅让儿童掌握了更简洁的表达方式，还促进了他们学会以更少的语言传递相同量的信息。这种语音串的简化实际上反映了一种符号抽象的过程，正确掌握人称代词为儿童未来理解各种属性符号奠定了基础。

二、指示代词习得研究

指示代词用于指示或区分人、物及情况，主要起到连接不同元素的作用。在以印欧语为研究对象的语言学中，指示代词短语通常被认为具有指称性质。例如，在英语中，指称性名词短语包括人称代词、定冠词和指示词。罗伯特（Roberts）指出，"高有定性"主要由以下两个因素决定：一是个体的独特性，二是指示性修饰语的存在，即指示词短语的高有定性。

（一）汉语儿童指示代词习得描述

指示代词是儿童语言中经常使用的一类实词，在语言习得过程中具有自己的特点。距离是影响汉语儿童使用指示代词最重要的因素；在选择使用指示代词时，汉语儿童倾向于用"这"表示距离自己相对比较近的事物，用"那"表示离自己相对比较远的事物。

本章关注的指示代词不仅限于"这"和"那"，还包括诸如"这么/那么""这样/那样""这里/那里""这儿/那儿""这时/那时"以及"这个/那个"等由"这/那"构成的指示代词短语。为了便于研究和讨论，文中统称这些由"这/那"构成的代词为"这/那"类指示代词，并在讨论特定用法时做进一步说明。

指示代词的主要功能包括两个方面：一是"指代"，即指定或辨别对象；二是"替换"，即在句中替换其他词汇。根据句法功能，指示词可以分为三类：第一类是纯名词性的，只作名词的论证项，不用于修饰；第二类是纯指示形容词性的，只用于修饰名词，不单独作为论证项；第三类兼具两种功能，如普通话中的"这、那"和英语中的"this、that"。

郑礼珊和司马翎的研究指出，普通话中的所有指示词短语都是有定性的，即必定具有指称功能。徐烈炯、刘丹青认为，汉语中的有定指示词如"这、那、这个、那些"等，可以充当有定形式标记。[①] 普遍认为，汉语指示词短语具有有定特性[②]。

首先，"有定性"的概念需要澄清。罗伯特的研究提出，指示词短语可以分为话语直指（discourse deixis）和一般指示（standard deictic）两种用法。沈园总结了相关研究，指出指示词短语的主要功能有两种：一种是"外指"（exophoric use），即指示词所表达的指称者与说话者之间的时空关系；另一种是"内指"（endophoric use），包括"回指"（anaphoric use）和"后照应"（cataphoric use），即指示词用于表示已经或正在被指称的对象。这实际上涵盖了两种"有定"的用法。[③]

根据陈平的观点，"有定性"与"无定性"的区别在于，说话人是否认为听话人能够识别所指的事物。如果能识别，则为有定；否则为无定。可识别的事物通常在语法上表现为有定成分，而不可识别的则表现为无定成分。[④] 语用上的区别以及语法上的"有定——无定"具有联系但也存在差异。陈平进一步指出，句法位置对成分的指称性有很大影响，但这种影响仅反映了一种"倾向性"。[⑤]

CHI：姥姥这些石榴我不吃了．（有定，回指）（GYC：4；01；02）

CHI：我长大可以用这个钱包咯！（有定，回指）（GYC：4；01；02）

在上面的例句中，如果省略了"石榴"前的"这些"，那么"石榴"将无法通过回指进行准确的指称，结果可能会引入一个不明确的新对象。同样，"钱包"前的"这个"也不能被省略，否则"钱包"将失去明确的指称意义。为了确保名词通过回指能够获得清晰的解读，必须使用指示词短语来明确其指称。"这"多用于指示，通常用作名词或名词短语前的定语，表示单一的"较近"的或"一定"的人、事、时间或地点等。

---

① 徐烈炯，刘丹青．话语的结构与功能（增订本）[M]．上海：上海教育出版社，2007．

② 陈平．释汉语中与名词性成分相关的四组概念 [J]．中国语文，1987（2）：81－92．张伯江．从话语角度论证语气词"的" [J]．中国语文．1998（02）：93－102．

③ 沈园．逻辑判断基本类型及其在语言中的反映 [J]．当代语言学，2000（3）：125－137．

④ 陈平．释汉语中与名词性成分相关的四组概念 [J]．中国语文，1987（2）：81－92．

⑤ 陈平．汉语定指范畴和语法化问题 [J]．当代修辞学，2016（4）：1－13．

CHI：这个 . EXP：CHI is pointing a picture.（有定）（GYC：1；03；03）

MOT：装包里边 . CHI：这书包给你 .（有定，回指）（SWK：1；08；04）

CHI：这汽车坏了 .（有定）（SWK：2；03；27）

同样，"那"多用作指示性用法，通常作为名词或名词性短语前的定语，表示单一的"较远"的或"不确定"的人、事、时间、地点等等，如：

CHI：那电话哪去了？MOT：那电话哪去了♯妈妈也不知道 .（有定，回指）（SWK：1；12；21）

CHI：去那屋 .（有定）（WJH：3；05；10）

除此之外，"那"有时候还倾向于表示虚化的用法，如：

CHI：门这就开（SWK：1；12；03）

CHI：那我这哪里适合呀？（WJH：3；10；05）

表 5 - 2　指示代词"这""那"的习得情况表

	GYC	SWK	WJH	WMX	频次总数	占比
这 （首现时间/习得 时间/出现频次）	1；02；22/ 1；03；03/ 533	1；06；02/ 1；07；02/ 1106	1；08；27/ 1；08；27/ 1313	1；04；20/ 1；04；20/ 1703	4655	12.61%
那 （首现时间/习得 时间/出现频次）	1；03；13/ 1；04；12/ 216	1；05；25/ 1；07；16/ 633	1；08/27/ 1；08；27/ 609	1；04；28/ 1；04；28/ 1479	2937	7.96%
这个 （首现时间/习得 时间/出现频次）	1；03；03/ 1；05；10/ 2772	1；06；02/ 1；06；08/ 3443	1；08；20/ 1；08；27/ 5451	1；04；20/ 1；04；20/ 3549	15215	41.22%
那个 （首现时间/习得 时间/出频次）	1；03；21/ 1；07；29/ 421	1；07；02/ 1；07；02/ 571	1；08；27/ 1；08；27/ 1725	1；12；28/ 2；01；13/ 2177	4894	13.26%
这里 （首现时间/习得 时间/出现频次）	1；02；19/ 1；02；22/ 632	1；07；02/ 1；09；04/ 541	1；08；27/ 1；09；11/ 587	1；04；20/ 1；12；02/ 829	2589	7.01%
那里 （首现时间/习得 时间/出现频次）	1；07；29/ 1；08；19/ 81	1；09；04/ 1；10；27/ 76	1；10；18/ 1；11；26/ 107	1；11；11/ 2；02；03/ 145	409	1.11%
这样 （首现时间/习得 时间/出现频次）	1；09；03/ 1；09；26/ 406	1；07；30/ 1；09；25/ 367	1；08；20/ 1；08；27/ 2190	1；12；11/ 1；12；28/ 483	3446	9.34%
那样 （首现时间/习得 时间/出现频次）	2；04；05/ 2；10；05/ 16	2；06；22/ 2；10；13/ 16	1；09；04/ 1；10；23/ 254	2；02；25/ 2；03；01/ 49	335	0.91%

续表

	GYC	SWK	WJH	WMX	频次总数	占比
这些 （首现时间/习得 时间/出频次）	1；11；08/ 2；05；02/ 67	1；09；25/ 2；01；20/ 171	1；08；27/ 1；10；09/ 550	2；01；19/ 2；01；29/ 109	897	2.43%
那些 （首现时间/习得 时间/出现频次）	2；01；13/ 3；08；06/ 13	2；02；04/ 2；02；15/ 16	2；02；19/ 2；04；08/ 171	2；01；29/ 2；03；01/ 43	243	0.66%
这么 （首现时间/习得 时间/出现频次）	1；09；20/ 1；12；04/ 121	1；10；20/ 1；11；06/ 110	1；08；27/ 1；09；25/ 186	2；03；08/ 2；03；22/ 112	529	1.43%
那么 （首现时间/习得 时间/出现频次）	1；12；04/ 2；03；29/ 122	2；01；13/ 2；10；04/ 65	1；10；18/ 1；10；30/ 547	2；02；11/ 2；02；17/ 31	765	2.07%
合计	5400	7115	13690	10709	36914	100%

从表 5-2 中可以看出，近指代词"这"和由"这"构成的复合指示代词一般比远指代词"那"和由"那"构成的复合指示代词更早习得，且他们具有相同的语义作用。"这"类指示词出现的频率比"那"类指示词要高很多。例如，指代地点的"这里"比指代地点的"那里"早出现 2 个月以上，指代性状程度的"这么"比"那么"早出现 2—3 个月。"这个"出现频率最高，占到了指示词出现总数的 41.22%，且在儿童语言中主要起到"称代"的作用，如 CHI：这个［/］这［/］这个拍下不同（SWK：2；07；28）；或者"指示"作用，如 CHI：这个电池也转不动（WMX：2；09；14）。

儿童因各自生活环境不同和对话发生的语境不同，指示代词具体产出的时间和频率也会不同，但是大体趋势一致，即"这"类指示代词的习得早于"那"类指示代词。不仅如此，当儿童难以理解"这""那"的转换时，他们一般都使用"这"及由"这"构成的复合指示代词，我们把这种现象简称为趋"这"策略。所以儿童"这"类词的使用频率要远高于"那"类词。

CHI：我我就#我就#就喜欢#喜欢吃这个草莓．CHI：在这#哦#那个草#草莓好吃吗？（SWK：2；04；08）

CHI：大象那里．CHI：大象这里．（GYC：1；09；09）

指示代词的参照点需要儿童有一定的空间理解能力，说话者必须考虑到他自己和表达对象的位置。儿童早期对空间位置的感知还不稳定，他们很难确定空间上的"远"和"近"的参照点。受自我中心主义的心理影响，认知对象还没有从"此时此地"的情景中摆脱出来，大多数儿童遇到在眼前的或熟悉的事物时，会选择用"这"来表达自己。皮亚杰曾指出，处于前运算阶段的儿童不能设身处地从他人的角度看待问题，为他人着想。汉语儿童习得代词的趋"这"策略支持了皮亚杰的观点。汉语儿童语言中"这"的出现时间要早于"那"的出现时间，"这"出现的频次大于"那"，"这"组在数量上占绝对优势。

吕叔湘认为"这"和"那"在语篇中可以用来直接指代出现在交际场景中的事物。吕叔湘先生将这种直接指示称为"当前指"，并强调在指代正在发生的事物时，"这"通常比"那"使用得更频繁。[①] 表 5 - 2 指示代词"这""那"的习得数据完全支持了吕叔湘先生的这一观点。

以"这样、那样"为例。在成人语言中，指示代词"这样、那样"可以表达认知范畴，如行动的方式和程度以及事物的状态和条件等。从表 5 - 2 中我们可以看出，尽管儿童在这一阶段习得的指示词语的语义已经比较全面，但"这样、那样"的语义发展并不同步，可能有以下三个原因：

第一，儿童表达受到趋"这"策略的影响，"这样"的习得程度比"那样"要好。研究发现，在这个阶段，儿童语料中对"这样"的滥用情况是很明显的；

第二，至于语言本身，"这样"和"那样"在成人语言中的意义和使用是很相似的，有时甚至可以互用。这种现象会使得儿童意识到，只发展一个并不影响话语的表达，也不会成为交流的障碍，所以他们自然会优先发展一个，而抑制另一个的出现。

第三，语言输入对语言输出的影响。语言输入是影响儿童语言习得的一个重要因素。研究表明，较高的语言输入流可以促进儿童语言的习得和发展。四名儿童语料数据统计表明：在与儿童的互动过程中，成人"这样"输入总频次为 4275，远大于"那样"的输入总频次 587。成人提供的足够的语言输入，对儿童有效的语言输出产生了积极的影响。

（二）小结

1. 关于指示代词优先习得问题

"这""那"类词是指示代词的一部分，在我们日常生活中使用得较频繁，具有独特的语法和语用的功能。

研究表明儿童指示代词的发展分为四个阶段：1—2 岁是萌芽期，开始产出指示代词，但未全部产出；2—3 岁是发展期，全部产出；3—4 岁是成熟期，发展速度最快；4—5 岁是稳定期。汉语儿童各年龄组之间对指示代词的使用并没有明显的不同。"这""那"的意义具有相对性，"这""那"类指示代词的出现构成了儿童习得整个代词系统（包括人称代词）的心理和认知的基础。

---

① 吕叔湘. 近代汉语指代词 [M]. 北京：商务印书馆，2017

在代词系统中，儿童一开始不使用人称代词，而是使用指示代词"这"和"那"。例如：

CHI：这个．＊EXP：CHI is pointing a picture. MOT：这个是猪猪．（GYC：1；03；03）

CHI：装满车，来用这个车，用这个，哎用前面这个头．（WMX：1；04；20）

CHI：你看那个嗯啊-：（GYC：1；03；21）

CHI：我吃那一个．（SWK：1；09；04）

就单指词语的相对性和普遍性而言，"这""那"都胜过人称代词，尤其是人称代词"我"。人们会认为儿童应该首先习得人称代词，或者至少是在"这""那"之前应先习得"我"。然而，情况并非如此。我们认为，这可以用语言的功能来解释，因为"这"和"那"具有很大的指代功能，几乎所有的东西都可以用"这""那"来指代。在儿童对事物的名称理解非常有限的情况下，"这"和"那"尤其重要，发挥着其他词语无法替代的作用。基本上，外界的一切事物，无论是否可以命名，都可以用"这"和"那"来指代，从而满足了儿童的交流需要。

儿童早期词汇的产生和发展体现了他们如何在心理世界中构建意义。尼尔森认为，对于儿童早期词汇的意义而言，该词所指的对象的动态功能比该对象的静止感知和特征更为重要。例如，儿童对一个词的掌握不仅仅体现在能否命名或指代对象，还包括用词汇表达请求等功能。随着儿童探索范围的扩展，他们需要学会如何辨别和选择各种相似或不同的事物，尤其是那些儿童无法通过语音识别的事物。他迫切需要词语来代替，这成为交流的最基本的要求之一。这种情况导致儿童优先产出具有显著指别功能的"这"和"那"。在这个过程中，成人首先提供语言输入进行言语刺激，儿童听懂并进行恰当的语言输出。例如：GYC的妈妈说爸爸不在这里，她重复道，"这里．"（GYC：1；02；22）；GYC的妈妈让她把草莓放桶里，她指着桶说，"那（是桶）．"（GYC：1；03；13）。

孔令达、陈长辉[①]，彭小红[②]，张兴峰、吴卫东[③]的研究表明，指示代词

---

① 孔令达、陈长辉．儿童语言中代词发展的顺序及其理论解释［J］．语言文字应用，1999（2）：4－46.

② 彭小红．儿童早期词汇发展过程中确有名词倾向吗？［D］．长沙：湖南大学，2004.

③ 张兴峰、吴卫东．幼儿语言习得过程中代词习得的个案研究［J］．德州学院学报，2007（1）：89－92.

"这"和"那"早在两岁前就已经出现在儿童语言中。指示代词的发展顺序是基于以下模式：近指代词"这"和由"这"构成的复合指示代词一般比具有同种语义作用的远指代词"那"和由"那"构成的复合指示代词出现得早。指示代词的参照点涉及一种空间意识，说话者必须考虑到他和表达对象的位置关系。儿童早期的空间意识是不稳定的，因此他们很难对"远"和"近"的参照物做出空间判断，而且他们在心理上受到以自我为中心的语言方式的束缚，话题无法脱离"此时此地"的语境。指示代词的所指对象不是固定的，会根据语言环境的不同而变化。因此，为了真正理解指示代词的指代意义，指示代词必须适应不断变化的语言环境，这样才能正确判断指称的对象或方位，否则就不能说是真正的理解。

朱曼殊等研究了3—7岁儿童对汉语指示代词的理解。研究发现：儿童对指示代词的理解随着年龄的增长而增加；不同年龄段的儿童对指示代词的理解存在着显著性差异；儿童对指示代词理解存在阶段性的发展；儿童对指示代词的理解受到不同语言情景的影响；低龄儿童对指示代词的理解明显受到了他们自我中心意识的影响；低龄儿童倾向于喜欢选择就近的物体和方位。[①] 这与我们的研究结果一致。

2. 关于指示代词和人称代词的出现顺序问题

从表5-1和表5-2的比较中可以看出，汉语儿童语言中，人称代词"你""我""他/她/它"的习得要比指示代词"这"和"那"晚一些，也就是对汉语儿童来说，指示代词的习得要早于人称代词。

从认知角度分析，儿童使用指示代词"这"和"那"时，主要是指向具体的事物类别，这一过程相对直接易懂。而人称代词则涉及更复杂的认知任务，因为它们不仅指代具体的人或事，还需要儿童具备一定的抽象和概括能力。例如，"我"指代说话者，"你"指代听话者，"他/她/它"指代第三方。人称代词的使用要求儿童理解和调整话语角色的变化，这种相对性使得人称代词的习得比指示代词晚。

儿童习得人称代词相对较晚的另一个原因是，儿童在习得人称代词之前首先先学会使用直称形式。这种形式在一定时期内适应并满足了儿童的交际需要，虽然它不是最经济的形式，但却是儿童掌握得最好、使用得最熟练的。由此我们可以得出这样的结论，儿童习得各种语言成分的时间不仅取决于理解该语言成分语义的难度等内在因素，还取决于该语言成分在交际中的

---

① 朱曼殊. 儿童语言发展研究［M］. 武汉：华中师范大学出版社，1986.

作用和地位——作用越大，越是不可替代，儿童优先习得的可能性也就越大。

三、疑问代词习得研究

儿童的语言发展过程非常复杂。在这个过程中，提出问题是儿童获取世界信息的一个很重要的工具。皮亚杰认为提问的能力反映了儿童在认知水平和语言方面的发展，是他们积极思考过程的表现。对作为提问工具的疑问代词的研究有助于我们了解儿童的认知发展，从而理解他们的语言发展过程。

（一）汉语儿童疑问代词习得描述

本章研究所使用的语料库中，典型疑问代词共出现六大类，分别是：什么（what），谁（who），地点（where），怎么（how），几（个/米）（how many/how much/how long），为什么（why）。

表 5 - 3 疑问代词习得情况表

	GYC	SWK	WJH	WMX
什么 （首现时间/习得时间/出现频次）	1；08；27/ 1；09；26/ 795	1；09；04/ 1；09；25/ 1424	1；08；27/ 1；09；25/ 1762	1；07；01/ 1；12；15/ 2209
谁 （首现时间/习得时间/出现频次）	1；03；21/ 1；09；03/ 169	1；07；02/ 1；10；27/ 373	1；09；22/ 1；09；22/ 483	1；12；23/ 2；01；19/ 507
哪（儿/里/个） （首现时间/习得时间/出现频次）	1；01；06/ 1；01；06/ 237	1；06；02/ 1；06；16/ 782	1；09；04/ 1；09；22/ 1401	1；05；02/ 1；05；20/ 949
怎么 （首现时间/习得时间/出现频次）	1；09；20/ 1；09；20/ 534	1；11；06/ 1；11；27/ 564	1；08；27/ 1；11；07/ 984	1；12；28/ 2；02；25/ 1309
几（个/米） （首现时间/习得时间/出现频次）	1；03；03/ 1；03；03/ 107	1；09；25/ 1；09；25/ 185	1；08；27/ 1；10；18/ 379	1；12；11/ 1；12；11/ 375
为什么 （首现时间/习得时间/出现频次）	1；11；27/ 2；07；25/ 97	2；02；15/ 2；03；24/ 476	2；06；25/ 2；07；22/ 267	2；05；23/ 2；07；11/ 91
总计	1939	3804	5276	5440

从表 5 - 3 中我们可以看出，不同儿童因认知发展和语言输入等因素的不同，具体不同的词的习得顺序会略有不一致，"什么""谁"的出现要早一些，"怎么"和"为什么"晚一些。这与前人的研究结果基本一致；李宇明

研究了汉语儿童特殊疑问句习得顺序并得出结论："谁"和"什么"疑问句的习得早于"哪儿"等其他特殊疑问句。[①] 后来，曹俐娇也进行了类似的研究，她用语言测试和生活观察两种方法来收集数据，也证明了这种习得顺序。[②]

陈丽萍研究发现，普通话儿童习得疑问词的顺序是："什么"，"哪个"，"谁"，"哪里"，"谁的"，"多少"，"怎样"，"为什么"，"什么时候"。[③] 这一结果与其他语言，如英语、波斯语、泰米尔语等的类似研究结论基本一致。

表5-4 疑问代词习得时间分段表

疑问代词年龄段	1—1.5	1.6—2	2—2.5	2.6—3	3—3.5	3.6—4	总计
什么	0	166	640	1780	1122	1854	5562
谁	2	20	160	444	279	448	1353
哪（儿/里/个）	9	131	443	898	690	883	3054
怎么	0	49	263	930	559	1266	3067
几（个/米）	3	74	71	175	223	375	921
为什么	0	1	31	215	113	387	747
总计	14	441	1608	4442	2986	5213	14704

从疑问代词的使用趋势来看，儿童通常在19个月左右开始使用疑问代词，24至36个月期间其使用频率逐渐增加，之后略有下降，并在42至48个月时达到高峰。这一变化趋势可能与疑问代词在不同年龄阶段的功能变化有关。在语言发展的初期，由于儿童词汇量有限，且疑问代词的习得较为复杂，儿童在此阶段对疑问代词的使用较少。疑问代词的使用需要儿童能够区分已知信息与未知信息，这在语言发展早期并不容易实现。随着年龄的增长，特别是在两岁半以后，儿童会频繁询问有关人、事、物、现象及行为的原因和结果，进入了所谓的提问期。在这一阶段，儿童不仅想要获取关于世界的真实信息，还可能通过提问来开始或延续对话，这与儿童认知水平的提升是相符的。

不同年龄段的疑问代词使用频率也有所不同，反映了语言和认知的密切关系。在2至3岁期间，儿童主要使用"什么"和"如何"来询问事物的名称和方式。这一时期的儿童对周围世界充满好奇，通过"什么"来探询事物

① 李宇明，陈前瑞．儿童问句系统理解与发生之比较 [J]．世界汉语教学，1997（4）：90—98.
② 曹俐娇．英汉双语儿童特殊疑问句习得研究 [D]．北京：北京语言大学，2007.
③ 陈丽萍．汉语儿童疑问句获得顺序个案探究 [D]．天津：天津师范大学，2012.

的性质,通过"如何"来了解事物的状态。这两种疑问代词成为儿童与外界交流的重要工具。此外,成人与儿童的互动也对这一阶段的疑问代词使用产生了影响,成人常常通过提问来与儿童互动,其中"这是什么?"是常见的提问方式。

这个阶段的儿童还使用"为什么"一词来表达他们对环境的性质和属性的询问,并寻求解决问题的办法。使用"哪"类词来达到追求细节的交流目的。这些疑问代词的发展与儿童认知能力的成长紧密相关。此外,我们在儿童语料中发现儿童还使用"啥",这表明在这个阶段,儿童无法充分使用这些代词,或者是因为掌握的词汇数量的限制,或者是因为方言的影响,也或者是没有使用相关词的交际需要。

儿童有时会使用一些新出现的语音单位,但这并不一定意味着他们已经真正理解或掌握了这些词汇。例如:

MOT:为什么? CHI:为什么?(GYC:1;11;27)

儿童有时会重复和模仿"为什么"这一语音单位,但这并不意味着他们已理解其真正含义。尽管他们能够发出这个词,他们对其语义的掌握仍不充分,还没有完成"为什么"的复杂单位的联想过程。这表明,儿童最初根据自己的系统来理解能发出声音的词语。只有当他们意识到自己的系统与成人的系统不同时,他们才会逐渐修正自己的系统,并接近成人的语言系统。

从输出的角度研究汉语儿童疑问句习得,主要是对几个小类的问句进行分析,有的是单独分析,有的是分组分析,有的是直接考察以疑问词开头的不同问句的输出,考察每个疑问句输出的顺序和出现的情况,结果相对比较一致。上面提到的一些研究成果和我们根据个案儿童的研究结果,尽管略有区别,但是从总体上基本与这一共性相吻合。

(二)小结

提问是儿童探索和认知世界的关键工具,对其认知和语言发展起着至关重要的推动作用。为了提升儿童的提问能力,父母应关注并重视儿童提出的问题,同时认识到提问对儿童思维和认知发展的重要性。因此,在与儿童互动时,父母应避免过度主导话语或提出过多的问题,而应创造一个鼓励儿童提问的环境,并帮助他们发现和提出问题。

表达相同的认知类别的不同疑问代词,它们的习得时间不一定一致。例如:"什么、谁、哪"这三个词都表达了特定人或事件的认知类别,但他们出现的时间并不同。其原因一方面是受语言本身的内部发展的影响(如"谁"的习得受儿童人称代词系统建立的影响);另一方面是儿童对某些疑问代词的习得本身还取决于其他认知水平的发展。一个相同的疑问代词可以表达不同的认知类别，而这些认知类别并不是同时形成的。由于认知范畴在某种程度上不同，儿童在理解和产出这些认知范畴时自然会有不同的困难。

现代汉语中，相对于人称代词和指示代词，疑问代词的使用更为多样化，也更加复杂。我们在语料库中搜索儿童习得疑问代词的语料，并对结果加以分析得出结论：儿童最初产生表示疑问用法的疑问代词是为了在询问中使用，在习得具有疑问用法的疑问代词的过程中，其句法位置不断向前移动，这是一个不断发展和成熟的过程。疑问代词的句法位置前移构成了疑问代词非疑问用法的句法基础。在特指疑问句中，疑问代词是儿童交际中想要表达的重点，疑问代词的句法位置前移，就意味着儿童交际重点的前移化。下面我们结合儿童对疑问代词"什么"的习得来讨论疑问代词"焦点前移"这个问题。

由于焦点是说话人的重点，所以句子的焦点就是句子的语义重心所在，也是说话人交际中所要表达的重点。由于汉语句子的信息编码遵循"从旧到新""从已知到未知"的原则，即"已知信息＋未知信息"。越靠近句末，所表达的信息的内容就越新，一般也是重点所在。儿童开始产生的"什么"，通常是在句子的末尾。如：

FAT：这个是什么来？CHI：什么？CHI：这是什么？（GYC：2；02；11）

CHI：这是什么？FAT：这个是枫叶。（GYC：2；02；31）

儿童对疑问焦点的思考随着他们认知能力的发展而不断增加，他们不满足于一般地、简单地提问，而是越来越精确和复杂地提出自己的问题，疑问代词所传达的信息也就越来越具体，越来越清晰，疑问代词逐渐出现了前移的趋势。

CHI：还有什么颜色？（GYC：2；05；04）

CHI：帽帽♯是♯什么♯什么颜色？（GYC：2；05；04）

自我中心是儿童的思维特点。他们经常根据自己的想法安排词语的顺序，总是把自己最感兴趣的东西放在最前面。他们试图将疑问词进一步前移直至句子的开头，其认知基础是在语迹之前出现前移成分，会使得听者更容易理解语迹的含义，并更多地关注前移成分。如果问题的焦点出现在疑问句的句首位置，那么答语中的新信息就会根据问题的内容安排在句首主语位置。

MOT：糖糖♯谁给你买的切切乐啊？CHI：嗯♯妈妈买．MOT：妈妈买是吧♯♯妈妈好吧！（GYC：1；10；31）

GRA：哎这个鞋是什么颜色呢？CHI：咖♯咖＄咖啡色的！GRA：答对了！（GYC：2；05；04）

MOT：晒晒笔干什么呀？CHI：晒晒笔好出去玩♯好画画呀．MOT：嗷好出去玩好画画呀．（GYC：2；06；02）。

从上面的例句可以看出，在进行互动时，成人有意识地对问题的焦点进行强调，儿童意识到疑问的焦点，也尽可能对焦点进行针对性的回答。成人对儿童的正确的回答给予肯定的回复，不正确的回答进行有效的纠正，进一步强化了儿童对疑问焦点的敏感度。儿童习得疑问代词的过程中，他们对疑问焦点的认知在成人的有效语言输入中得到了加强和巩固。

疑问代词的不断前移与儿童以自我为中心的思维习惯相对应，有利于听者能够更好地处理前移成分，进而能够更加准确地回答问题。总之，疑问代词位置前移的逐步发展反映了儿童对语言信息排序能力的逐步提高，有利于使听话者更加注意前移成分，从而更有效地获取信息，进而进行更加有效的语言互动。

"什么"这个词在本质上有高度的概括性。随着儿童认知能力的发展，他们对周围世界越来越感兴趣，他们积极探求未知的事物，一旦他们掌握了"什么"这个词，他们就能够提出有效且应用范围很广的问句，儿童的语言发展和心理发展联系起来。

本章小结

儿童语言的发展是其成长过程中的重要组成部分。指称性在语言活动和认知构建中占据着举足轻重的地位。语言依靠指称外部事物来获得意义，它宛如一座关键桥梁，紧密连接起人类的语言世界与非语言世界，倘若缺失指称性，人际的交流便无从谈起。

从"自我"概念萌芽，这一概念便逐步在语言中得以体现，尤其是在日常最为常见、使用最为随意的代词之中，诸如"你""我""他/她/它"及其复数形式"你们""我们""他们"。有了"自我"概念，人们得以描述世界，精准界定自身与世界的关系。凭借这些人称代词及其内在逻辑结构，人类能够在现实世界中灵活融入或抽离自我，于不同层次的逻辑表述间自由切换。

自出生伊始，儿童便开启了对世界的认知探索之旅，并在与环境的持续互动中逐渐确立自我边界。皮亚杰提出的"感知一运动"阶段，作为这一发展进程的起始，对儿童早期认知架构的搭建具有奠基性意义。在此阶段，儿童通过身体的运动感知外界，逐步理解物体的变化规律、手部动作的功能价值以及运动与结果间的因果联系，开始清晰区分自我与客体，构建起"物体永久性"的概念。指称类词语的发展是儿童语言发展的重要里程碑，早期儿童多采用直称，如用家人给予的名字指代自己，像"宝宝要喝水"，这一阶段的儿童已具备自我与他人的区分能力。然而，代词的使用需儿童具备较高的抽象概括能力，只有当儿童的抽象思维发展到相应阶段，代词才会自然且准确地融入其语言表达。值得注意的是，在人称代词习得顺序研究中，学界普遍发现第一人称"我"最早出现且使用频率最高，这一现象揭示出儿童在感知外界前，存在一个以自我为中心逐渐向外拓展的认知过程，即皮亚杰理论中的"去中心化"。

皮亚杰主张，儿童语言发展的普遍性并非源于先天预设的普遍语法，而是基于人类共有的认知策略。儿童语言能力本质上是其认知能力的外在彰显，是个体在与环境互动中对语言符号系统的理解与运用。束定芳进一步指出，儿童语言能力的发展是语言刺激与儿童一般认知能力（即学习能力）双向互动的结果，是儿童在既有认知基础上，对外部语言输入进行同化与顺应的动态过程。在这一过程中，平衡机制是推动心理发展的核心动力，体现为内部认知结构与外部环境信息的相互协调，以及同化（将新信息整合到已有认知结构）和顺应（调整认知结构以适应新信息）两种心理机制的动态平衡。当儿童遭遇新事物时，首先尝试以已有认知模式同化新信息，若同化成功则维持认知平衡；若失败，则会主动调整旧有模式或构建新模式，以实现新的认知平衡。这种动态平衡的持续调整，有力推动了儿童认知能力与思维能力的螺旋式上升。[①]

儿童语言习得与认知、思维发展紧密交织、相互促进。在指称类代词的学习过程中，儿童对人称代词的掌握呈现出阶段性与渐进性特点，初期并不完全符合成人的使用规范，而是带有鲜明的儿童语言特征。例如，在"我"这一人称代词出现前，儿童多以直接称呼指代自己，且在使用"我"与"你"时，常出现指代混淆现象。这不仅反映出语言发展的不平衡性，也表明儿童需要不断调整原有认知模式，通过对新语言信息的逐步同化，实现从儿童语言向成人语言的过渡。

---

① 束定芳. 语言习得中的语言输入及语言能力的发展 [J]. 北京第二外国语学院学报，2024（1）：3－18.

　　儿童语言习得的顺序及习得过程中出现的偏差，与认知发展水平和语言环境紧密相关。在语言发展早期，儿童主要习得与日常生活紧密相连的名词和动词，这些词汇因直观、具体，易于儿童理解和掌握。相比之下，抽象名词、时间和地点名词、心理动词、判断动词、人称代词及量词等，由于其抽象性高、认知要求复杂，通常在儿童认知发展到更高阶段才能习得，且在使用过程中容易出现较多错误。

　　儿童语言习得是一个长期、复杂且循序渐进的过程，无法通过短期突击实现。从最初对世界的懵懂认知到思维能力的飞速发展，语言始终是儿童认知世界、表达自我的重要工具。因此，深入研究儿童语言习得过程，不仅有助于揭示人类语言发展的内在机制，也为教育和育儿实践提供了科学、系统的理论指导。持续探索并精准把握儿童语言习得规律，对有效促进儿童语言发展、提升儿童语言素养具有不可估量的意义。

第六章　汉语儿童自主位移动词习得

第一节　位移动词研究概述

位置移动是人类活动的重要组成部分。很久以来，人们就对位移这一主题进行了多学科、多角度的研究与探索。有关位移动词的研究也一直是汉语研究者重点关注的一个方面。从人类认知发展的规律来看，空间概念先于时间概念形成。米勒（Miller）和约翰逊-莱尔德（Johnson-Laird）在讨论有关英语儿童的话语实验时认为"命名具体物体的名词和表达运动的动词儿童最先学会，最常使用，同时在概念上占主导地位。"[①]

国外学者对位移动词的研究开始较早。莱文（Levin）[②] 在《英语动词的分类及其选用》一书中对英语的动词进行了分类，并提到了位移动词。关于位移和运动的研究者中最著名的当属泰尔米（Talmy），他提出了著名的"运动事件框架"理论，并从类型学和认知语言学的角度研究多种语言中的位移事件模式，并认为语言可分为"动词框架语言"和"卫星框架语言"[③]。纳萨尔（Nassar）等[④]对比了阿拉伯语与英语中的位移动词，认为阿拉伯语与英语中的位移动词十分相似，但在某些语义概念上存在较大差异。费力波

① MILLER G A，JOHNSON-LAIRD P N. Language and perception [M]. Cambridge：Cambridge University Press，1976.

② LEVIN B. English verb classes and alternations [M]. Chicago：University of Chicago Press，1993.

③ TALMY L. Toward a cognitive semantics：Volume 1. Concept structuring systems [M]. Cambridge：MIT Press，2000.

④ NASSAR M M B，AI-ASHAR A I M，SHATANAWI M A A. A comparative study of Arabic motion verbs to their English counterparts [J]. International Journal of Linguistics，Literature and Translation，2020，3（9），215—228.

维奇（Filipović）① 研究了二语学习者在不同场景下对位移事件的不同描述，认为这是受类型学、心理语言学、社会语言学等多方面因素制约，并会影响二语的习得和使用。

国外有关儿童位移动词的研究也有不少。加利文② （Gallivan）选取了10个英语位移动词，对英语儿童关于位移动词的产出和理解进行了实验研究，并分析了影响位移动词习得的因素。她认为对相关动作的习得、位移动词的出现频率及位移动作的出现频率会影响儿童对某个位移动词的习得顺序。而且相关的语言输入及动作输入起到的作用远大于词本身存在的语义结构。还有学者研究其他语言儿童的位移动词习得，或对不同语言的儿童位移动词习得进行对比研究。如海因斯坦（Hohenstein）等③对比了英语儿童和西班牙语儿童在位移动词的习得过程，认为每种语言中都存在一个特定的语义系统，而动词意义的习得与该语义系统密切相关。

汉语中位移动词数量众多，用法丰富。有不少学者探讨了汉语位移动词的界定及区分，并从位移事件、运动事件的句法模式等方面展开了多角度研究。陆俭明④先是在考察"去＋vp"和"vp＋去"结构中的语义结构关系时论及了位移的施动者、施动者位移的运动趋向、受动者位移的位移趋向、位移时间、位移终点等问题，并在考察汉语动词后趋向补语和宾语次序问题时，对位移动词作出如下定义："就能出现在 X（即动＋趋＋宾）或 Y（动＋宾＋趋）格式里的动词来看，有的动词含有向着说话者或离开说话者位移的语义特征，我们称之为'位移动词'。"⑤ 这一定义明确点出了位移动词所具有的语义特征，即 [＋位移]，也就是位置移动。

在汉语儿童位移动词研究方面，孔令达在考察趋向动词的语义特点时认为"趋向意义表示动作行为在空间上的移动"⑥，是为对儿童位移动词习得

① FILIPOVIC L. A multi-factor approach to the study of L2 acquisition of motion verbs and motion constructions：Integration of typological，psycholinguistic，and sociolinguistic aspects [J]. Frontiers in Communication，2022，7，1－7.

② GALLIVAN J. Correlates of order of acquisition of motion verbs [J]. Perceptual and Motor Skills，1987，64（1），311－318.

③ HOHENSTEIN J M，NAIGLES L R，EISENBERG A R. Keeping verb acquisition in motion：A comparison of English and Spanish [C] //HALL D G，WAXMAN S R. Weaving a lexicon. Cambridge：MIT Press，2004：569－602.

④ 陆俭明. 关于"去＋vp"和"vp＋去"句式 [J]. 语言教学与研究，1985（4）：18－33.

⑤ 陆俭明. 动词后趋向补语和宾语的位置问题 [J]. 世家汉语教育，2002（1）：5－18.

⑥ 孔令达等．（2004）. 汉族儿童实词获得研究 [M]. 合肥：安徽师范大学出版社，2004：108.

的初步涉及，但仅局限在于"来"和"去"这两个趋向动词上。很多学者对儿童的空间位置表达或趋向动词的研究中涉及对位移动词的探讨。纪悦和杨小璐考察了儿童语言习得早期趋向动词"来"和"去"的使用情况①。遗憾的是该研究为个案研究，同时涉及的动词仅集中在"来"和"去"，未涉及其他位移动词，有待进一步补充。

综上所述，我们可看出，不管是汉语位移动词研究，还是汉语儿童语言研究，都是研究人员关注的热点，但较少有人涉足儿童位移动词习得研究，对儿童位移动词次项的分类研究就更少了。本章拟利用"汉语儿童多模态口语语料库"的相关语料，紧扣"可控""＋位移"这两个特征，筛选出八个儿童自主位移动词，并从"走"类自主位移动词、"跑"类自主位移动词、"蹦"类自主位移动词和"爬"类自主位移动词四个方面基于互动视角对其习得情况进行描写和解释。

第二节 自主位移动词的界定

本文认为动词是否具有［＋位移］的语义特征是判断其是否属于位移动词的关键所在。陆俭明认为"含有向着说话人或者离开说话人位移的语义特征"②的动词，即可被视为位移动词。位移，即位置移动，表示物体的位置变化。我们根据动词是否具有［＋位移］的语义特征来划分动词，将其称为位移动词。这一［＋位移］的语义特征，既可能是移动主体的位置变化，也可能是移动客体在移动主体的作用下发生的位置变化，还可能是移动主体和移动客体共同发生的位置变化。位移动词就是指具有动体位移力的作用下发生从出发地到目的地的位移变化这一语义特征的动词。但是基于上面这一语义特征，有关位移动词的界定还是较宽，本章将紧紧抓住核心语义表示位置移动这一重要语义特征来界定位移动词。动词本身不能表示位置变化，而是通过动词＋趋向动词的结构来表示位移的动词不在本文探讨的范围内。有些动词虽然包含［＋位移］这一义项，但其核心语义并非体现位置移动概念。这类动词并不属于本文所探讨的位移动词范畴。例如趋向动词"来""去"等，它们的核心语义特征在于表达方向性，因此趋向动词并未被列入本章的研究范围。

---

① 纪悦，杨小璐. 儿童早期语言中的"来"和"去"[J]. 中国语文，2015（1）：28—37.
② 陆俭明. 动词后趋向补语和宾语的位置问题 [J]. 世家汉语教育，2002（1）：5—18.

虽然位移动词［＋位移］的语义特征已被学界达成共识，但其次类动词的分类及少数一些词的界定上存在争议。陆俭明[①]将位移动词分为四类：表示动作者位移的动词；表示受动者位移动词；带上趋向补语后表示受动者位移的动词；表示动作主体位移的动词。在其他学者的研究中，这些动词通常被称为"自移动词"或者"自主位移动词"。"自移动词……或可称为狭义上的移动动词。"[②] 这里的"自移动词"与本文的"自主位移动词"为文字表述的不同，实指同一类动词。为了保持与当前学术界的一致性，我们选择使用"自主位移动词"这一称谓来描述这类位移动词。陆先生提出的第一类"表示动作者位移的动词"引导了本章对"自主位移动词"的分类。所谓自主位移动词，就是发生位移的即施动者本身。也就是说，在这种情况下，施动者就是动体。自主位移动词的动体发出作用于自身的位移力，使其自身发生位置移动。相较于其他移动，儿童更容易关注到移动主体由一个位置向另一个位置的移动。儿童在语言习得初期语言结构简单，对位移动词的使用也多集中在"自主位置移动"这一核心语义义项上。

前文提到，界定位移动词应紧扣"＋位移"这一核心语义特征，那么那些本身不能表达"＋位移"语义的动词则无法被归入自主位移动词的概念范畴之内。如"躺"这一动作并不能表示位移，而是借由"躺下来"这个语法组合才能表出位移。因此本章没有把"躺"＋趋向动词结构的动词放在自主位移动词内。以此为标准，本章在"汉语儿童多模态口语语料库"中筛选出八个儿童自主位移动词：蹦、冲、爬、跑、逃、跳、退、走。还有其他一些也可以表示自主位移的动词，如奔、闯、登、钻、逛、攀、扑，因未在儿童语料中检索出，不再涉及。下面就这八个儿童自主位移动词的习得情况进行描述。

第三节　自主位移动词习得描写

为了方便研究，本章根据发生位移时运动主体所表现出的位移方式将这八个自主位移动词分为四组：第一组是"走"类自主位移动词，包含走、退；第二组是"跑"类自主位移动词，包含跑、逃、冲；第三组是

---

① 同上。

② 周领顺.汉语"移动"的框架语义认知［J］.扬州大学学报（人文社会科学版），2014（18），121－128.

"蹦"类自主位移动词，包含蹦、跳；第四组是"爬"类自主位移动词，包含爬。

一、"走"类自主位移动词

本章将动词"走"和"退"放在同一组是因为从位移方式的角度看，这两个词表达的都是依靠动体的腿和脚来回摆动，从而产生位置移动。通过语料整理，有一些有相同位移方式的自主位移动词在儿童语料库中并未出现，共筛选出"走"和"退"两个动词。表6-1呈现的是四名儿童自主位移动词"走"和"退"的习得情况。

表6-1 "走"类自主位移动词习得情况表

	GYC	SWK	WJH	WMX
走 （首现时间/习得时间/频次）	1；04；05/ 1；05；04/ 335	1；07；30/ 1；09；04/ 206	1；08；27/ 1；10；09/ 304	1；08；20/ 1；09；04/ 477
退 （首现时间/习得时间/频次）	2；08；08/ 2；08；08/ 2	2；01；20/ 2；01；20/ 2	2；10；29/ 2；10；29/ 2	2；03；01/ 2；04；11/ 4

（WJH在玩串珠游戏）CHI：还要串一个，串一个。开始串，爸爸不动，爸爸不走，妈妈不走。（1；10；23）

（SWK跟爸爸妈妈在外面散步）CHI：走啊走。走。哎呀！（1；09；04）

（SWK在跟妈妈玩游戏）CHI：你最好不要跟，跟挖挖机一起走！如果你走，跑得快点，那挖挖机就会撞到你腿的。（3；02；04）

（GYC在玩托马斯小火车玩具）CHI：它来，它退回去！它推不动！（2；08；08）

（SWK在往后退）CHI：退退退。（MOT：奥！停停停停。结果SWK坐到积木上了。）（2；01；20）

"走"类自主位移动词习得顺序为：走＞退。从表中可看出，四名儿童在"走"的习得时间上相差不算很大，虽然每人的习得时间相差几个月，但均是在1岁半左右习得"走"这个位移动词的，其中GYC稍早于其他三名儿童。因为大部分的孩子在1岁半左右学会走路，新技能的习得会让他们对"走"这个动作有更直观地认知，因此才能较早习得这个动词。上述第一个例句，"走"这个位移动作还停留在父母身上，"爸爸不走，妈妈不走"的意思是爸爸妈妈不要发生位移，不要由目前所待的位置到别处去。而上述第二个例句，孩子一边走一边重复"走"这个动词。这也是幼儿语言习得早期经常会有的典型行为，即在做某个动作的同时不停地重复相关的动词，强化对这个动作或概念的认知。从另一个角度看，这也是儿童对家长行为的模仿。在学习使用位移动词的年龄段，儿童正处于学习语言的初期阶段。此时家长与儿童的互动过程中，为引导儿童将语言与具体的位移动作建立起联系，通常采用语言重复加动作重复的形式。家长位移动作的展示是儿童由互动中习得的最直观的学习经验，家长的语言输入则构成了儿童由互动中习得的语言经验。第三个例句根据"跟挖挖机一起走"，我们可以推测出孩子是完全可以造出"挖挖机走"这个句子的。挖挖机的位移动作类似父母由近及远的位移动作。发生自主位移的不再是有生命的人（如自己、父母或小动物），而是无生命的物体。孩子将这一位移方式的认知由有生命的物体扩展到无生命的物体。位移主体的变化体现了孩子思维和认知的不断发展。

而同为"走"类自主位移动词，"退"这个词习得时间要比"走"晚近一年时间。根据筛选出的语料，在 2 岁半左右，儿童才习得"退"这个动词。儿童 SWK 习得时间略早于其他三名儿童，在 2 岁 1 个月就习得了"退"这个动词。但该动词在语料库中检索到的相关语料太少①，故而本文不就其习得情况作进一步的分析。但我们推测，"退"这一位移动词在语料库中出现较少，可能是因为孩子在幼年时期，绝大部分时候位移方向是向前的。因此虽然孩子可能已经习得了这个动词，但是由于互动场景中这个位移并不经常发生，或在语料录制时恰好没有发生"退"的动作，因此在语料中没有太多呈现。

二、"跑"类自主位移动词

经过筛选，"跑"类自主位移动词包含"跑""逃""冲"三个动词，具体见表 6 - 2。与"走"类自主位移动词的位移方式有些相似，"跑"类自主位移动词也是主要靠腿和脚的来回摆动来发生位置移动，但是与"走"和"退"不同的是，"跑""逃""冲"这三个动词所发生的位移速度更快，腿和脚的摆动频率也更快，因此未将这些动词并为一组，而是另行一组。

---

① "退"这个动词还是能检索到不少的，如"退东西"，但是与位置移动没有关系，因此本文并未选取。

表 6 - 2 "跑"类自主位移动词习得情况表

	GYC	SWK	WJH	WMX
跑 （首现时间/习得时间/频次）	1；03；21/ 1；05；04/ 191	1；12；10/ 2；03；24/ 161	1；08；27/ 1；10；18/ 208	1；10；20/ 1；12；23/ 521
逃 （首现时间/习得时间/频次）	2；04；18/ 2；04；18/ 2	2；03；24/ 2；03；24/ 5	2；09；23/ 2；09；23/ 3	3；08；08/ 3；08；08/ 1
冲 （首现时间/习得时间/频次）	3；01；28/ 3；01；28/ 5	2；04；08/ 3；04；27/ 6	3；12；27/ 3；12；27/ 5	3；07；12/ 3；07；12/ 1

（GYC 在跟姐姐一起玩）CHI：看我跑得快还是她跑得快。（3；12；18）

（WMX 看见救护车）CHI：救护车跑了！（2；08；08）

（WJH 在跟妈妈讲述怪兽）CHI：因为激光炮那个它一射，它就往别的深处逃去。（4；08；27）

（SWK 看见一个小朋友被禁止进入某较危险的地方）CHI：如果爷爷说这不危险的话咱就可以逃到那里。（3；03；24）

（GYC 在扮演动画片《黑猫警长》里的角色）CHI：吃吃猫鼠们，你们，你们都不能吃我们的黑猫警长。其实给我冲呐，给我打败吃猫鼠。（3；04；25）

（SWK 在钻来钻去）CHI：我，我已经，就又要冲进去了。（2；04；08）

"跑"类自主位移动词的习得顺序为：跑＞逃＝冲。由表 6 - 2 可得知，四名儿童均在 1 岁 8 个月到 12 个月之间习得了动词"跑"，其中 GYC 习得时间早于其他三名儿童，于 1 岁 3 个月即习得了该动词。"跑"这个动作与"走"位移方式完全一样，只不过速度更快一些。孩子学会走路之后很快就会学跑这个动作。对身体动作的认知也反映到语言的习得上。通过具体的位移动作，孩子不仅可以习得"跑"这一概念，甚至还可以根据跑的快慢而对速度和比较的概念产生认知，并反映到语言上来。上述第一个例句 GYC 就在比较自己和姐姐的位移速度谁更快一些。能对此进行类比，一方面说明孩子对"跑"这个自主位移动词的位移方式和位移速度有清晰的认知，另一方面也说明孩子已经开始有了比较、较量的意识了。从词频来看，有三名儿童的"跑"词频虽有一定差距，但基本在同一水平：191、161、208。但第四名儿童的"跑"的词频达到了 521，高出其余儿童两倍多。这是因为该名儿童特别喜欢重复话语，不管是父母输出的话，还是自己输出的话，都特别喜欢重复，因此导致了词频明显高于其他儿童。

"逃"和"冲"这两个自主位移动词位移方式虽然也是下肢的快速移动，

但是涉及的概念相较"跑"更抽象，1—4岁的孩子在日常生活中使用到的情景也较少，检索到的语料并不多，因此在首现时间和习得时间上并不能确定。在语料中，GYC和SWK约在相同的时间（2岁4个月左右）首次检索到使用了"逃"字，WJH比这两名儿童晚5个月。而WMX的语料中出现"逃"的时间则较晚，3岁8个月才首次检索到"逃"字出现，且仅有一条语料。根据例句，说明孩子对"逃"字的理解是正确的，既知道"逃"字的位移方式，对使用"逃"字的正确语境也是非常清晰的：即在遇到不好的事情或危险时发生向别处的快速位移。

"冲"也涉及向别处的较快的位移，但是与"跑""逃"不同的是，"冲"含有突破阻碍或困难而发生位移，到达目的地的词义在里面。GYC模拟在动画片《黑猫警长》中学习到的场景和对白，"冲"在词句中指要突破敌人吃猫鼠的包围和攻击，才能完成位移。从例句中，我们可以看出，动词"冲"本身不能表示位移的方向，而是通过后面加趋向动词"进"来表现明确的位移方向的。孩子们在玩耍的过程中所说出的话，还原和呈现的是他们在日常的语言输入过程中习得的词句。从习得时间来看，跟"逃"类似，孩子的生活场景中很难遇到需要发生"冲"这一快速位移动作的时候，因此检索到的相关语料也较少，未能确定其习得时间。同"逃"一样，表6-2中呈现的只能是"冲"在语料中首次检索到的时间。且该时间还呈现了不平衡性：SWK是在2岁4个月首次检索到"冲"字，其余三名儿童则都在3岁以后，分别是3岁1个月、3岁12个月和3岁7个月。我们推测，该词检索到语料较少的可能原因是相关的语言输入较少。虽然首现时间不同，但四名儿童均在三岁以后。

三、"蹦"类自主位移动词

经过筛选，"蹦"类自主位移动词包括"蹦"和"跳"具体见表6-3。从位移方式看，这两个依然是借由下肢的力量，然后发生向上然后又落地，如此来产生位置移动。

表6-3 "蹦"类自主位移动词习得情况表

	GYC	SWK	WJH	WMX
蹦 （首现时间/习得时间/频次）	1；08；19/ 1；10；25/ 105	1；07；08/ 1；07；30/ 191	1；09；11/ 1；10；09/ 69	1；04；28/ 1；04；28/ 60
跳 （首现时间/习得时间/频次）	1；06；26/ 1；08；19/ 153	1；06；08/ 1；08；13/ 443	1；09；11/ 1；09；25/ 191	1；11；05/ 1；11；11/ 211

（GYC 在跟姥姥讲跳水运动员是如何跳水的）CHI：（跳水运动员）是蹦得高高的，然后扑棱跳到水里去！（3；11；28）

（SWK 在跟爸爸玩蹦跳的游戏）CHI：我才有点蹦得高。你（指爸爸）你蹦得比较矮。（2；10；28）

（WJH 在蹦跳）MOT：你在干什么啊，翔翔？CHI：蹦蹦。（又做了蹦跳动作）MOT：差点摔倒了哈。好。CHI：蹦蹦跳跳。（1；09；11）

（GYC 在跟姐姐玩）CHI：那个我跳两下。她跳两下。姐姐想跳吧？（3；12；18）

从习得顺序上来看，"蹦"＝"跳"。从习得时间上来看，"蹦"和"跳"的习得时间差不多，均在 1 岁 10 个月左右，其中 WMX "蹦"的习得时间稍早一些，是 1 岁 4 个月。"蹦"和"跳"的习得时间与"走""跑"相差不大，略晚一些。这是因为孩子在 1 岁半学行走时，下肢力量增强。大运动的发展让孩子快速学会借由下肢力量完成的位移技能：走、跑、跳、蹦。反复的动作训练会加强孩子对相关位移动作和位移方式的认知，进而反映到相关的语言表达上。而"蹦"和"跳"在进行检索时经常同时出现，首先是因为汉语中经常将"蹦"与"跳"组合在一起，构成"蹦跳"或"蹦蹦跳跳"。其次，大部分的汉语儿童幼年时都会学习同一首儿歌："小白兔，白又白……蹦蹦跳跳真可爱。"四名儿童的语料中均检索到了类似"小白兔蹦蹦跳跳真可爱"或"小兔子蹦蹦跳跳"的句式。如例句中孩子说的"蹦蹦跳跳"，很有可能来自"蹦蹦跳跳"结构。

"蹦"的位移方式与"跳"非常相似，但有细微差别。"蹦"时，一般双脚是并拢的，然后向空中跳起再落下。而"跳"时，则对双脚没有要求，可以并拢，也可以不并拢。孩子对"蹦"和"跳"的差别尚没有特别清晰的认识。他们觉得，蹦和跳都是一样的动作。这也与家长的语言输入有关。我们在语料中观察到，家长在与孩子的语言互动中，在描述蹦跳的动作时，往往是随意使用"蹦"或"跳"这两个位移动词，并没有刻意选择。这点从例句中也可以看出来。GYC 在向姥姥描述跳水运动员的动作时，运动员起跳的动作用了"蹦"，入水的动作用了"跳"。"扑棱跳到水里"大概是参考了自己平时跳到水里的动作。上述第二、第三例句分别使用了"蹦"和"跳"。但孩子做起来，蹦和跳实际上没有太大差别。"蹦得高"和"跳得高"都是同样的位移方式，由双脚和双腿发力，身体腾空，旋即落下的位移轨迹。孩子有极大的可能将这两个词当作同义词，因此会出现前半句使用了"蹦"，后面却出现了"跳"的情况。但是从出现频次看，"跳"要远高于"蹦"。我们推测，这可能与家长的语言输入有关，与四名儿童生活地区的方言习惯有关。四名儿童均居住在鲁南地区，该地区的方言中经常使用"蹦"一词来表达"跳"的意思。

从出现频次看，有两名儿童的"蹦"的词频明显高于另外两名儿童，分别是 100 多次和 60 次左右。鉴于孩子不太区分"蹦"与"跳"的差别，且在检索语料时，"蹦""跳"常伴随出现。因此在此处观察词频时，我们将"蹦"和"跳"的词频加在一起对比，有如下发现：

四名儿童"蹦＋跳"的出现频次分别是 258（GYC）、634（SWK）、260（WJH）、271（WMX）。除一名儿童外，其余三名儿童"蹦＋跳"的词频相差不大多，都在 260 左右。而这名儿童"蹦＋跳"的词频比其余三名儿童高出一倍。这可能是因为该名儿童性格较为活泼，特别喜爱蹦蹦跳跳，因此不停地输出相关动词。

四、"爬"类自主位移动词

四名儿童"爬"类自主位移动词习得情况见表 6-4。"爬"类自主位移动词的位移方式主要是通过手或手脚并用的方式来发生位置移动。比如"攀"和"登"都属于此类自主位移动词，但是这两个动词较抽象和复杂，属于语言层次较高的词，因此在儿童的语料中未检索到相关的语料。经过检索和筛选，第四组自主位移动词主要包括"爬"。

表 6-4　"爬"类自主位移动词习得情况表

	GYC	SWK	WJH	WMX
爬 （首现时间/习得时间/频次）	1；10；25/ 1；10；25/ 65	1；07；16/ 1；08；13/ 126	1；08；20/ 1；10；09/ 101	1；09；26/ 1；09；26/ 164

（妈妈问 GYC 是否喜欢小乌龟）CHI：爬爬，爬爬。（1；10；25）（并表示要姥爷买一只小乌龟。）

（GYC 看到小伙伴爬到了高处）CHI：糖糖也跟嘟嘟爬上去了！我也想爬上去。（3；08；21）

（SWK 跟妈妈说）CHI：大家去坐热气球吧。去坐热气球。我爬上热气球。你也爬上热气球。大怪物也爬上热气球。（2；11；19）

"爬"的习得时间在 1 岁 10 个月左右。四名儿童关于这个动词的习得时间相差仅一个月，但是在出现频次上则参差不齐。除一名儿童为 65 次外，其余三名儿童都在 100 次以上。这可能与家长的语言输入有关，也可能是因为语料采集具有一定的随机性，在录制该名儿童的互动录像时，活动场景中较少发生与"爬"有关的位移事件。

儿童在尚未学会走之前就会爬了。爬这个技能可谓是被儿童学得最为牢固的动作之一了。爬，需要同时用到手和脚。因此，孩子在说到有类似位移特点的动物时，就会使用"爬"这个动词。例句中，在妈妈讲到小乌龟时，孩子能立刻联想起乌龟的位移方式，即手脚并用，贴着地面平行移动，因此说出"爬爬，爬爬"的句子，意指乌龟是爬着前进的。这充分说明了孩子明确知道爬的位移特点，并进行正确的输出。"我也想爬上去"和"我爬上热气球。你也爬上热气球。大怪物也爬上热气球"句式相似，"爬"后加趋向动词"上"，明确了位移方向。"爬"字本身并不能表现位移的方向，它只体现贴着出发地表面移动的这样的位移特征。成人和儿童在使用时往往在动词"爬"后面加"上""下""进去""到"等表示位移的方向和位移的目的地。语料中也多次出现"爬上""爬下"的结构。

第四节　自主位移动词习得规律

为了更清楚地呈现，本章将这八个自主位移动词的习得年龄用下表展示。

表 6-5　四名儿童八个自主位移动词习得时间

	走	跳	蹦	爬	跑	退	逃	冲
GYC	1；05；04	1；08；19	1；10；25	1；10；25	1；05；04	2；08；08	2；04；18	3；01；28
SWK	1；09；04	1；08；13	1；07；30	1；08；13	2；03；24	2；01；20	2；03；24	3；04；27
WJH	1；10；09	1；09；25	1；10；09	1；10；09	1；10；18	2；10；29	2；09；23	3；12；27
WMX	1；09；04	1；11；11	1；04；28	1；09；26	1；12；23	2；04；11	3；08；08	3；07；12

由表 6-5 可看到，"走""跳""蹦""爬""跑"五个动词属于习得的第一梯队，习得时间相差不大，都在 1 岁 5 个月到 1 岁 12 月之间。因为这五个发生位移的动作，是五种孩子最先也最容易学会的五种位移动作。在日常生活中，孩子每天都在反复重复这些动作。这与儿童大运动的发育阶段也是相吻合的。另一方面，家长在陪伴孩子完成这些动作的同时，也在不停地进行相关的语言输入。儿童从与家长的互动中习得了丰富的非语言经验和语言经验，因此能较早地学会这五个位移动词，并正确地产出。

虽然"退""逃""冲"的语料较少，但语料大多集中在 2 岁之后，甚至要 3 岁以后才出现。"退"和"逃"的习得年龄差不多，在 2 岁 1 个月到 10 个月之间，属于第二梯队。而"冲"字的习得时间要比"退"和"逃"更晚，均在 3 岁之后，属于第三梯队。根据第二章中的四名儿童 MLU 阶段表，本章绘制了四名儿童八个自主位移动词习得的 MLU 阶段表和趋势图，具体见表 6-6 和图 6-1。

表 6-6　四名儿童八个自主位移动词习得 MLU 阶段

	走	跑	跳	蹦	爬	退	逃	冲
GYC	1	1	1	1	1	4	3	5
SWK	1	1	1	1	1	1	1	5
WJH	1	1	1	1	1	4	4	5
WMX	1	1	1	1	1	2	5	5

从 MLU 阶段看，第一梯队的五个自主位移动词："走""跳""蹦""爬""跑"均处在 MLU 第一阶段，四名儿童表现一致。但第二梯队的"退"和"逃"的 MLU 阶段，呈现较大差异性。第三梯队的"冲"MLU 阶段又呈现一致性，均在 MLU 第五阶段。

但"退""逃""冲"这三个动词这三个自主位移动词相关语料数量较少，出现频次仅为个位数，这会导致自主位移动词的习得趋势失真，因此本章只取前五个自主位移动词来分析整体习得趋势。本章以四名儿童这五个自主位移动词的习得时间为纵坐标（本章将习得时间以天数为单位换算，如习得时间是 1；05；4，那么换算成天数是 1 * 365＋5 * 30＋4＝519 天），以五个自主位移动词为横坐标，得到四名儿童五个自主位移动词的获取情况趋势图。

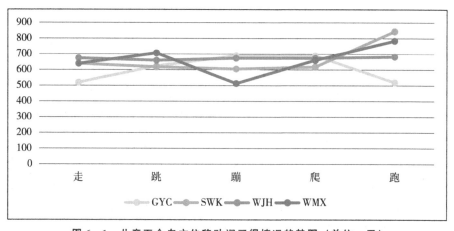

图 6-1　儿童五个自主位移动词习得情况趋势图（单位：天）

结合表 6-5 和图 6-1，可以得出四名儿童五个自主位移动词的习得顺序分别是：

GYC：走＝跑＞跳＞蹦＝爬

SWK：蹦＞跳＝爬＞走＞跑

WJH：跳＞走＝蹦＝爬＞跑

WMX：蹦＞走＞爬＞跳＞跑

第一梯队的五个自主位移动词（走、蹦、跳、爬、跑）四名儿童的习得时间虽相差不大，也均处在 MLU1 阶段，但习得趋势则呈现明显差异。SWK 和 WJH 的五个自主位移动词的习得趋势基本吻合，SWK 的习得时间略早于 WJH，但"跑"的习得时间 SWK 晚于 WJH。GYC 和 WMX 的习得趋势各自不同，与其他两名儿童的差异主要在"蹦"和"跑"两个词上。GYC 的"跑"习得时间明显早于其余三名儿童，而 GYC 的"蹦"习得时间明显早于其余三名儿童。这使得四名儿童的自主位移动词习得趋势有了显著差异。

根据皮亚杰的儿童认知理论，儿童认知发展的第一个阶段是感知运动阶段。在这一阶段，儿童的认知发生在各种动作的过程中。相较于抽象的概念性动词，由孩子四肢带动而产生的位移动词是较先习得的。这是儿童通过运用自身肢体行动或观察家长的肢体动作最容易习得的非语言经验。另一方面，儿童需要借助这些动词来表达自己需求，建立与周围世界的关系。本章所筛选出的八个自主位移动词都是孩童最先学会的动作，也是最容易做到的位置移动，是最基础、最具体的。但即使是八个自主位移动词，也呈现了越具体的动词越先习得，越抽象的越晚习得的特点。（虽然"退""逃""冲"的出现频率较低，但所有的语料均在 2 岁以后甚至 3 岁以后才出现，据此可以推测这三个词习得时间晚于另外五个自主位移动词。）像走、跳、蹦、爬、跑这五个动作，孩子最易掌握，其语义范畴也相对比较简单，认知处理难度也不大，因而更容易被儿童理解和习得。根据儿童语言习得双向生长模式，"儿童句法结构的生长遵循先实后虚、虚实双向生长的模式……在实的句法结构内部，越实的成分越早生长"①。这五个自主位移动词是儿童借由四肢运动可轻易做到，是最实的成分之一，因而较早生长，以达到与周围建立联系、活动和社交的目的。但同时本章也注意到，虽然儿童优先习得的是位移

---

① 胡建华，杨萌萌．探究儿童语言获得的奥秘［N］．中国社会科学报，2022-5-27（5）．

动词的低层次含义①，但在语料中儿童同时也在习得派生义项。如"走"的基本义项表示人或动物的下肢交错运动，一般这一动作会导致动体发生离开原地的位置变化，由此与"离开"这一义项产生联系。因而儿童会产出"妈妈不走"或"妈妈走了"这样的句子。这也从另一方面反映了，儿童与家长迫切进行互动的心理。儿童对家长的陪伴及关注有着强烈的渴求，对家长的离开持不情愿的态度，这导致他们产生对家长互动的意识，并通过言语行为表达出自己的互动需求。

根据托马塞洛的基于使用的语言习得理论，人类语言习得的过程是基于感知和认知的过程，一方面通过社会互动和合作，儿童习得语言输入和模仿，逐步建立语言知识；另一方面通过使用语言，儿童进一步加深对语言的理解和掌握。"儿童早期多词单位的形成和他们所体验到的各种生活场景有关。……儿童也能够通过观察并模仿他人的语言和行为，学会语言和运动图式。"②"走""蹦""跳""爬""跑"这五个自主位移动词涉及的是儿童最为熟悉和最常见到的经验场景。儿童利用自己领会交际意图的能力和普遍认知能力，从肢体动作和语言表达上与家长互动并进行模仿，这就是社会学习。通过不断地语言交互和肢体练习，儿童能够获取不同的语言输入和反馈，进行大量的重复性产出练习和纠正性反馈，不断调整和改善自己的语言能力，逐渐建立起对位移动作和动词的认知和理解，从而习得语言。

本章认为，儿童的语言习得来自从周围环境中习得的经验。经验包括儿童自身经验的主动习得和家长经验的输入。不论是儿童的经验还是家长的经验，都可分为两个部分：肢体动作方面的经验和语言方面的经验。儿童如何能学会走路呢？如何知道"跑"与"跳"的区别呢？单纯依靠家长的语言输入，儿童是无法理解这些位移动词的区别的。对于语言习得初期的儿童来说，位移动作的示范是最为直观和有效的。这也符合儿童在这个认知阶段感知和理解世界的方式。所以家长给孩子示范相应的动作，或者创造情境，让孩子不停地重复动作，才能学会动作，习得语言。

但另一方面，随着儿童骨骼、肌肉和神经的发育和成熟，儿童即使在欠缺家长帮助的情况下，依然能学会行走、跑步、蹦跳等多种自移动作。这也是为什么儿童自主位移动词的习得主要受肢体动作发展情况的影响。但是只

---

① 张云秋，周建设，符晶. 早期汉语儿童多义词的获得策略——一个北京话儿童的个案研究 [J]. 中国语文，2010（1）：34−42.

② 闫长红，王敏. Tomasello 的语言获得理论及其对二语获得的启示 [J]. 成都理工大学学报（社会科学版），2010（27）：86−89.

有肢体动作，缺少语言经验的补充，儿童的语言发展是不完整的。而孩子的语言经验就来自其互动环境。结合孩子具体的生活场景，主要是家长的语言输入。家长有关位移动词的语言输入对儿童位移动词的习得起着主要的作用。与其他词类不同的是，位移动词与位移动作联结非常紧密，相较于其他词类，对儿童来说是非常"具体"的，或者说是非常"实"的。相对来讲，儿童不需要过多依赖于情境去理解一个位移动词的语义。那么这时，家长的语言输入和及时反馈对于儿童习得位移动词来说就是非常重要的了。根据互动语言学的观点，儿童语言的习得是在自然的言语交际环境中发生的。那么为了促进儿童位移动词的发展，家长多为儿童创造特定的情境，制造更多让儿童使用位移动词的语境，会极大激发儿童位移动词的习得和发展。

第五节　关于成人与儿童语言互动的启示

儿童的语言习得过程反映的是儿童的日常基本生活经验。自身及周围环境中的位置变化是儿童最容易观察到的，因而表达相关位置移动变化的位移动词也是儿童较早习得的一类词。通过对"汉语儿童多模态口语语料库"中相关语料的整理和分析，本章提取出"蹦""冲""爬""跑""逃""跳""退""走"八个儿童自主位移动词，并根据位移方式的不同将这八个动词分为四组："走""退"；"跑""逃""冲"；"蹦""跳"；"爬"。整体来看，这八个自主位移动词的习得顺序是第一梯队＞第二梯队＞第三梯队。儿童最先学会的五个位移动作（"走""跳""蹦""爬""跑"）习得时间相差不大，属于习得的第一梯队自主位移动词；而概念相对较抽象、语言层次较高、使用场景较少的"退""逃"语料较少，习得时间较晚，属于第二梯队自主位移动词。而"冲"的习得时间更晚，属于第三梯队自主位移动词。但第二梯队和第三梯队动词的相关语料有待进一步丰富，这样才能更准确地确定其首现时间及习得时间。四名儿童的第一梯队的五个自主位移动词在 MLU 阶段也呈现了高度一致性，均在 MLU 第一阶段，但在习得顺序和习得趋势上则存在较大差异。

八个自主位移动词都是孩童最先学会的动作，也是最容易做到的位置移动，是最基础、最具体的，这与儿童的认知发展阶段是一致的。除了儿童的认知阶段这一因素，孩子是否能在互动中反复使用这些词汇，即是否常用也影响着儿童的习得顺序。本章强调语言产生于互动，就是在强调环境对于语言产生的重要性。儿童从交际环境中习得的经验因素越多，越有利于其语言表达的成熟。同时，家长能否尽可能多地输入相关的语言，也会极大地影响孩子对相关动词的习得。这也能解释，有些儿童在某些动词上呈现首现时间、习得时间或频次却不同。正因如此，语言学家们一直秉持这样的观点，即语言环境和语言经验是影响儿童语言习得的重要因素。基于使用理论就强调了语言使用和语言习得的联系，强调了语言是人类社会互动和合作的产物。与家长的交际互动，不仅可以促进儿童语言发展，也可以刺激儿童的交际意识和交际行为，从而有效提升儿童位移动词的表达频次，减少儿童的偏误使用。

同时，家长也不应该忽略，在寻找共性的同时要注意到孩子的个体差异和鲜明的个性。在衡量幼儿语言发展水平或进行有针对性的训练时，应避免成人主观印象，遵循儿童语言习得规律，循序渐进。例如，可以通过提供丰富的语言环境包括日常对话、讲故事、唱歌等活动，增加儿童接触和学习位移动词的机会；通过角色扮演、模拟游戏等活动，儿童可以在模拟的真实场景中学习和使用位移动词，从而加深对这些动词的理解和记忆；鼓励儿童在日常互动中多进行主动表达，描述他们的行为和活动，这样可以促进对位移动词的使用和理解。

第七章　汉语儿童早期运动事件习得

第一节　儿童运动事件习得研究概述

运动是人类认知的基本概念领域之一，不同语言在表达运动概念时，其形态和句法结构表现出系统的类型学差异。例如，英语使用主动词来表达运动方式，而希腊语使用主动词编码运动路径。[①] 因此，研究不同语言如何编码和表达运动事件，可以为理解事件的范畴化和表达方式提供实证依据，揭示语言与思维之间的复杂关系。幼儿期是认知、语言和思维发展的关键阶段，他们在此期间经历了运动事件的早期习得和表达，以及相关的事件范畴化过程。

在过去的二十年里，一些研究集中在运动事件早期习得的"时间"和"方式"问题上。首先，许多关于第一语言习得的研究已经解决了"何时"问题，比如阿克坦-埃尔吉耶斯（AktanErciyes）和格克孙（Göksun）[②]、陈（Chen）[③]、季（Ji）等人[④]、李向农（Li）等人[⑤]；奥兹恰利什坎（Özçalıskan）和斯洛宾（Slobin）[⑥]。例如，李向农等人的研究表明，两岁的儿童可以开始使用

①　ALMY L. Toward a cognitive semantics: Volume 1. Concept structuring systems [M]. Cambridge: MIT Press, 2000.

②　AKTAN-ERCIYES A, GKSUN T. Early event understanding predicts later verb comprehension and motion event lexicalization [J]. Developmental psychology, 2019, 55 (11): 2249－2262.

③　CHEN L. The Acquisition and Use of Motion Event Expressions in Chinese [D]. Lafayette: The University of Louisiana, 2005.

④　JI Y., Hendriks, H., Hickmann, M. How children express caused motion events in Chinese and English: Universal and language-specific influences [J]. Lingua, 2011, 121 (12): 1796－1819.

⑤　李向农，周国光，孔令达 . 2—5 岁儿童运用"把"字句情况的初步考察 [J]. 语文研究，1990 (4): 43－50.

⑥　ÖZÇALISKAN Ş, SLOBIN D I. Learning how to search for the frog: Expression of manner of motion in English, Spanish, and Turkish [C] //Proceedings of the 23rd annual Boston University conference on language development. Vol. 2. Somerville, MA: Cascadilla Press, 1999: 541－552.

"把"字句来表达运动事件，并且从 2 岁半开始，"把"字句的使用频率和准确度显著提高；陈在研究中发现，随着年龄的增长，儿童在结构和话语层面对运动事件的表达越来越频繁和准确。然而，该研究也发现，中国学龄前儿童在运动事件表达中的基础信息不足。随后，另外一位学者陈发现，中国儿童早在 1 岁 4 个月到 1 岁 7 个月时就通过模仿成年人开始使用连动复合词，并从 2 岁开始系统地输出连动复合词。[①] 季等人的研究发现，中国儿童在 3 岁之前就能够表达致使性运动事件。最近，季和海因斯坦进一步发现，尽管汉语和英语幼儿能够用各自母语表达典型的运动事件，但他们在 1 到 3 岁期间的表达仍然不稳定且不频繁，这表明汉语儿童对运动事件的掌握一直持续到 8 岁。[②]

其次，"如何"的问题也在一系列研究中得到了解答，比如，柏曼（Berman）和斯洛宾[③]、崔[④]、希克曼（Hickmann）等人[⑤]、季等人[⑥]的研究似乎证实了语言特定特性在运动事件表达的早期习得中可能比普遍认知决定因素更为重要。例如，柏曼和斯洛宾的跨语言研究指出，到 3 岁时，使用卫星框架语言的儿童比使用动词框架语言的儿童更频繁地表达运动方式，学习卫星框架语言的学龄前儿童使用附加语（小品词）和介词短语，提供详细的路径信息。希克曼和亨德里克斯（Hendriks)[⑦] 设计了两个项目来研究法语和英语语言习得中的类型约束。他们发现，无论哪种语言，语义密度都随着年龄的增长而增加，但在法语中的语言发展进程比在英语中更显著。这些结果表明，法语和英语的类型学属性会影响运动事件的编码方式。此外，奥赫

① CHEN J. The acquisition of verb compounding in Mandarin Chinese [D]. Nijmegen：Max Planck Institute for Psycholinguistics，2007.

② JI Y, HOHENSTEIN J. Conceptualising voluntary motion events beyond language use：A comparison of English and Chinese speakers' similarity judgments [J]. Lingua，2017，195：57—71.

③ BERMAN R A, SLOBIN D I, ED. Relating events in narrative：A cross-linguistic developmental study [M]. Hove：Psychology Press，1994.

④ CHOI S. Language-specificity of motion event expressions in young Korean children [J]. Language，Interaction and Acquisition，2011，2（1)：157—184.

⑤ HICKMANN M, TARANNE P, BONNET P. Motion in first language acquisition：Manner and path in French and English child language [J]. Journal of Child Language，2009，36（4)：705—741.

⑥ JI Y., Hendriks, H., Hickmann, M. How children express caused motion events in Chinese and English：Universal and language-specific influences [J]. Lingua，2011，121（12)：1796—1819.

⑦ HICKMANN M, HENDRIKS H. Static and dynamic location in French and in English [J]. First Language，2006，26（1)：103—135.

森鲍尔（Ochsenbauer）和希克曼[①]对德语儿童和成人对自发运动事件表征的研究支持了斯洛宾的"思由言限"理论[②]，揭示了语言表达与事件概念化和某些可编码元素之间的一致性。无论年龄大小，词汇化模式都是相同的。然而，儿童的行为与成人不同。儿童使用广泛的动词来编码运动方式，而成年人使用更具体的动词。随着年龄的增长，儿童话语的语义和句法复杂度逐渐增加，并逐渐明确了［背景］信息。这与普遍知觉和认知约束在儿童发展中起主要作用的观点一致。季等人的研究发现，在 3 到 7 岁期间，汉语儿童产生的运动事件的话语和话语密度明显高于英语儿童。他们认为这是因为汉语连动复合词更容易编码运动事件，从而导致话语密度更高。他们还发现，从 8 岁左右开始，英语和汉语儿童的话语密度差异显著减少。此外，格克孙等人 2013 年研究发现认为儿童可以通过力和运动来学习致使性运动事件。他们发现，5 岁半的孩子比 3 岁半的孩子表现更好，证明了复杂的因果关系不能在早期发展阶段习得。

上述综述表明，现有研究主要集中在探讨运动事件的出现时间，并比较不同语言在编码运动事件上的语言特性，比如阿克坦-埃尔吉耶斯和格克孙[③]、柏曼和斯洛宾[④]、陈[⑤]；崔[⑥]、希克曼等人[⑦]、贾红霞[⑧]、奥兹恰利什坎和斯洛宾[⑨]。然而，这些关于儿童学习表达运动事件的研究多集中在英语和

① OCHSENBAUER A K，HICKMANN M. Children's verbalization of motion events in German [J]. Cognitive Linguistics，2010，21：217—238.

② SLOBIN D I. Two ways to travel：Verbs of motion in English and Spanish [M] //SHIBATANI M，THOMPSON S A. Grammatical constructions：Their form and meaning. Oxford：Oxford University Press，1996：95—217.

③ AKTAN-ERCIYES A，GKSUN T. Early event understanding predicts later verb comprehension and motion event lexicalization [J]. Developmental psychology，2019，55 (11)：2249—2262.

④ BERMAN R A，SLOBIN D I，ED. Relating events in narrative：A cross-linguistic developmental study [M]. Hove：Psychology Press，1994.

⑤ Chen L. The Acquisition and Use of Motion Event Expressions in Chinese [D]. Lafayette：The University of Louisiana，2005.

⑥ CHOI S. Language-specificity of motion event expressions in young Korean children [J]. Language，Interaction and Acquisition，2011，2 (1)：157—184.

⑦ HICKMANN M，TARANNE P，BONNET P. Motion in first language acquisition：Manner and path in French and English child language [J]. Journal of Child Language，2009，36 (4)：705—741.

⑧ 贾红霞. 普通话儿童空间范畴表达发展的个案研究 [D]. 北京：中国社会科学院研究生院，2009.

⑨ ÖZÇALISKAN Ş，SLOBIN D I. Learning how to search for the frog：Expression of manner of motion in English，Spanish，and Turkish [C] //Proceedings of the 23rd annual Boston University conference on language development. Vol. 2. Somerville，MA：Cascadilla Press，1999：541—552.

希腊语，对汉语儿童运动事件习得的研究相对较少，并且多采用实验诱导法研究 3 岁以上儿童的运动事件表达，比如陈和季的研究。正如巴赫金（Ba-khtin)[①] 所言，语言本质上是互动性的，只有基于互动交际环境中自然发生的语言才能真实反映儿童语言认知发展。因此，探索早期汉语儿童如何在自然语境中习得和表达运动事件，进行实证性研究，是深入探究运动事件发展模式和轨迹的关键。因此，本章从"汉语儿童多模态口语语料库"中提取四名汉语儿童的自然语料，以路径动词的习得为线索，考察早期汉语儿童运动事件表达的发展特点，从而为早期语言教育的理论发展和实践提供跨语言依据，也为进一步明确汉语语言类型归属提供依据。

第二节　本次研究设计

一、运动事件的定义和分类

在泰尔米对语言如何表达运动的分析中，"运动事件"被定义为"一个包括运动和状态的持续场景"[②]。"运动"是指导致位置变化的"定向"或"平移"运动。"位置"是指静态情况或不会导致位置整体变化的"包含"运动（例如，上下跳跃、原地走动）。他认为，一个运动事件包括四个基本的语义成分：图像（Figure）、背景（Ground）运动（Motion）和路径（Path）。这些成分可以在下面的英语句子中直接识别：John run into the room. 这个句子中，"John"是［图像］，"run"表示［运动］，"into"表示［路径］，"the room"表示［背景］。这四个基本语义成分构成了宏观运动事件（Macro-event）中的框架事件（framing-event）。除此之外，一个运动事件还包括外部的副事件（Co-event），主要表现为运动的原因（Cause）或方式（Manner）。因此，本章的研究根据运动事件的定义及语义成分进行鉴别，命令的、意愿的、征询意见的和进行中的运动事件都包含在内。如：

（SWK 让妈妈把玩具从地上捡起来）CHI：妈妈捡起来．（1；10；06）
（GYC 想从一个斜坡滑下去）CHI：我要自己滑下去！（2；12；03）

---

① Bakhtin M M. The Dialogic Imagination：Four Essays by M. M. Bakhtin. Austin ［M］. TX：University of Texas Press, 1934/1981.

② TALMY L. Lexicalization patterns：Semantic structure in lexical forms ［M］//SHOPEN T. Language typology and semantic description：Vol. 3：Grammatical categories and the lexicon. Cambridge：Cambridge University Press，1985：36－149.

（WMX想出去玩）CHI：嗯妈妈出去吧？（3；07；12）

（WJH一边把玩具从桶里倒出来一边说）CHI：翔翔先倒出来．（2；05；29）

运动事件根据性质不同，可以分为自发运动事件（voluntary motion events）和致使运动事件（caused motion events）。自发运动事件运动的主体是运动的发出者，可以控制自己的运动方式。如以下例句中，方式动词"蹦"的施事是有生命的"你"。运动动词"掉"的施事是无生命的"球"。致使运动是施事（通常有生命的）致使其他实体（通常无生命的）进行运动。

你蹦出来．（GYC：2；03；22）（有生自发运动事件）

球掉下来-：（GYC：2；12；03）（无生自发运动事件）

我把它藏起来行吧？（GYC：3；02；29）（致使运动事件）

考察这三类运动事件的倾向性习得顺序，可探索儿童认知发展特点。运动事件表达方式的种类、数量及频率以及与年龄的关系，可以反映儿童运动事件习得的特点和规律，并为汉语类型归类提供一定的参考。

二、运动事件表达形式编码

泰尔米的分类法在应用于汉语时会出现问题，因为汉语普遍存在连动词结构，在一个分句中至少允许两个动词：一个表示运动方式或原因，另一个表示移动路径。"约翰跑进屋里。"中"跑"和"进"都是动词，在这两个动词之间，没有明确的形态标记来表示哪个是主动词，哪个是从属动词。陈[1]、陈和郭（Guo）[2]、季和海因斯坦[3]、泰尔米[4]都认为这种"运动动词＋路径动词"的形式使汉语类型归属产生争议。因此，一些中国语言学家，陈和郭、季和海因斯坦、贾红霞将这种编码运动事件的语言形式称为"动结式动词复合词（Resultative Verb Compounds，RVCs）"。运动事件中，汉语的动结式复合词一般由"运动动词＋路径动词"组成，有时再加一个"指示

① Chen L. The Acquisition and Use of Motion Event Expressions in Chinese [D]. Lafayette：The University of Louisiana，2005.

② CHEN L，GUO J. Motion events in Chinese novels：Evidence for an equipollently-framed language [J]. Journal of Pragmatics，2009，41（9）：1749－1766.

③ JI Y，HOHENSTEIN J. Conceptualising voluntary motion events beyond language use：A comparison of English and Chinese speakers' similarity judgments [J]. Lingua，2017，195：57－71.

④ TALMY L. Toward a cognitive semantics：Volume 1. Concept structuring systems [M]. Cambridge：MIT Press，2000.

动词",如：跑上，跑上去。这为描述不同主体在不同环境下的运动提供了方便的语言手段。[①]

汉语运动事件的表达方式由此可总结出 7 种结构形式：方式动词＋路径动词＋指示动词（跑出去），方式动词＋路径动词（跑出），方式动词＋指示动词（跑来，跑去），单独方式动词（跑），路径动词＋指示动词（出来），单独路径动词（出），单独指示动词（来）。前四种结构包含一个方式动词或中性动词后接一个或多个路径动词，为方式表达。只含路径动词的表达为路径表达。本章研究以路径动词为线索，统计方式表达中的"方式动词＋路径动词＋指示动词"，"方式动词＋路径动词"和路径表达中的"单独路径动词"，"路径动词＋指示动词"的首现时间和使用频率，以及表达模式的种类、数量以及频率。

三、汉语中的路径动词的界定

泰尔米的二分类型学取决于一个关键标准：［路径］优先由主动词表达（如动词框架语言）由与动词词根（motion verb）相关的附属元素（介词、小品词等）表达，（如卫星框架语言）。由此可见，动词词根的识别是非常重要的。对于英语和西班牙语等语言来说，这种识别相对容易，因为它们有明显的形态标记来区分主动词和附属元素。在这些语言中，句中只有一个动词词根来编码运动的［方式］或［路径］。

季 2014 年的研究认为汉语使用路径动词编码路径信息，我们将可以表达［路径］意义的动词称为"路径动词"。路径动词是一个数量有限的"封闭类"，即路径动词成员较少，且相对固定。前人对路径动词的研究多关注的是趋向动词。朱德熙[②]列举了 24 个路径动词，如表 7－1 所示，这些词都是趋向动词。在 Talmy 的系统中，路径由三个主要部分组成："矢量（vector）""构形（conformation）""指向（directional）"。[③] 矢量指的是［焦点］相对于［背景］所做的"离开""到达"和"经越"的基本类型。离开矢量指位移主体在起始阶段所呈现出来的方向性特征；到达矢量则呈现位移主体在结束阶段的方向性特征；穿越与前两者不同，它侧重于描述位移主体由离

---

① JI Y，HOHENSTEIN J. Conceptualising voluntary motion events beyond language use：A comparison of English and Chinese speakers' similarity judgments [J]．Lingua，2017，195：57－71.

② 朱德熙．语法讲义 [M]．北京：商务印书馆，1982.

③ TALMY L. Toward a cognitive semantics：Volume 1. Concept structuring systems [M]．Cambridge：MIT Press，2000.

开至到达之间运动的矢量性特征。汉语的趋向补语为路径动词，表示位移的路径，可以表示三种不同的矢量意义，如"下、出、开、起"类表离开矢量，"上、下、进、回"等表示到达矢量，而"过"类则表穿越矢量。[①]

表 7 - 1　汉语中的趋向动词

	上	下	进	出	回	过	起	开
来	上来	下来	进来	出来	回来	过来	起来	开来
去	上去	下去	进去	出去	回去	过去		

泰尔米[②]和杰肯道夫（Jackendoff）[③] 均认为运动事件中，核心信息是实体沿着指定方向的路径进行的运动，［路径］是最具有鉴别性特征的语义要素。汉语路径动词除了可以作为主要动词单独表达运动事件的路径外，还可作为其他动词的卫星语素来表达路径，并与运动动词（motion verb）共同表达完整的运动事件。正是鉴于汉语路径动词与其他语言中的路径动词的特殊性，以及［路径］的核心地位，本章研究以矢量为"离开"的路径动词为考察对象，研究儿童早期运动事件的发展特点。在语料搜集过程中，以"离开"义路径动词：下、出、开、起为关键词检索，筛选出运动事件，然后对每个动作事件描述进行标记和编码。如以下例句分别是以"离开"义路径动词"下""出""开""起"筛选出的运动事件。

（SWK 让爸爸坐到沙发上）CHI：坐下．（1；09；17）

（WMX 回答妈妈说糖从包装袋里拿出来了）CHI：拿出来了．（2；02；27）

（GYC 让姥姥离开）CHI：你走开♯你走开．（2；06；28）

（WJH 让妈妈把电线抬起来）CHI：抬起来．（2；03；07）

第三节　汉语儿童运动事件表达方式习得描写与分析

本章以表示"离开"矢量的路径动词："下""出""开""起"为线索，考察相关运动事件的表达。表 7 - 2 呈现的是四名儿童离开类路径动词的习得情况。

---

① 梁子超．现代汉语运动事件中路径的词化模式研究［D］．长春：东北师范大学，2020．

② TALMY L. Toward a cognitive semantics：Volume 1. Concept structuring systems［M］. Cambridge：MIT Press，2000．

③ JACKENDOFF R. Semantics and cognition［M］. Cambridge：MIT Press，1983．

表 7 - 2 "离开"类路径动词习得情况表

	GYC	SWK	WJH	WMX
下 （首现时间/习得时间/出现频次）	1；04；05/ 1；05；10/ 317	1；07；03/ 1；09；04/ 206	1；08；27/ 1；10；09/ 581	1；03；20/ 1；03；28/ 477
出 （首现时间/习得时间/出现频次）	1；05；10/ 1；08；06/ 283	2；01；2/ 2；02；15/ 302	1；08；27/ 1；09；11/ 620	1；11；2/ 2；01；06/ 656
开 （首现时间/习得时间/出现频次）	1；02；22/ 1；05；18/ 42	1；06；02/ 1；06；08/ 63	1；08；27/ 1；08；27/ 81	1；03；28/ 1；04；20/ 76
起 （首现时间/习得时间/出现频次）	1；03；03/ 1；04；19/ 405	1；02；11/ 1；03；10/ 430	1；09；04/ 1；09；25/ 532	1；05；11/ 1；06；29/ 621

一、"出"类的发展

四名儿童"出"类表达模式的发展序列是：有生自发路径表达＞致使方式表达＞无生自发路径表达＞有生自发方式表达＞无生自发方式表达。四名儿童最早使用"出"类表达运动事件大约在 17—23 个月年龄时候。出现时即与指示动词连用："出去""出来"。"出去"多用来表达自己想出门到外面玩。例如 CHI：出去。（1；08；06，SWK 想出门玩），"出去"的语义都表示从家门出去到外面去，所以早期只要从一个门经过，就用"出去"，存在"出去"泛化的情况。例如当 GYC 答应妈妈从另一个房间到另一个房间去吃饭，"CHI：出去．（1；05；10）"。最初，"出去""出来"的施事都是孩子自己，所表现的都是自发运动。语言上虽然没有出现施事，但施事都是默认孩子自己为施事。可见，最早儿童习得的是"路径动词＋指示动词"的有生自发运动路径表达模式。

紧接着，四名儿童大约 23—24 个月习得了致使运动事件，一般发生在让大人帮助把玩具、食物从一个地方拿出来，有生命的施事致使其他物体发生位置的变化。成人汉语中，致使运动只用"方式动词＋路径动词＋指示动词"的方式表达，但孩子最初表达致使运动事件时，用了"路径动词＋指示动词"的路径表达，如，孩子想让外婆把玩具车从桌子底下拿出来，只用了路径表达"出来"。这表明孩子早期只会用最简单的表达方式表达较为复杂的致使运动事件。随后使用"方式动词＋路径动词"的模式，没有指示动词

"来"或"去"。

从独词句阶段很快发展到双词句,"出""出来""出去"等表达自己的意图,达到需求目的。此阶段的发展主要体现在句长、句式的发展上,从传统的句类角度看,多数是祈使句形式。孩子常在祈使表达请求之后,再描述通过请求实现的事情。这些形式都直接指向孩子的需求。甚至在独词句阶段,有些表达形式可以很确定地认定它的功能类,即有一定工具性的,但从句类角度则很难断定它们是祈使句还是陈述句。

随着语言的发展,孩子习得了成人的致使运动事件表达模式:"方式动词+路径动词+指示动词",如以下例句中,方式动词类型越来越丰富,"出去"和"出来"前的运动动词有"拿、跑、蹦、挖、倒、爬、拔、拽、拖、拉、够、扔"、弄、钻、冒、爬、找"等。同时,表达方式越来越灵活,出现了表达致使运动的典型句型:"把"字句。四名儿童的"把"字句基本出现于2岁半以后,但一开始的使用会有语误,在3—4岁段,此句型不仅使用准确而且数量有明显增加,这与贾红霞以及季等人的研究结论基本一致。

(WMX 告诉姥姥玩具车从桌子底下出来)CHI:车♯出来车-:嗯♯出来车[!]-:.(2;01;06)

(SWK 想让妈妈把无人售货机的东西拿出来)CHI:拿出.(1;09;04)

(GYC 让爸爸把盆拿出来)CHI:拿出来.(2;01;19)

(WJH 让妈妈把玩具从箱子里倒出来)CHI:倒出来找找锅盖.(1;12;05)

(WMX 让外婆把糖从糖纸里拿出来)CHI:掏出来.(2;02;27)

(SWK 和妈妈开玩笑)CHI:我把妈妈扔出去♯再把我自己扔.(2;10;21)

(WMX 对妈妈说)CHI:把大车拉出来行吗?(2;11;17)

无生自发路径表达模式的出现比致使运动表达稍晚一点,大约在儿童23—24个月时。如运动的施事是无生命的"太阳",施事是无生命的"水"。随着年龄的增长,儿童在生理逐渐成熟的同时对世界的认知也在逐步发展,他们开始关注并不断地发挥自己最大的能力去辨别不同的事物,在这个过程中认识事物之间的相似与相反。他们发现了有生命和无生命的施事运动方式的相似性,所以将同样的语言表达模式用于无生命的运动事件上。

(WJH 在看绘本,想表达太阳出来了)CHI:公公出来♯太阳公公出来.(1;09;11)。

（GYC 桶里的水太多，溢出来了）CHI：又出来了．（1；12；11）

四个儿童语料显示自发方式表达都晚于前三种表达模式，而且使用频率和数量都大大少于致使方式表达，有生一般先于无生的自发方式表达。这与儿童的"自我中心化"有关，儿童总是从自身向其他物体迁移[①]。无生自发方式表达的施事一般是孩子自己或者周围熟悉的人。孩子一般在描述无生命的物体的位置变化时，使用无生自发方式表达，如无生命的糖、球离开了最初的位置"嘴"和"筐子"。这些都是孩子日常接触多并且容易观察到的物体。总体来说，自发方式表达数量远远少于致使方式表达。

（WMX 从纸箱里出来）CHI：太暗了妈太暗了妈妈♯钻出来了．（2；09；14）

（GYC 让外婆从呼啦圈里跳出来）CHI：你蹦出来．（2；03；22）

（SWK 告诉父母糖从嘴里掉到地上了）CHI：它掉出来了．（2；01；27）

（WJH 疑惑球为什么从筐子里出来了）CHI：又滚出来啦怎么？（2；09；10）

运动事件中的［图像］和［背景］两个语义元素，随着儿童认知和语言的发展，在2—3岁逐渐出现，如例句中，"茂茂""我""你"动作的发出者，被儿童表达出来。儿童还用"从这里边"表达出来［背景］语义。可见，儿童的运动事件的语义密度越来越高。这表明，儿童的语言越来越丰富，越来越成熟。

（WMX 给妈妈说自己从桌子底下出来了）CHI：嗯♯茂茂出来了．（2；03；5）

（WXM）CHI：从这头钻♯出♯♯出来．（2；12；14）

（GYC 找到了一颗珠子）MOT：你从哪里帮我找出来的．CHI：我从这里边♯这里边找出来的．（2；11；12）

四名儿童各个年龄段各种表达模式的频率：1—2岁段，97例运动事件，其中路径表达有78例，方式表达19例；2—3岁，共有342例运动事件，其中189例路径表达，156例方式表达，3—4岁段，共有496运动事件，路径表达表达309例，方式表达280例。具体模式分布信息见表7-3。

---

① 贾红霞．普通话儿童空间范畴表达发展的个案研究［D］．北京：中国社会科学院研究生院，2009.

表 7 - 3 "出"类运动事件表达模式频率

	表达模式	1—2 岁	2—3 岁	3—4 岁
路径表达	单独路径词	3	0	0
	路径动词＋指示路径动词	75	189	309
	总数	78	189	309
方式表达	运动动词＋路径动词	2	0	79
	运动动词＋路径动词＋指示路径动词	17	156	280
	总数	19	156	369

二、"下"类的发展

四名儿童"下"类的运动事件模式发展序列为：有生自发路径表达＞有生自发运动方式表达＞致使运动方式表达。"下"类表达运动事件最早出现在14 个月，最初是使用单独路径动词"下"，大多是想让大人将自己从某处抱到地上。然后与指示动路径动词连用："下去"和"下来"，如以下例句。最早出现的"下"类运动事件一般表明孩子移动的愿望，都是有生自发运动事件，使用路径表达模式。在语义上都与"下"表示垂直运动的原型义项相关。

（WMX 想下床）CHI：下-：下下．（1；10；11）

（GYC 想从凳上下来）CHI：下来．（1；02；22）

（SWK 想从沙发下来）CHI：下去．（1；07；30）

紧接着四名儿童都习得了方式表达模式来表达有生自发运动事件，最初是"方式动词＋路径动词"的模式，例如"坐下、躺下、蹲下、坐下"等，动作的施事是儿童自己或者周围的大人。如以下例句，掉下的施事分别是孩子和妈妈。随后儿童习得了更加复杂的"方式动词＋路径动词＋指示动词"模式，用来表达有生自发运动事件。方式动词有"跳、蹦、坐、躺、趴、滑、冲、跑、掉"等。

（SWK 怕自己从椅子上掉下来）CHI：掉下．（1；09；17）

（GYC 和妈妈做游戏）CHI：对，妈妈趴≠你趴下！（2；03；29）

（WJH 描述人从斜坡跑下来）CHI：嗯≠跑下来了．（3；10；20）

（WMX 让妈妈脱鞋）CHI：赶紧脱下来吧．（2；12；7）

在 21 个月左右，儿童出现了运动事件的否定表达，例（32）。在运动事件中儿童都用"不"构成否定句来否认、拒绝某个运动行为。汉语中有"没"和"不"两个否定词，在运动事件中所有否定句都是由"不"来表达的。说话人不让听话人去实施，说话人认为听话人会实施。当成人要求孩子将做些什么，儿童马上使用否定句提出要求（如例）。有时儿童的话是一种陈述，而不是命令。

接下来出现的是致使运动方式表达，早期致使运动事件的受事没有或者在动词前，成人语言中一般都放在动词后面，如果要放在前面，一般都要加上"把"字。例如以下例句，孩子让妈妈把玩具放下，并没有说出玩具。这可能因为"把"字句没有出现，或者儿童的注意力在于受事，所以将受事名词放在动词前面。随着孩子的年龄增长，越来越丰富，受事开始出现，并在动词之后，如以下例句，脱下后出现了受事"鞋子"。2 岁半后，四名儿童陆续习得了"把"字句，这使致使运动事件的运动方式数量显著增多。"下"前的动词，有"拿、推、按、放、扔、摘、脱、揭、按、拔、抠、拽、揭、撕、扒"等。很多除了有［＋方式］、［＋原因］语义外，都有［＋离开］的语义特点，表达穿脱衣服、拿玩具、睡觉、撕开贴纸等。所以这些动词与"下"的搭配比较固定，不能与"上"搭配使用。

（WJH 把穿的珠子拿下来）CHI：拿下来．（1；10；23）

（GYC 让妈妈把玩具放下）CHI：你放下，妈妈！（2；03；29）

（GYC 揭贴画）CHI：这一个揭-；不下来．（2；09；13）

（WMX 让妈妈给自己脱鞋）CHI：♯脱鞋脱鞋子♯妈妈脱下那个鞋子．（2；02；01）

（SWK 靠垫把墙上的装饰物撞掉了）CHI：用垫垫把它♯抠下来了．（2；12；17）

四名儿童"下"类运动事件，各个年龄段各种表达模式的频率：1—2 岁，432 例运动事件，其中路径表达有 321 例，方式表达 111 例；2—3 岁，共有 825 例运动事件，其中 487 例路径表达，338 例方式表达，3—4 岁，共有 1087 例运动事件，路径表达表达 509 例，方式表达 478 例。具体表达模式分布见表 7－4。

表 7－4　"下"类运动事件表达模式

	表达模式	1—2 岁	2—3 岁	3—4 岁
路径表达	单独路径动词	62	156	194
	路径动词＋指示路径动词	259	331	315
	总数	321	487	509
方式表达	运动动词＋路径动词	79	200	162
	运动动词＋路径动词＋指示路径动词	32	188	316
	总数	111	388	478

三、"起"类的发展

四名儿童"起"类表达模式的发展序列是：有生自发运动路径表达＞致使运动方式表达＞有生自发运动方式表达＞无生自发移动方式表达。"起"类在语言发展的"单词句阶段"，用单独的"起"字表达有生自发运动事件，表示自己或别人身体姿态的变化，如以下例句中孩子想自己或让大人从地上或凳子上站起来，是有生自发运动路径表达。随后出现"起来""起床"，如以下例句的表达想让自己起床。

（WMX 要站起来）CHI：起．（1；05；11）

（GYC 想让姥姥站起来）CHI：起起．（1；07；12）

（SWK 想起床）CHI：起来．（1；09；04）

致使运动方式表达和有生自发运动方式表达几乎同时出现，四名儿童中三名的语料显示前者早于后者，并且方式表达出现的初期，用来表达致使运动的数量比自发运动多，所以把致使运动方式表达的习得顺序列于自发运动之前。四名儿童自发运动事件的方式表达都是"站起来"，是儿童早期最早认知动作，当初只会用单字"起"或者"起来"表达，现在可以在前面加上方式动词"站"。同一时期致使运动事件的方式表达的数量和类型远远超过了自发运动事件，例如以下例句中的捡起来、拉起来、扶起来。随着年龄的增长，方式动词越来越丰富，有"捡、拉、竖、抬、举"等。出现"把"字句。

（WJH 想让奶奶从沙发上站起来）CHI：站起来．（1；09；25）

（SWK 让妈妈把玩具捡起来）CHI：妈妈捡起来♯（1；10；06）

（GYC 让妈妈把自己从地上拉起来）CHI：快把我拉起．（2；10；15）

（WJH 想让爸爸用积木搭高楼）CHI：扶起，扶＋/（2；01；29）

"起"类的无生自发运动方式表达也是最后出现的，如前所述儿童最初都是关注自己，以自身为中心，然后是身边的经常陪伴的人。对无生命的物体的移动的关注比较晚，四名儿童语料此种表达也很少。以下例句中，儿童在大人的引导下，注意到眼前书上的画面产出的。随着年龄的增长孩子虽然没有亲眼看到这个运动事件，但是可以抽象概括事物的运动特点了，如以下例句中 3 岁半的孩子描述了自己喜欢的玩具飞机的特点。

（GYC 描述绘本上的葫芦藤）CHI：-：嗯它就♯它就飘不起来了．（2；11；26）

（WMX 描述书上的火箭）CHI：飞起来．（3；01；13）

（WJH 描述自己的玩具飞机）CHI：它能升起来．（3；06；11）

四名儿童"起"类运动事件，各个年龄段各种表达模式的频率：1—2岁段，458例运动事件，其中路径表达有401例，方式表达57例；2—3岁，共有793例运动事件，其中447例路径表达，326例方式表达，3—4岁段，共有882例运动事件，路径表达表达483例，方式表达399例。具体表达模式分布见表7.5。

表7-5 "起"类运动事件语言表达方式的频率

	表达模式	1—2岁	2—3岁	3—4岁
路径表达	单独路径动词	254	182	183
	路径动词＋指示路径动词	147	265	300
	总数	401	447	483
方式表达	运动动词＋路径动词	33	39	186
	运动动词＋路径动词＋指示路径动词	24	287	213
	总数	57	326	399

四、"开"类的发展

四名儿童"起"类表达模式的发展序列是：有生自发运动方式表达＞致使运动方式表达。"开"类在运动事件中，语义是"原本合拢或连接的两个以上的物体分离"，而不是"使关闭着的东西不再关闭"之意。打开、开门不属于运动事件，属于Talmy定义的状态变化事件，所以"开"的此类表达不计入的。"开"类最早出现的是第二个意义，因为这与孩子的日常生活密切相关的动作，例如孩子想让妈妈打开一包饼干，说"开呀开呀"。早期四名儿童孩子用的"开"类都是让大人把门、玩具、物品的包装等打开，如"打开""撕开""切开""敲开"和"弄开"。因此我们只考察"开"的语法意义为表示位移主体做离开某处的空间移动的表达，例如成人语言中的"跑开、走开、推开"等。像"门开了""鞋带开了"这样的路径表达方式在语料中没有发现。

四名儿童的语料中大约两岁半后出现了"开"类运动事件，但数量不多，且皆是方式表达具体见表7-6。最先出现的是有生自发运动事件，"开"前的方式动词有"让、闪、走"，类型数量很有限。大约三岁出现致使运动事件，"开"前的方式动词有"拿、挪"。例句如下：

（GYC 开玩具车，让妈妈让路）CHI：让开．（2；06；01）

（SWK 让小朋友让开）CHI：啊♯走开［.］走开．（2；09；23）

（SWK 让妈妈把画笔拿走）CHI：拿开它♯是我的X打扫．（3；11；04）

（GYC 告诉外公）CHI：不要把我的床挪开♯让开．（4；01；02）

24 个月左右开始，儿童运动事件表达出现语气词"吧"及用"好不好"附加问表达请求（2 岁）。这一阶段的形式发展主要体现在扩展上，以询问的语气表达请求。接下来，儿童学会用"附加"的方式表达请求，即在原有祈使句的基础上，添加了附加成分。这个阶段的出现其他方面语言能力的发展体现出了一致性。语气词"吧""吗"，集中出现儿童 2 岁时。语言结构能力一定只能在语言运用中得以发展。如以下例句：

（SWK 让妈妈开门）CHI：你开吧．（2；05；09）

（GYC 想把桌子挪走）CHI：我推开吧？（2；07；05）

（WJH 想让爸爸走到一边）CHI：你让开好吗？（3；09；21）

表 7-6 "开"类运动事件语言表达模式的频率

	表达模式	1—2 岁	2—3 岁	3—4 岁
路径表达	单独路径动词	0	0	0
	路径动词＋指示路径动词	0	0	0
	总数	0	0	0
方式表达	运动动词＋路径动词	0	24	21
	运动动词＋路径动词＋指示路径动词	0	0	0
	总数	0	24	21

第四节 早期汉语儿童运动事件表达的发展特点

一、运动事件表达方式发展规律

首先，路径表达的习得有早于方式表达的趋势。不论运动事件的实体是有生命的还是无生命的，路径表达的习得都早于方式表达。这与儿童早期倾向于表达自身位移运动的语义有关，因为在汉语中，最简单的表示自身位移运动的方式就是使用趋向动词的路径表达，因此这种表达方式最早被习得。这与儿童的"自我中心化"有关，动作的发出者或接受者通常是儿童自己或身边熟悉的人或物。

其次，自发运动事件的习得早于致使运动事件。这可能是因为年龄较小的儿童语言能力不足，不太可能产生致使运动事件；也可能是因为他们不像年龄稍大的孩子那样注意到许多致使运动事件和相关信息类型。在汉语中，致使运动只能通过方式表达来表示，而不能通过路径表达来表示。因此，相应地，方式表达晚于路径表达，这反映了语言与认知的关系。

第三，与自发运动事件相比，儿童早期产生的致使运动事件相对较少。有两个原因可能导致这种情况：首先，年龄较小的孩子可能语言能力不足，不太可能产生致使运动事件；其次，他们可能不像年长的孩子那样注意到许多致使运动事件和相关信息类型。这一现象可以从三个方面解释：（1）在认知上，这些幼儿可能无法区分因果运动和自愿运动；（2）在语言上，这些幼儿在3岁前没有掌握表达致使运动所需的语言结构（如"把"字句）；（3）在语用上，他们只是模仿成年人的语言，因为在日常交流中省略"把"字句的现象很常见。由于基于自然语料的研究不能排除这些解释，因此需要进行实验研究进一步探讨这一现象。然而，我们的研究结果表明，运动事件可能是反映认知和语言之间关系的重要切入点，应该纳入认知研究。

第四，从运动事件习得的语用功能角度来看，儿童的话语形式从早期直接指向意图和具体行为等要素发展到能够顾及交际对象的能力及意愿、行为原因等外围因素的形式。在与看护人的互动交际环境中，运动事件的语言结构日益复杂化，成人的语言输入是影响儿童语言习得的重要因素。语言结构能力在语言运用中得到发展。

二、等框架结构的发展

表7-7对四个"离开"类路径动词的运动事件的表达模式和频率进行了汇总，1—2岁，路径表达有800例，方式表达仅有187例；2—3岁路径表达1301例，方式表达1243例；3—4岁，路径表达1123例，方式表达894例。明显可以看出，随着儿童年龄的增长，2岁运动事件明显激增，两种表达方式都明显地增多但数量上相差不大。这显示出汉语的既有动词框架语言的特点又有卫星框架语言的特点，没有特别的倾向，更符合斯洛宾均势框架语言的特点。

表7-7 "离开"类路径运动事件表达模式分布

	表达模式	1—2岁	2—3岁	3—4岁
路径表达	单独路径动词	319	377	338
	路径动词＋指示路径动词	481	924	785
	总数	800	1301	1123
方式表达	运动动词＋路径动词	114	434	263
	运动动词＋路径动词＋指示路径动词	73	809	631
	总数	187	1243	894

从路径表达和方式表达的使用频率看，路径表达一直多于方式模式。图7-1更能明显看出两种表达模式的比率。图7-1的结果显示，路径表达百分比在儿童两岁前高于方式表达百分比，这个年龄孩子多用单个的路径表达运动事件，连动动词结构较少。2岁后，连动动词结构明显增多，方式表达和路径表达数量接近，但还是少于路径表达。3岁后，路径表达依然多于方式表达，这说明汉语儿童在3岁左右形成了一种特定的语言的偏好，即用编码方式来描述运动事件，尽管他们可以同时使用方式和路径表达。

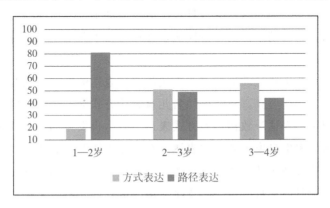

图7-1　方式表达与路径表达百分比分布

对汉语儿童如何在相关话语中习得运动事件的研究结果表明，儿童早期就形成了特定的结构模式。首先，到3岁时，汉语儿童已经形成了特有的等框架运动事件描述模式。具体而言，形成连动动词结构，方式动词占据第一个动词槽（跑出来）成为表达运动事件的主要结构类型。汉语中的等框架结构类型在成人言语中非常突出，学习汉语的儿童很容易理解。柏曼和斯洛宾①认为，"如果一种语言形式高度可理解，其功能发展可能会加快"。在回顾了一些关于语法出现的实证研究之后，托马塞洛②得出结论，在早期阶段，儿童使用语言的方式大多与他们听到的成年人使用语言的方法相同，他们设计了一个基于项目的话语模式清单。在孩子的经验中，频繁接触并练习相同的动词序列（或连动动词结构）有助于孩子对这种结构感到更舒适和流畅。换言之，这样的动词序列是由频率确定的。另一方面，儿童所经历的复

① BERMAN R A，SLOBIN D I，ED. Relating events in narrative：A cross-linguistic developmental study [M]. Hove：Psychology Press，1994.

② TOMASELLO M. Do young children have adult syntactic competence? [J]. Cognition，2000，74 (3)：209-253.

合动词的多样性，能创建基于项目的构造中的"槽"。汉语儿童所接触的等框架结构类型的频率，以及普遍的学习机制，导致了等框架结构模式的早期出现。

本章小结

本章基于认知语义学，以"离开"类路径动词为线索，通过对四名汉语儿童（1；01；06－4；01；02）日常生活中运动事件表达模式的考察，研究了汉语儿童表达运动事件的习得模式，并从考察了儿童运动事件表达发展中语言类型特点。

对四类离开义路径动词的方式表达和路径表达的发展，以及两种表达类型的习得顺序进行考察，总结出四名儿童表达方式的一个倾向性序列，即有生自发运动路径表达＞致移运动方式表达＞有生自发运动方式表达＞自发运动路径表达＞无生自发运动方式表达。有生命主体两种表达方式倾向于早于无生命主体的两种表达方式，自发运动事件早于致使运动事件并且儿童最初的运动表达倾向表达自己位置的变化儿童。这皆因儿童最初感知更多的是关于自身的一切，最初的概念化也是将自身与外界分开，建立自我与非自我的概念。

儿童先通过模仿与参与（通过模仿周边人的行为与话语，参与到互动交流中去）、创造与想象（儿童在掌握基本的运动事件描述后，会开始进行创造和想象，儿童可能会想象其他互动方式，甚至自创描述一些新的运动事件）、交流与分享（儿童在与他人交流时，会分享自己在活动中的体验和对运动事件的理解，通过语言交流来表达自己的观点和感受）。儿童习得运动事件的表达，是由浅入深的，儿童在初期阶段主要通过模仿和重复性的语言表达来习得基础的运动事件描述，随着语言能力的提高，逐渐能够进行更复杂的创造和想象。汉语儿童在习得运动事件的过程中，通过互动性活动，不仅能够加深对运动事件的理解和记忆，还能够在社交互动中学习和创新语言表达方式，从而实现运动事件习得的深化和内化。

对于运动事件表达儿童早期就形成了特定的结构模式。汉语儿童最开始习得的是动词框架模式的运动事件的表达，然后是卫星框架模式，两种模式使用习得顺序有规可循，并且使用频率和数量相当。现代汉语在有些方面表现出卫星框架语言的特点，在其他方面又呈现出动词框架语言的特点。但汉语在方式动词和原因动词的使用、有限背景信息和事件合并方式的选择和连动词结构的使用上表现出特有的个性，足以说明汉语既不属于典型的卫星框架语言也不属于典型的动词框架语言。这些真实语言使用语料以及基于这些语料所发现的特征证明汉语是一种均势框架语言。总之，儿童语言的发展既受儿童认知发展机制的影响，也受其各自语言对认知不同语言表达形式的影响，两种因素共同决定着儿童语言表达的发展。

第八章　汉语儿童"X是"情态构式的
早期习得

第一节　情态构式研究概述

一、研究背景

情态是一个语义、语法范畴。在语义上，彭利贞认为情态是"说话人对命题的真值或事件的现实性状态表达的主观态度"；在语法上，情态动词、情态副词、语气词、名词、情态结构、情态构式等手段均可表达情态。按照原型范畴理论，情态动词、语气词等情态词多为典型情态，情态结构或构式多为非典型情态。[①]

以往的研究多关注典型情态，20 世纪 80 年代后期，随着构式语法（Construction Grammar）理论的发展，非典型情态特别是情态构式成为学界关注和研究的焦点。利奇（Leech）发现英语中的情态构式正在大量增加，部分新兴的情态构式正在逐渐代替或排挤典型的情态动词，尤其在口语中发展更快，具有口语化的发展趋势。[②] 学者们从历时和共时层面对情态构式的内部结构关系、句法分布、语义表达、语用功能、习语化、语法化等方面进行了较为系统的阐述和分析。

汉语情态构式研究起步较晚，多数学者还是把它们归到情态动词或情态副词里，而没有从构式的角度进行研究。谢佳玲[③]、洪波和董正存[④]、李宗

---

①　彭利贞. 现代汉语情态研究 [M]. 北京：中国社会科学出版社，2007.

②　LEECH G. Modality on the move：The English modal auxiliaries 1961—1992 [C] //FAC-CHINETTI R，PALMER F，KRUG M. Modality in contemporary English. Berlin：De Gruyter Mouton，2003：223—240.

③　谢佳玲. 汉语的情态动词 [D]. 台北：台湾清华大学，2002.

④　洪波，董正存. "非 X 不可"格式的历史演化和语法化 [J]. 中国语文，2004（3）：253—261.

江 & 王慧兰①、李宗江②、范伟③、彭利贞和关楠④、吴德新⑤等针对情态构式的个案进行了专题研究，比如 "X好" "还是" "非X不Y" "V不了" "V得（不得）" "V得了（不了）" "用不着"。范伟⑥和姜其文⑦较为系统地描写和归纳了汉语情态构式的性质、范围与类别，对汉语情态研究来说具有重要的参考作用和基础性价值。

儿童早期如何习得情态知识是儿童语言习得研究中的一个有趣课题，因为这一过程不仅涉及语言能力的发展，还能揭示儿童在社会认知方面的成长。但是对于儿童来说，习得情态语义和情态表达具有较大的难度，这一方面源自情态语义的多样性和情态表达手段的复杂性，另一方面又受到儿童自身认知水平和语言能力的限制。现有的情态习得研究集中在典型情态成分，如情态动词、情态副词和句末语气词，对情态结构或构式的习得研究比较零散、少见。施春宏提出在习得研究中应该 "将构式意识（constructional awareness）纳入到语言习得的元语言意识研究中"。⑧ 情态构式习得方面的研究以引介和验证为主，在汉语作为第二语言的习得视角下，采取 "偏误分析——构式理念阐释" 的研究路径，考察特定语料库的特定构式习得。最新研究见于《语言学研究（第三十辑）》的 "儿童语言习得研究" 专栏，张云秋和李建涛基于三名普通话儿童两岁六个月之前的情态动补构式习得数据，分析了肯定式和否定式的分布特征，探讨其不对称习得的功能动因。研究认为肯定式和否定式的习得路径都是从 "VC" 建构而来，但习得时量上的不对称性主要受制于两类情态动补构式的功能语义特征和语境依赖强弱程度，因此也由习得不同类型的情态动补构式时所需的认知负担大小所决定。⑨

① 李宗江，王慧兰. 汉语新虚词 [M]. 上海：上海教育出版社，2011.

② 李宗江. "为好" 与 "的好" [J]. 语言研究，2010（1）：39—44.

③ 范伟. 现代汉语情态系统与表达研究 [M]. 北京：中国社会科学出版社，2017. 范伟. 情态构式的多义性及获得状况考察 [J]. 对外汉语研究，2019 1）：42—56.

④ 彭利贞 & 关楠. 非意愿与 "V不了" 的认识情态表达 [J]. 语言研究集刊，2014（2）：13—24.

⑤ 吴德新. 情态动词 "用不着" 的意义和组合特点 [J]. 汉语学习，2017（1）：47—55. 吴德新. "用不着" 的语法化及其主观化 [J]. 宁夏大学学报（人文社会科学版），2017（4）：12—17.

⑥ 范伟. 现代汉语情态系统与表达研究 [M]. 北京：中国社会科学出版社，2017.

⑦ 姜其文. 现代汉语情态构式研究 [D]. 杭州：浙江大学，2018.

⑧ 施春宏. 面向第二语言教学汉语构式研究的基本状况和研究取向 [J]. 语言教学与研究，2011（6）：98—108.

⑨ 张云秋，李建涛. 普通话情态动补构式的儿童语言获得 [J]. 语言学研究，2022（13）：46—58.

二、研究问题

目前的构式习得研究，基本上以习得顺序的描写和实验研究为主，然而，在如何解释某个习得顺序的发生方面，做得并不充分。没有理论的驱动，更缺乏类型学的参照，无论是描写还是解释，都有很大的局限。再者，使用语料库开展的构式研究也存在样本少、追踪时间短等问题。

"X 是"的情态义和功能繁多，是汉语中使用频率较高的构式，其中"还是"的占比最高。本章基于"汉语儿童多模态口语语料库"，选取四名儿童 1—4 岁自然产出语料，在语言类型学、语义发生学和互动语言学的视角下观察儿童"X 是"情态构式动态的、连续的、整体的习得过程，在穷尽式考察的基础上，重点研究"还是"的早期习得状况以及在句法、语义、语用等层面的性质与特征，以作引玉之砖，丰富儿童情态习得研究的成果和汉语情态本体研究的内容，揭示语言的使用、认知与演化之间的关系和规律，为汉语儿童语言教育、第二语言教学和语言疾病康复等领域提供依据和参考。

第二节 "X 是"情态构式综观

一、"X 是"情态构式的界定

英语学界最早对情态构式的研究是基于原型范畴理论而展开的。韦斯特尼（Westney）针对英语迂回情态（periphrastic modals）（迂回情态属于情态构式）与典型情态的分类从语法化程度、构式化程度和语义角度提出了三个标准。[①] 这个分类标准可以作为鉴别情态构式的标准，也可以看作是情态构式的特征：语法化：语法化程度相对较低、处于非典型范畴地位；习语化：表现为一种超越成分意义之和的整体构式意义；语义上：与典型情态动词的情态语义相等或相近[②]。

姜其文认为构式主要是指固化性的习语构式，将情态构式定义为"固化的、习语性的情态结构式"。[③] 他界定的实体性"X 是"情态构式包括"敢

---

① WESTNEY P. Modals and periphrastics in English：An investigation into the semantic correspondence between certain English modal verbs and their periphrastic equivalents [M]. Tübingen：Max Niemeyer Verlag，1995.
② 第三个标准主要是针对动词性情态构式提出的。
③ 姜其文. 现代汉语情态构式研究 [D]. 杭州：浙江大学，2018.

| 第八章 | 汉语儿童 "X 是" 情态构式的早期习得

不是、敢是、莫不是、莫是、该不是、还是"。范伟 2017 年和 2019 年的研究从标志性、整体性、主观性和非现实性四个方面分析了情态构式的特征，认为情态构式是"由语言内部各个成分组成一个整体来表达情态语义的结构式"，不包括熟语类、插入语类（如，我看）等固定或半固定形式的情态成分，也把表达情态的自由的句法结构排除在外。① 她界定的 "X 是" 构式是图式性情态构式，在构式变项中，"X" 表示各词类。赵园园主要从语义功能出发，界定了 47 个 "X 是" 类情态词，并从音节数量、词语性质、情态语义、衔接功能、表达功用、粘合程度、焦点类型等角度进行了分类。②

本章结合前人对情态构式和 "X 是" 情态构式的研究以及《现代汉语八百词》《现代汉语虚词例释》《现代汉语语气成分用法词典》《现代汉语词典（第七版）》等词典的释义，按照赵园园的分类，具体考察 47 个具有情态义且已成词的 "X 是" 类情态词（见图 8 - 1），以便全面地分析儿童 "X 是" 情态构式的习得状况。

表 8 - 1　"X 是" 情态构式成员表

便是	不是	才是	凡是	很是	可是	老是	总是
那是	说是	倒是	就是	算是	硬是	愣是	还是
仍是	偏是	别是	怕是	敢是	别不是	怕不是	该不是
莫是	莫不是	可不是	越是	净是	正是	光是	准是
定是	都是	最是	许是	更是	岂不是	派不是	还不是
不就是	也是	真是	真的是	想是	当是	全是	

二、"X 是" 情态构式的语义功能

"X 是" 构式大部分是情态副词，少部分是连词和句末语气助词；作为现代汉语的一个典型虚词系统，表现出多样的情态语义、句法和语用功能。"X 是" 构式的个案研究成果众多，但是从宏观视角 "X 是" 语义功能的研究极为少见。朱丽③、陈禹④、张则顺⑤等学者指出 "X 是" 的情态语义主要

① 范伟 . 现代汉语情态系统与表达研究［M］. 北京：中国社会科学出版社，2017. 范伟 . 情态构式的多义性及获得状况考察［J］. 对外汉语研究，2019（1）：42－56.
② 赵园园 . 基于语料库 "X 是" 类情态词语义功能研究［D］. 贵州：贵州师范大学，2021.
③ 朱丽 . 揣测语气和揣测语气副词［D］. 上海：上海师范大学，2005.
④ 陈禹 . 作为反意外范畴标记的 "还不是"［J］. 世界汉语教学，2018（4）：483－494.
⑤ 张则顺 . 合预期确信标记 "当然"［J］. 世界汉语教学，2014（2）：189－197.

135

是"合预期义""反预期义""超预期义""揣测不定义""主观概括""选择义""反意外义"等，表达舒缓、强调、责备抱怨、提醒、反问、辩驳建言、疑问、祈使、惊讶意外等功用，有着转折、解说、递进、因果、让步、选择、推断、总结等衔接功能。

关于"X 是"构式的语法化词汇化，张谊生认为，"F 是"组合的词化途径大致有两种，其一是有些"F"和焦点标记"是"由于经常共现，逐渐趋向结构凝固和词义融合，最终成为一个副词；其二是有些"F"修饰系动词"是"的过程中就已经形成了定型的搭配，此后又与焦点标记"是"进一步结合，从而走上了凝固、融合之路。① 比如，"还是"在晚唐五代时，通过副词"还"修饰判断词"是"，表"仍然"。在唐代，"是"虚化为词内成分，"还是"成为表持续义的时间副词。北宋时期，"还是"在表"持续"义的基础上产生出了表思量的"主观态度"的用法。在元代出现了表示"焦点标记"和"语气"的用法。刘晓洲分析了"还是"的演变过程，认为"还是""由副词'还'与系动词'是'跨层共现发展而来，从晚唐基本形成以后，由最初的表'客观持续'义到'主观'义，再发展出'语气'义，到元明时期才最终发展成熟为一个功能完备的副词"。②

赵园园揭示了"X"与"是"在"X 是"类情态词中的互动作用："X"为"X 是"提供基本义，部分"X"所具有的［＋主观性］的语义特征使得"X 是"容易发生虚化，浮现出情态义；"是"在由指示代词虚化为词内成分的过程中，受判断词的语义积淀产生篇章衔接功能，具有将其后面成分离散化的"打包"作用，在与"X"结合成词后，使得"X 是"也带有一定的篇章衔接功能。同时"是"还有传达强调语气的语义积淀，在与"X"的结合演变过程中，增强"X 是"的强调语气。③

三、"还是"的语义功能

"还是"在各词典中的释义较为笼统，大致有"表仍然""表选择""表建议""表意外""表姑且肯定"等几种义项，"还是"还可以与"无论"等让步词语连用"表周遍"，详细释义请见表 8 - 2。

---

① 张谊生．"副＋是"的历时演化和共时变异——兼论现代汉语"副＋是"的表达功用和分布范围［J］．语言科学，2003（3）：34—49．
② 刘晓洲．汉语"还是"的语法化［J］．滨州学院学报，2016（5）：65—69．
③ 赵园园．基于语料库"X 是"类情态词语义功能研究［D］．贵阳：贵州师范大学，2021．

表 8－2　"还是" 词典释义表

《现代汉语八百词》 （增订本）	《现代汉语虚词例释》	《现代汉语词典》 （第七版）	《现代汉语语气成分 用法词典》
（254 页） （副） 1. 表示行为、动作或状态保持不变，或不因上文所说的情况而改变；仍旧；仍然。 2. 表示经过比较、考虑，有所选择，用"还是"引出所选择的一项。 （连） 1.（是）…，还是…。 （还是）…，还是…。 2. 无论（不论、不管）…还是…都（总）…。表示不受所说的条件的影响。	（230 页） （连） 1. 表示对两种以上事物、情况进行选择。 2. 和"无论"连用，连接列举成分，用来表示一种周遍性。 3. 表示说话人的意见是经过考虑之后提出的，而且在说话人看来，按他的意见去做是最为合适的。	（504 页） （副） 1. 表示现象继续存在或动作继续进行；仍旧。 2. 表示在某种程度之上有所增加或在某个范围之外有所补充。 3. 表示倾向性选择，含有"这么办比较好"的意思。 （连）4. 表示选择。 5. 连接无需选择的若干事项。	（513—514 页） （语气副词） 1. 表示出乎意料。 2. 表示姑且肯定其情况，上下文常表转折，后文说明有不足的或发生改变的地方。 3. 表示希望、建议。 4. 表示名不副实，应该这样而没有这样，常带有责备、讽刺的语气。 5. 带有质疑、不满的语气。 6. 带有感叹语气。 7. 带有不满或嘲讽的语气。

　　"还是"的情态义繁杂零乱，具有衔接功能和语气传达功能。学界关于"还是"的研究主要涉及语义和语法化两个方面：在语义方面，李姝姝[①]探讨"还是"非祈愿情态义和反预期情态义的来源及浮现条件，邵洪亮[②]研究"还是"的非断然情态义，汪敏锋[③]、张娜[④]、张瑞祥[⑤]探究"还是"的主观建议、选择、意愿、祈愿义；在语法化方面，刘晓洲探讨"还是"的语法化过程及机制。[⑥] 本章基于儿童语料，从"还是"的基本义着手，考察和分析"还是"语义功能的习得过程和特征。

① 李姝姝．"还是"情态义的来源及浮现条件 [J]．汉语学习，2019（5）：54－63．
② 邵洪亮．副词"还是"的元语用法 [J]．语言教学与研究，2013（4）：75－82．
③ 汪敏锋．"还是……吧"的人际语用功能 [J]．新疆大学学报（哲学·人文社会科学版），2017（1）：135－139．
④ 张娜．"还是＋动/小句［＋的］＋好"序列探析 [J]．南阳理工学院学报，2009（5）：15－18．
⑤ 张瑞祥．建议和评说："还是 X 好了"和"还是 X 好" [J]．宜宾学院学报，2018（5）：78－86．
⑥ 刘晓洲．汉语"还是"的语法化 [J]．滨州学院学报，2016（5）：65－69．

第三节 "X是"情态构式习得描写

通过对四名儿童 1—4 岁的语料数据进行穷尽式统计，从习得时间、习得数量、看护人输入、儿童差异等方面进行量化，基本习得数据请见表 8-3。

表 8-3　儿童"X是"情态构式习得情况表

情态构式	GYC	SWK	WJH	WMX
才是 （习得时间/出现频次/ 看护人输入频次）	3；01；28/ 4/56	3；05；03/ 2/82	/	/
可是 （习得时间/出现频次/ 看护人输入频次）	3；01；15/ 5/75	3；01；20/ 1/22	3；05；27/ 2/29	/
总是 （习得时间/出现频次/ 看护人输入频次）	3；05；07/ 2/50	/	/	/
那是 （习得时间/出现频次/ 看护人输入频次）	3；01；15/ 2/17	/	/	/
就是 （习得时间/出现频次/ 看护人输入频次）	1；11；30/ 15/120	2；05；05/ 3/43	2；04；08/ 3/2	2；07；04/ 12
都是 （习得时间/出现频次/ 看护人输入频次）	2；05；01/ 6/50	2；11；05/ 2/103	2；02；19/ 4/77	2；03；01/ 3/128
不就是 （习得时间/出现频次/ 看护人输入频次）	3；06；25/ 1/35	2；01；07/ 2/60	3；02；14/ 6/209	3；06；15/ 1/36
真是 （习得时间/出现频次/ 看护人输入频次）	2；08；13/ 5/82	2；03；24/ 2/91	/	3；10；04/ 1/56
真的是 （习得时间/出现频次/ 看护人输入频次）	3；06；25/ 4/25	2；09；02/ 2/16	/	3；01；20/ 3/55
不是 （习得时间/出现频次/ 看护人输入频次）	/	2；10；21/ 1/5	/	3；02；25/ 2/59

续表

情态构式	GYC	SWK	WJH	WMX
老是 (习得时间/出现频次/ 看护人输入频次)	/	3；03；16/ 2/32	/	/
算是 (习得时间/出现频次/ 看护人输入频次)	/	3；01；29/ 1/0	/	/
还是 (习得时间/出现频次/ 看护人输入频次)	2；09；05/ 29/212	2；00；07/ 19/154	2；05；14/ 29/265	2；11；17/ 28/319
可不是 (习得时间/出现频次/ 看护人输入频次)	/	2；11；05/ 1/3	3；10；05/ 2/74	/
倒是 (习得时间/出现频次/ 看护人输入频次)	/	/	3；09；14/ 2/46	/
准是 (习得时间/出现频次/ 看护人输入频次)	/	/	/	3；04；12/ 1/34
也是 (习得时间/出现频次/ 看护人输入频次)	/	/	/	3；02；03/ 1/68

在四名儿童的语料中共筛选出 17 个"X 是"情态词，大部分是双音节情态词，除了"才是"和"就是"既是情态副词又是句末语气助词之外，其他均是情态副词。在习得时间和频次上，儿童从 1；11 岁开始习得"X 是"构式，产出总频次为 212 次。较早习得的是"就是"（1；11；30）、"还是"（2；01；07）、"不就是"（2；01；07）和"都是"（2；02；19），这四个也是习得频次较高并且四个儿童均习得的情态词，其中"还是"的频次最高，为 105 次，占到总产出频次的 49.5％，四名儿童的习得频次也较为均衡，在下一节中将作为典型情态词进行讨论。

在情态语义上，习得的情态词"可是、总是、都是、真的是、不是、老师、算是、还是、倒是、也是"表达"偏离预期"特别是"反预期义"，"那是、就是、可不是、才是、真是、准是、算是、倒是"表达"合预期义"，表示一般赞同、强烈赞同或强调确认，"不就是"表达"反意外义"。

在儿童差异方面，四名儿童习得的情态词数量和频次没有明显差异，在男女童身上也没发现显著的不同。在对儿童的输出频次和看护者的输入频次进行比较后发现，除了 WJH "就是" 和 SWK "算是" 之外，成人的输入量和儿童的产出量存在正相关关系，输入频次越高，儿童的使用频率也越高，比如习得频次最高的 "还是" 的输入频次是 950。

根据已有的研究发现，情态副词在儿童语言发展中出现得相对较晚，在使用频率上也低得多，是儿童较难学习、掌握的一类词。儿童早期习得的 "X 是" 构式主要是情态副词，习得时间稍晚并且使用频率不高的特征跟情态副词的习得规律是相一致的，偏离预期义和合预期义的习得也符合情态的语义形成和理解难易度。没有习得的 "X 是" 情态词多为书面语色彩浓厚（"莫不是" 等）、语气强烈（"硬是" 等）以及出现的句法环境比较复杂（如反问句、双重否定句）的情态词。

在掌握了 "X 是" 情态构式整体习得状况之后，我们对有代表性的 "还是" 的习得情况进行描述和解释。

第四节　"还是" 的考察及分析

一、语义习得分析

（一）偏离预期义

单威将偏离预期性信息根据偏离预期的性质划分为反预期信息、超预期信息与未足预期量信息。反预期信息是对预期的方向性偏离，超预期与未足预期量信息是在与预期方向一致的基础上对预期的量性偏离。"还是" 的偏离预期义具体包括反预期和超预期两种信息类型。持续义是副词 "还" 的基本义，反预期义和超预期义的演化路径都是由基本义 "持续" 引申而来。[1]

1. 反预期义

李姝姝提出 "还是" 触发现实世界与心理常规世界中的两种 "条件——结果" 匹配关系的对比，浮现出反预期义。[2] 吴福祥将反预期信息分为三类：与说话人预期相反、与听话人预期相反、与特定言语社会共享预期相反。[3] 在儿童语料中，尚未发现与特定言语社会共享预期相反的反预期义，

---

① 单威. 现代汉语偏离预期表达式研究 [D]. 长春：吉林大学，2017.

② 李姝姝. "还是" 情态义的来源及浮现条件 [J]. 汉语学习，2019（5）：54—63.

③ 吴福祥. 试说 "X 不比 Y·Z" 的语用功能 [J]. 中国语文，2004（3）：222—231.

这里我们将"还是"的反预期义细分为反说话人预期和反听话人预期。

"还是"表反说话人预期时，常与否定副词"不"构成的否定结构连用或共现，多表达抱怨责备的情感。如以下例句，"还是"与否定成分"不能"连用，表达了 GYC 对"不能去买（大车）了"的抱怨和不满。反预期义的浮现是因为预期的结果"去买大车"和事实的结果"不能去买大车了"相反。

（姥姥告诉 GYC 外面刮风了）CHI：还是不能去买了．（3；03；04）

"还是"表反听话人预期时多用于对话体中，听话人试图劝导说话人，改变其想法，但说话人反驳对方，其想法并未因对方的劝阻或要求而改变，同听话人的预期相反。此时"还是"传达说话人的辩驳语气。

（SWK 告诉妈妈她搭的厨房有点歪了）MOT：这真的很好笑．CHI：可是我觉得♯还是不好笑的．（3；06；08）

（WJH 的哥哥要把轮子上的皮套拿下来）CHI：这还是不能拿下来．CHI：拿下来它♯不知道这是哪里它♯人就给扔了．（4；01；04）

第一个例句中，说话人 SWK 的看法是"厨房歪了不好笑"，听话人 SWK 妈妈劝说"厨房歪了真的很好笑"，但说话人 SWK 并未改变看法，依然认为"厨房歪了并不好笑"。第二个例句中，说话人 WJH 的看法是"不能把轮子上的皮套拿下来"，听话人 WJH 的哥哥劝导说话人 WJH"把轮子上的皮套拿下来"，但说话人 WJH 因为认为别人会扔掉皮套而没有改变想法，仍然坚持"不能把轮子上的皮套拿下来"。两个例子中的"还是"传达了反驳的语气。反预期义的浮现是因为听话人劝说的结果"厨房歪了很好笑""把皮套拿下来"和说话人反驳观点的结果"厨房歪了不好笑""不能把皮套拿下来"相反。

2. 超预期义

"还是"由持续义可以引申出"添加、递进"义，用来添加一般事理的属性，称为"一般增量"；当说话人有意凸显的事实程度超出对方或说话人自己的预期时，"还是"的进一步主观化就产生了超预期义，由"一般增量"演变为"主观增量"①。

"还是"的使用可以添加、递进所述命题的属性，从而加深事理程度。

（WMX 的车坏了）CHI：这个车这里坏了♯这个还是坏的．（2；05；02）

该例句中，说话人 WMX 表述的命题是"这个车这里坏了"，"还是"

---

① 沈家煊．跟副词"还"有关的两个句式［J］．中国语文，2001（6）：483－493．

的使用添加了属性"这个也是坏的",表明车子不仅坏了一个地方。

"还是"表示"主观增量"时,对陈述的命题表明说话人的主观态度,主观性地表达事实超过说话人或听话人的预期。比如以下例句,拆窗帘不仅需要"踩凳子",而且"必须让老爸上去拆",超出了听话人 WJH 奶奶的预期。

(WJH 的奶奶想要把窗帘拆下来)CHI:踩凳子♯你还是必须让老爸上去拆.(3;10;26)

(二)选择义及其引申义

"还是"的选择义和引申出来的抽象选择义,是从"还是"的选择肢联结功能发展来的①。在选择问句中,"还是"的用法包括做出选择、提出建议、表达意愿、发出祈使命令以及反映认识。

1. 选择义和意愿义

选择义和意愿义属动力情态,与说话者的能力或意愿相关,表达说话者对一个事件成真的可能性或必要性的观点或态度。

(妈妈问 WJH 的泳帽放在哪里了)MOT:是放在这边家了还是放在大学了?CHI:还是放在凌云花园了.(3;06;05)

(妈妈问 WMX 想吃什么,WMX 回答想吃鸡蛋)MOT:是炒的鸡蛋还是煮的鸡蛋?CHI:煮的鸡蛋吧!CHI:还是煮的鸡蛋吧!(2;12;21)

第一个例句中,WJH 妈妈针对"放在这边家"和"放在大学"这两个选项进行提问,WJH 选择"放在凌云花园(这边家)"。第二个例句中,WMX 从妈妈提供的两个选项"炒的鸡蛋"和"煮的鸡蛋"中选择了"煮的鸡蛋"。

当选择项不在选择问句中,而在说话者的意识中时,"还是"表达言者的意愿,表示经过比较、考虑,有所选择。

(家里只有卧室开了空调,但是 SWK 想去客厅陪玩具果果玩)CHI:我还是进去玩吧.(2;01;20)

该例句中,妈妈并未提问,SWK 针对自身意识中"在卧室玩"和"在客厅玩"的两个选择项,选择了"进(客厅)去玩"。

2. 建议义和祈命义

"还是"的建议义和祈命义与说话者的许可和必要相关,属于道义情态,表达言者的建议或命令要求。

---

① 李姝姝."还是"情态义的来源及浮现条件[J].汉语学习,2019(5):54—63.

SWK 妈妈和 SWK 在讨论《大卫不可以》和《大卫惹麻烦》) CHI：萌妈♯我们还是看大卫惹麻烦吧！(3；09；29)

该例句中，SWK 妈妈并未就选择项进行提问，在讨论过程中，SWK 建议阅读《大卫惹麻烦》，语气舒缓，有商量意味，期望对方接受自己建议。

当言者的期望度提高，甚至成为命令要求时，就浮现出祈命义，表示"针对你的这件事，我告诉你我的选择，并命令你接受"。下述例句中，WJH 为妈妈选择"把桥洞搭高一些"，语气强硬。在语料中发现儿童早期极少发出命令，更多的时候是提出建议，这与儿童处于较低的地位身份是相匹配的。

(WJH 和妈妈在搭积木，妈妈说警车太大更过不去桥洞) CHI：再高点必须再高一点 . CHI：还是再高一点哈 . (3；05；22)

3. 认识义

"还是"的认识义与对可能性的判断有关，属于认识情态，表达对话题的认识。如：

(GYC 和姥姥一起卖西瓜) CHI：怎么那么多（西瓜）呀 . CHI：看来我是卖不了啦 . CHI：看来我是卖不了了吧 . CHI：还是卖不了了♯嗯♯还是♯卖不了了 . (3；09；17)

二、衔接功能分析

"还是"主要有转折、让步和总结的衔接功能，其中转折功能最为常见，儿童语料中几乎都是转折功能的语例。"还是"的情态功能占主要位置，转折衔接功能比较轻微，在功能上比不过转折连词，比如：

(妈妈问 SWK 会不会写数字二) CHI：嗯-：. CHI：对我来说还是有点挺难的 . (3；08；04)

(妈妈问 GYC 爸爸坐后边还是坐前边) CHI：啊♯坐前边 . MOT：嗯♯好的 . CHI：还是妈妈坐前边 . (3；05；07)

三、语气传达分析

(一) 强调语气

表达偏离预期性信息的语句往往隐含句子的焦点。"还是"表达偏离预期义的时候，成为句子的对比焦点，往往需要重读，传达强调语气。

(天很热，WMX 妈妈要打开电扇) CHI：妈妈让我♯让我来 . CHI：还是让我来吧♯妈妈♯让我来 . (3；02；03)

该例句中，儿童 WMX 使用"还是"强调"让我来打开风扇"。去掉"还是"后只是客观陈述，语气大大减弱。

（二）舒缓语气

"还是"表建议义、选择义、意愿义、祈命义时，目的是提出观点、想法、建议或主张，这些观点、想法、建议或主张往往是经过比较、考虑的，表达的是主观上的"非断然"选择[①]，传达舒缓语气。

（WJH 在和妈妈聊打架的事情）CHI：孙悟空跟机器人打起来♯还是孙悟空厉害．（4；01；14）

（妈妈让 SWK 先用蓝色的蜡笔涂色）CHI：妈妈．MOT：嗯？CHI：还是妈妈来帮我涂吧．（3；08；17）

在例句中，儿童 WJH 对孙悟空和机器人的实力进行了比较和思考，使用"还是"表达了"孙悟空打架更厉害"的观点。SWK 想让妈妈帮忙涂色，为了与妈妈协商融洽，用"还是"舒缓语气，表达委婉的请求。去掉"还是"后语气强硬，祈使语气加重，委婉语气减弱。

四、习得特征解释

经历了历时演变的"还是"主要体现为人际功能，传达说话人的态度、评价以及交际角色之间的关系。"还是"常表示道义上的盖然，较为明确地突显说话人的主观态度。情态动词（比如"要""得"）往往基于经验、情理或变化趋势表达确信态度，"还是"的确信不同，更倾向于说话人并非有理据的主观命令、禁止或推断，因而主观性更强。"还是"的偏离预期义和选择义体现了主观程度较高的人际功能，更好地传递态度和判断。

儿童随着年龄的增长，自我意识越来越强烈。"还是"的使用既是主观性情态的表达又体现了儿童在不同语境中极为细微而多样化的情感、评价和交互关系。儿童使用"还是"表现出自我情感，既是对前境的回应又展现出人际上的呼应，交互主观性的特征慢慢凸显。这种主观性不仅在于对命题内容的个人判断，更在于对听话人感受的考虑和尊重。同时，"还是"还展现了交互主观性的特征，即儿童在表达个人情感和态度时，也在寻求与听话人的共鸣和互动。这种交互主观性在儿童的语言发展中逐渐凸显，反映了其社会认知和情感能力的成长。

"还是"或居于谓语之前，或居于句首，对谓语或者整个语句进行修饰，

---

① 邵洪亮．副词"还是"的元语用法［J］．语言教学与研究，2013（4）：75-82．

与将来时间或现在时间搭配，充当高层状语，用来评价整个命题，程度由浅而深。相对简单的句法结构对于儿童而言更容易习得。虽然"还是"的衔接功能多样，但是儿童语料中"还是"的情态功能占主要位置，转折衔接功能比较轻微，这些体现了儿童对听话人社会身份的尊重和对听话人感受的照顾，符合儿童较低的社会地位，并且起到有效的说服目的。

"还是"的习得在一定程度上反映了儿童在语言层面、认知层面和社会化层面上综合能力的习得。掌握"还是"的语义、句法功能和使用的语境条件，进行主观性的表达和交际；掌握"还是"的人际功能和言语意图，适应细微、多样的交际语境和交际意图；学习社会经验并进行社会化活动，达到社会"教化"与自身"内化"相统一。

本章小结

本章对四名儿童自然产出语料中的"X 是"情态构式进行了考察并重点分析了"还是"在语义、句法和语用上的特征。研究发现儿童早期阶段使用的构式相对简单，数量不多，频次也不高，但是儿童已经学着掌握这些具有标志性、非现实性的情态结构。儿童习得的"还是"的语义功能有偏离预期义和选择义。偏离预期义由基本义——持续义引申而来，可分为反预期义和超预期义；选择义主要在选择问句中浮现，引申出选择、意愿、祈命、建议、认识义，包含动力、道义和认识三种情态。儿童语料中的"还是"主要传达转折衔接功能，传达强调和舒缓语气。这些特征符合不同情态量级概念的语义解释及其语义形成和理解难易度。总的来说，"还是"的习得不仅跟情态构式本身的难度有关，还受到儿童认知解读的复杂度等多方面因素的影响。

情态构式多以状语的形式呈现（个别构式以补语的方式呈现），位置或居于谓语之前，或居于句首，对谓语或者整个语句进行修饰，并通过不同的语法特点分别表达不同的情态语义，从而传递出说话人对于命题或事件的不同的主观意图和情感态度。互动语言学认为，语言结构的塑造与交际互动的运作之间存在天然的互育关系。语言形式的生成是一个动态的过程，受到交际情境、听话人反应和自身意图等多种因素的影响。我们发现，儿童使用"还是"时，往往带有明确的交际意图，如表达选择、对比、建议或请求等。这些意图通过"还是"的句法位置和搭配（如与语气词"吧"的组合）得以体现，进而在会话中构建出特定的交际角色关系和互动模式。张笛指出，这一现象反映出早期儿童开始显现一定的语用能力并对人际功能有所理解，虽然这种语用技能还较为幼稚和主观，但是已经显现出他们对可能世界的常识性认知和一定的推理能力。[①]

戈德伯格（Goldberg）认为语言的基本单位是构式。[②] 这意味着儿童习得语言的基本单位也是构式，然后逐渐习得抽象的语法系统。儿童语言的流利性来源于单个构式的出现频率[③]，输入数量的频次（token frequency）和类型频次（type frequency）都对儿童的产出有正相关的重要影响。语言形式的输入频率越高，儿童的体验越丰富，它在大脑中的心理表征就会持续加强，在现实情景中就容易激活该形式或结构。换句话说，儿童越早习得的是输入频率越高的语言形式，儿童语言的错误率也随着语言形式的加强而降低。

儿童语言习得是一个非常复杂的过程，需要儿童所有认知能力的共同作用。情态构式承载了大量的主观情感，可以说是儿童自身内部情感与外部社会文化相互作用在语言上的体现。儿童通过互动不断积累语言知识，进行主观性的表达和交际，适应细微、多样的交际语境和交际意图，随着儿童心智逐渐发展成熟，社会教化和自身内化相互作用使得儿童掌握语言文字、习得社会经验和进行社会活动，最终成长为一个社会人。在成长的过程中，不仅需要儿童的内生动力，家庭、学校等社会环境也应该承担起协助的责任。儿童应被鼓励在真实的交际互动中积极参与，通过尝试、观察和反馈不断调整自己的语言使用。这种主动参与不仅有助于儿童掌握语言形式的具体使用，还能促进他们对语言交际功能的深刻理解。语言不仅是交流的工具，更是表达自我、理解世界的媒介。情感与认知的协同作用，使得儿童在语言学习过程中，不仅能够掌握语言的表面形式，更能深刻理解其背后的社会规范、人际关系及情感表达。他们学会如何在不同的语境下选择合适的语言表达，如何在交流中体察他人的情绪与意图，进而建立起更加和谐、有效的沟通桥梁。

---

① 张笛. 普通话儿童与家长的言语行为策略——以句末含有语气词"吧"的对话片段为例 [J]. 学前教育研究，2018（8）：50—59.

② GOLDBERG A E. Constructions：A construction grammar approach to argument structure [M]. Chicago：University of Chicago Press，1995.

③ 郑开春，刘正光. 认知语言学三个基本假设的语言习得研究证据 [J]. 外语教学，2010，31（1）：12—16.

第九章　汉语儿童语言性别特征研究

第一节　儿童语言性别特征研究概述

男性和女性的差异，曾被比喻为火星和水星的差异，男女之间存在的差异是为事实，毋庸置疑。并且差异存在于各个方面，例如：语言、社交、行为、习惯等等。那么这种差异是天生就存在的还是后天又逐渐生成的呢？这也是性别研究领域关注的一个焦点，并且引起了国内外心理学家和教育学家的高度重视和极大兴趣。在芬森（Fenson）等[①]、高尔斯华绥（Galsworthy）等[②]、海德（Hyde）和林恩（Linn）[③]、麦科比（Maccoby）和杰克林（Jacklin）[④] 的研究中明确指出在儿童发展的早期，语言就被迅速掌握，女童的语言能力要比男童更高一些，不论是词汇量还是句法复杂性。而里弗斯（Rivers）和巴尼特（Barnett）的研究则显示男童到后来会很快赶上，目前还不清楚早期男女儿童的语言差异有多大，导致这种差异的原因也没有定论。[⑤] 但是研究者还是对语言习得中的性别差异现象进行了相关研究。国外学者普伦蒂斯（Prentice）年的研究认为女童对表达和接受意义的相关词汇

①　FENSON L，DALE P S，REZNICK J S，BATES E，THAL D J，PETHICK S J. Variability in early communicative development [J]. Monographs of the Society for Research in Child Development，1994，59（5）：1—173.

②　GALSWORTHY M J，DIONNE G，DALE P S，PLOMIN R. Sex differences in early verbal and non-verbal cognitive development [J]. Developmental Science，2000，3（2）：206—215.

③　HYDE J S，LINN M C. Gender differences in verbal ability：A meta-analysis [J]. Psychological Bulletin，1988，104（1）：53—69.

④　MACCOBY E E，JACKLIN C N. The psychology of sex differences [M]. Stanford，CA：Stanford University Press，1974.

⑤　RIVERS C，BARNETT R C. The truth about girls and boys：Challenging toxic stereotypes about our children [M]. New York：Columbia University Press，2013.

习得的速度比男童快，这种语言优势一直持续到学龄前。^① 麦科比的研究显示语言习得过程中性别差异发展可以分为三个阶段：1—3 岁期间，女童可能优于男童；3—8 岁期间语言性别差异较小，如有差异则是女童优于男童；8—15 岁少年阶段，一般是女性优于男性。^② 克恩（Kern）关于法语的习得研究结果表明女童的词汇产出高于男童。^③ 科茨（Coates）^④、哈尔彭（Halpern）^⑤、麦科比^⑥、斯瓦鲁普（Swaroop）等^⑦、布沙尔（Bouchard）等^⑧的研究都显示在语言里程碑（language milestones）方面，女童语言中第一个词的出现时间比男童要早；女童能够产出比男童更多的词和更长的句子；女童的口头表达能力也更高，并且在演讲的连贯性上似乎也比男童强。科茨的研究认为男、女童之间的语言差异在上学的第一年就消失了，然后在10 岁左右才重新出现。国内关于儿童语言差异的研究不很充分，但靳洪岗1997 年的研究就已经发现在语言发展的早期阶段，就出现了性别差异）。韩亚文^⑨的研究从生理与社会角度探讨差异的原因；马滢颖和樊宁^⑩从特定年龄段（3—4 岁）和有限的时间段（16 周）对儿童语言的性别差异进行探讨；

---

① PRENTICE D A. When small effects are impressive [M]. Cambridge：Cambridge University Press，1992.

② MACCOBY E E. Gender and relationships：A developmental account [J]. American Psychologist，1990，45（4）：513—520.

③ KERN S. Lexicon development in French-speaking infants [J]. First Language，2007，27：227—250.

④ COATES J. The acquisition of gender-differentiated language [C] //COATES J. Women，men and language：A sociolinguistic account of gender differences in language（2nd ed.）. London：Longman，1993：143—167.

⑤ HALPERN D F. Sex differences in intelligence：Implications for education [J]. American Psychologist，1997，52（10）：1091—1102.

⑥ MACCOBY E E. The two sexes：Growing up apart，coming together [M]. Cambridge：Belknap Press of Harvard University Press，1998.

⑦ SWAROOP J，NANDA P，KANG T K. Perceptual ability as correlate of age，sex and locale [J]. Psycho-Lingua，2001，31（2）：131—134.

⑧ BOUCHARD C，TRUDEAU N，SUTTON A，et al. Gender differences in language development in French Canadian children between 8 and 30 months of age [J]. Applied Psycholinguistics，2009，30：685—707.

⑨ 韩亚文. 语言获得中的性别差异探析 [J]. 南京工业大学学报（社会科学版），2004（4）：101—104.

⑩ 马滢颖，樊宁. 3—4 岁儿童语言性别差异的研究———项基于语料库的研究 [J]. 遵义师范学院学报，2015，17（5）：142—146.

杨凤等①在合作装扮游戏中考察 3—6 岁儿童语言运用的性别差异。

基于性别差异角度的语言习得研究结果，将有助于根据性别提供单独的规范的语言习得数据，有助于学前儿童教育策略的发展，也可以用来指导幼教老师对幼儿的语言教学。研究结果还可应用于早期儿童教育者的专业培训。描述汉语男童和女童的语言能力差异是学前语言教育一个重要的起点。现有的汉语儿童语言习得的相关研究，对儿童语言的性别差异研究不够充分，不能解决以上研究目标，因此我们基于"汉语儿童多模态口语语料库"中四名儿童（男女各半）近三年的长期追踪语料，从平均句长、高频词和一类特殊的词类（句末语气词）三个方面，同时引入互动视角，观察语境、交际策略、社会互动对语言发展的影响并从多层次、多角度深入探讨语言习得中的性别差异，以期对儿童语言的差异化研究和学前儿童语言教育有所指导。

第二节　儿童语言习得性别差异

一、平均句长的比较

刘颖指出平均句长（MLU）是测量语言成熟程度的客观尺度，是反映句子复杂程度的重要标志，也是考察儿童语言发展的指标之一。② MLU 是将一定范围或时间段内出现的语素或者词的总数除以句子总数而得出的值。该数值较为客观、简便、可测定，也是一个容易理解的评定语法知识发展的指标。研究者使用 MLU 来作为语言发展障碍的诊断工具，也可在典型发展儿童的语言研究中用来比较实验或长期追踪观察的语言发展状况。张显达指出 MLU 的计算单位分为语素和词，非汉语学界例如爱尔兰语、西班牙语及希伯来语较多采用语素。我们认为根据汉语的实际情况，以词为单位计算MLU 较为科学，也有助于使用平均句长来对照语法结构的发展。③

前面已经总结了四名儿童 MLU 发展阶段（见表 2 - 5），为了更加清晰地展示四名儿童的语言总体发展趋势并进行性别差异的对比，我们以两个月为单位绘制了四名儿童 MLU 语言发展趋势图，请见图 9 - 1。

---

① 杨凤，樊烨，周兢 . 3—6 岁儿童在合作装扮游戏中语言运用的性别差异 ［J］. 幼儿教育（教育科学），2010（18）：38—43.

② 刘颖 . 环境语言输入与儿童语言获得相关性计量研究 ［J］. 语言教学与研究，2014（5）：43—51.

③ 张显达 . 平均语句长度在中文中的应用 ［J］. 听语会刊，1998（13）：36—48.

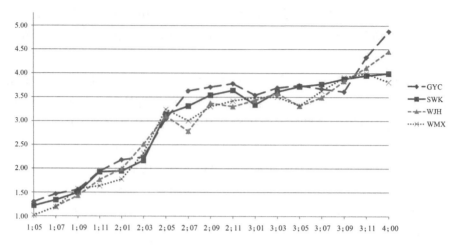

图 9-1　儿童 MLU 发展趋势（单位：月）

图 9-1 的横坐标代表儿童的实际年龄，间隔时间为两个月；纵坐标代表 MLU 值。每个月份使用的是第一份语料计算出来的 MLU 值，例如 2 岁 3 个月的 MLU 值就是使用每个儿童 2 岁 3 个月时的第一份语料（通常一个月有 3—5 份语料不等）计算出来的 MLU 值。根据图 9.1 显示的 MLU 值趋势，四名儿童的语言发展呈稳定增长趋势，但又曲线发展。从语言发展的速度来看，处于 1—4 岁阶段的两名女童 GYC 和 SWK 的语言发展整体态势较两名男童 WJH 和 WMX 要稍快。

我们的研究对象是两名女童和两名男童，性别匹配，追踪的年龄段基本接近，具有对照研究的基本条件。经研究发现，从语言发展阶段来看，不论是以实际年龄还是以 MLU 为参照，两名女童均领先于两名男童。那么这就提示我们对普通发展儿童的语言教导要有区别地对待，至少男童在学前阶段的语言发展尚落后于女童，尤其是语言发展的早期阶段则更为明显。如果男童表现出语言上的落后，家长和幼儿教师不要焦虑，以平和的心态来对待他们，适当的情况下可以加大对他们的语言输入，但总体要保持顺其自然，不能用女童语言发展的标准来衡量男童。此外，我们利用 MLU 绘制的儿童语言发展阶段图，具备可靠的科学依据，可成为评估儿童语言发展阶段的有效参照工具。

二、高频词的比较

在 CLAN 中通过运行 FREQ 命令来统计男女童词汇的使用频次。主要有名词、动词、形容词、副词、代词、语气词等几个大类，42 个词出现的频率都在 100 次以上甚至达到上千次。我们将这 42 个词使用 SPSS. 20 分两种情况进行处理：一是 3—4 岁年龄段（语料份数每名儿童各 50 份）；二是 1—4 岁年龄段（语料份数共 572，每名儿童份数见表 2-2。然后把男女童词汇出现次数分别取平均值分为两组，进行分析，请见表 9-1—9-2：

表 9-1　3—4 岁年龄段男女童词汇使用频率相关性分析一览表（N=42）

统计指标	均值（Mean）	标准差（SD）	T 检验	相关性	差异性（p）
男童	864.27	1165.95	−3.712	.953**	.000
女童	1274.16	1734.32			

表 9-2　1—4 岁年龄段男女童词汇使用频率相关性分析一览表（N=42）

统计指标	均值（Mean）	标准差（SD）	T 检验	相关性	差异性（p）
男童	1977.45	2440.24	−4.250	.939**	.000
女童	3110.18	3730.36			

注：p>0.05 表示差异性不显著；0.01<p<0.05 表示差异性显著；p<0.01 表示差异性极显著。相关性系数在 [−1，1] 之间，系数越大说明两者的关系越密切。

以上可以看出，男童的词汇使用频率低于女童，且具有显著差异（p<0.01）。也就是说无论是一年内语料份数一致的情况下还是整个 1—4 岁的追踪过程中，皆呈现出儿童在词汇使用频率上的显著性差异。为了更清楚地看到男女童词汇使用的差异，我们将高频词的前 20 个词语列表 9-3：

表 9-3　3—4 岁男女童高频词汇统计表（N=20）

序号	词种	男童		女童		总词次	总频率
		词次	频率（%）	词次	频率（%）		
1	我	5368	0.064	8160	0.091	13528	0.155
2	这	3649	0.041	6109	0.068	9758	0.109
3	是	3118	0.035	4317	0.048	7435	0.083
4	你	2265	0.025	3809	0.042	6074	0.067
5	不	2398	0.027	3660	0.041	6058	0.068
6	嗯	2752	0.031	1889	0.021	4641	0.052
7	妈妈	1752	0.020	2082	0.023	3834	0.043
8	有	1625	0.018	2301	0.026	3926	0.044
9	车	1311	0.015	246	0.003	1557	0.018
10	啊	1517	0.017	1278	0.014	2795	0.031
11	好	1493	0.017	1637	0.018	3130	0.035

序号	词种	男童		女童		总词次	总频率
		词次	频率（%）	词次	频率（%）		
12	小	1292	0.014	1643	0.018	2935	0.032
13	看	1046	0.012	1812	0.020	2858	0.032
14	那	906	0.010	2760	0.031	3666	0.041
15	呀	678	0.008	1262	0.014	1940	0.022
16	给	731	0.081	1392	0.015	2123	0.096
17	大	663	0.007	908	0.010	1571	0.017
18	吃	577	0.006	674	0.008	1251	0.014
19	没（有）	422	0.005	601	0.007	1023	0.012
20	头	185	0.002	354	0.004	539	0.006

通过表9-3我们可以看到儿童使用的前20个高频词的情况。男童的前20个高频词的总词次是33748，总频率是45.5%；女童总词次是46894，总频率是52.2%。男童有13个词的使用次数超过1000，女童有15个词的使用次数超过1000。代词"我"的使用频率最高，根据张笛[1]的研究以及马滢颖和樊宁[2]的研究，3—4岁年龄段的儿童自我意识非常强烈，因此较多使用表达自我的"我"。并且女童的使用频率高于男童，这也和女童的语言发展阶段早于男童有关。"我"在儿童的句子中一般作为主语出现，可以推测女童较男童输出完整的带主语的句子要多，这可能与女童在早期语言发展中对人际关系和情感的敏感性有关。第二位的是代词"这"指较近的时间、地点或事物，儿童在语言发展的早期，由于其认知能力的局限性，他们较多关注近前的事物，因此较多使用代词"这"。儿童还较多使用"不"，使用"没"的频率远低于"不"，这也和李香[3]的研究相契合。范莉认为形态上的繁简影响词汇的习得过程，语义越丰富的否定词，越早习得。[4] 我们同意其看法，同时也提供了频次上的支持，即语义丰富的"不"的使用频率远高于"没"。

我们发现了一个有趣的现象，男童名词"车"的使用频率远远高于女

---

① 张笛. 汉语儿童句末语气词获得研究 ［M］. 北京：新华出版社，2019.

② 马滢颖，樊宁. 3—4岁儿童语言性别差异的研究——一项基于语料库的研究 ［J］. 遵义师范学院学报，2015，17（5）：142-146.

③ 李香. 汉语儿童早期否定获得个案研究 ［J］. 云梦学刊，2013，34（4）：143-144.

④ 范莉. 儿童对普通话中否定词的早期获得 ［J］. 现代外语，2007（2）：144-154.

童。这表明环境对儿童的影响巨大，例如，媒体传播的信息，里弗斯和巴尼特的研究也显示相较于积木和玩具，女孩更喜欢娃娃，因为女孩子更注重人，而男孩更着迷于机械物体。[①] 这些具有一定性别倾向的信息，在一定程度上影响了家长、教师和政策制定者的思想方式。例如，父母在获取上述有性别倾向的信息后，就很少为他们的女儿买玩具车，因为他们潜意识中就认为女孩天生对机械类玩具不感兴趣。如果男孩独占玩具车，幼儿教师也不会干预，从而减少或者阻碍了女孩接触玩具车的机会，并剥夺了女孩关于机械物体方面有价值的学习经验。基于这种社会文化中存在的关于性别角色的刻板印象，男孩在互动环境中接触"车"相关事物的机会比女孩多，女孩从互动环境中获取的有关"车"的学习经验相较于男孩就减少了很多。女童在缺乏互动环境的情况下，由于缺少"车"相关语言及相关概念的输入，故在使用"车"相关语言方面的表达输出就会相应地减少。语言习得是一个社会化的过程，男童和女童在语言输出中的差异可能部分地反映了他们在不同社会化环境中接收到的语言输入和反馈，因此儿童的语言使用一定会受到周围环境和社会互动的影响。

为了查看家长的输入对儿童的影响情况，我们根据儿童的 20 个高频词，筛选出儿童家长输出的高频词，并进行了相关性分析，结果如表 9 - 4 所示：

表 9 - 4　男女童家长词汇使用频率相关性分析一览表（N＝20）

统计指标	均值（Mean）	标准差（SD）	T 检验	相关性	差异性（p）
男童家长	6318.55	4446.54	−1.806	.965＊＊	.087
女童家长	6828.50	4785.50			

从表 9 - 4 可以看出，男女童家长的词汇使用频率相关性高，但没有显著差异。也就是说家长的词汇使用频率基本上差不多，不存在女童家长输出的词汇频率高而男童家长输出的词汇频率低的具有显著差异的情况，反之亦然。我们又查看了儿童和家长的词汇使用频率的相关性，结果显示：男童和男童家长词汇使用频率的相关性为 0.636，相关性高；女童和女童家长词汇使用频率的相关性为 0.478，相关性较高，并且均具有显著性。家长的话语输入对儿童的话语输出影响显著，男女童家长之间的词汇使用虽然高度相关，但是不具有显著差异。也就是说，男女童家长在相似并高相关的词汇使

---

① RIVERS C, BARNETT R C. The truth about girls and boys: Challenging toxic stereotypes about our children [M]. New York: Columbia University Press, 2013.

用频率的基础上，对儿童的语言产生影响；但是男女童的词汇使用频率的差异并不是由家长输入话语决定的，因为男女童家长输入词汇使用频率不存在显著差异。

三、句末语气词的比较

贺阳指出语气是通过语法形式表达人类对句子命题的复杂主观感情意识的一种语法范畴。[①] 语调、句型变化、语气词、语气副词、助动词和叹词等都可以用来表达语气，但语气范畴中最主要、最基本的一种形式标志当属语气词。讲话者表达对某一行为或事件的主观态度和观点时经常会使用语气词，来增加言语交际的感情色彩。我们从带有主观情感的句末语气词着手，来考察儿童语言的性别差异。由于篇幅所限，我们选择句末语气词"吧"为切入点，将四名儿童"吧"在主要句型中出现的频次呈现在图9-2中。

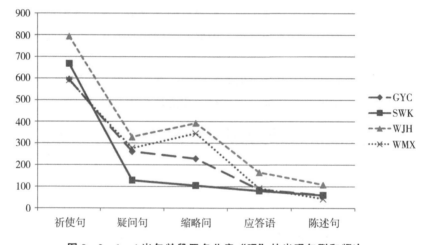

图9-2　1—4岁年龄段四名儿童"吧"的出现句型和频次

根据图9-2，我们可以看出基本上两名男童的"吧"的出现频次要高于两名女童。赵春利和孙丽[②]以及张笛[③]的研究都显示"吧"的核心言语意图为"意向待定"，因此男童较多使用"吧"来表达句子"意向待定"的主观情感，这至少可以推断出1—4岁年龄段的男童心智和认知的发展落后于

① 贺阳. 试论汉语书面语的语气系统 [J]. 中国人民大学学报，1992 (5)：59—66.

② 赵春利，孙丽. 句末助词"吧"的分布验证与语义提取 [J]. 中国语文，2015 (2)：121—132.

③ 张笛. 汉语儿童句末语气词获得研究 [M]. 北京：新华出版社，2019.

女童①。他们频频使用表示不确定的语气词"吧"来寻求对话方的认可。我们还发现一些固定格式缩略语，例如"是吧？""行吧？""可以吧？"较多出现在男童的语料中。我们推测是由于"吧"的言语意图中有含有"寻求对方的认同或者呼应"的语义，在"吧"的核心言语意图统辖下，男童较多使用缩略语来引起家长的注意，同时又鉴于自身的劣势（年龄小、话语权少、社交范围窄等）潜意识中将话语的主动权交由对方，在赢得对方回应的基础上进一步推动话语交流和话轮转换，从而减少产生言语冲突的几率。另一方面，我们可以发现，在家长进行语言互动时，儿童不仅仅是在学习和模仿成人的言语模式，他们已经表现出了以言语意图为主导引起交流对象注意，以此习得反馈并优化交流和互动策略的能力。这表明，儿童的互动交际能力在逐步成熟，会积极展示自己的交流技巧，尝试使用不同的表达方式进行交流，并能够在与他人的互动中习得成功。

我们在筛选语料的过程中发现两名男童具有较为明显的话语重复，WJH"吧"的重复为1362次，WMX"吧"的重复为1420次。这种重复是简单的话语重复，而没有内容上的更新和拓展，也没有句型上的改变，是类似于孤独症的刻板重复。例如，CHI：给爸爸按摩呀．CHI：舒服．CHI：舒服吧．CHI：舒服吧．CHI：舒服吧．CHI：舒服吧．CHI：舒服吧．（WMX：2；03；22）。张笛认为儿童语言习得过程中出现的"重复"可以分为——"无意义的重复"和"有意义的重复"两类。② "无意义的重复"指儿童单纯为了锻炼讲话技能或者满足心理、生理需求从而重复一些话语和音节，在"无意义的重复"中儿童没有明确的交流对象，话语也没有目的性和社交性。女童极少输出"无意义的重复"话语，但是男童却具有明显的"无意义的重复"，这反映出男女童在语言习得和发展方面的差异，提示我们要寻找"无意义的重复"话语出现的背后原因。

自闭症，又称孤独症，主要表现是社交和沟通障碍，以及局限性、刻板性、重复性行为。虽然两名男童是典型发展儿童而不是孤独症患者，但他们在语言习得和发展的早期具有输出刻板性、重复性的话语特征，女童的该特征不明显。根据徐光兴的研究，男性孤独症的发病率普遍高于女性，比率为

---

① 家长输入频率对儿童获得句末语气词的影响不具有决定性因素，是儿童天生的、内在的语言知识或者是运行机制决定了儿童句末语气词的获得规律。（张笛．儿童汉语句末语气词获得研究[M]．北京：新华出版社，2019．

② 张笛．普通话儿童与家长的言语行为策略——以句末含有语气词"吧"的对话片段为例[J]．学前教育研究，2018（8）：50-59．

4 : 1。① 孤独症发病率性别差异的原因主要有：

基因变异。人类共有染色体 23 对，性染色体是其中一对，能够决定人的性别。女性的性染色体有两条皆为 X，而男性的性染色体 X 和 Y 各一条。女性的每种基因均有两份分属于两条 X 染色体，如果有一份基因出现错误或者缺陷，还有另一份可以弥补，只有当两份基因同时出现问题的时候才会影响人体功能。此外，根据奥斯特林（Osterling）和道森（Dawson）等的研究结果显示：男性的性染色体 X 和 Y 各不同，因此没有备份的基因，从而导致男性的孤独症发病率远超女性。②

不同性别大脑半球的结构与功能差异：在人类的妊娠期早期，造成性别差异的主要原因是性激素，并且导致大脑左右半球在结构和功能上的性别差异，例如里弗斯和巴尼特③的研究结果显示：当执行相近任务时，在正电子发射断层扫描之下，男性和女性大脑变亮的区域不同；女性的白质平均密度较大，而男性则具有更多的灰质④。男性大脑体积和头围较大，这是一个非常真实的结构差异，除此之外，艾沃德（Ayward）2002 年的研究结果表明在大脑的前视觉区，视床下部，杏仁核以及小脑等部位，男性和女性均有显著差异。

认知神经功能障碍：有学者从神经心理学角度来探讨孤独症核心缺陷，认为孤独症患者具有神经学方面的功能障碍。杏仁核、左内侧前额皮层、右侧眶额皮层等各脑区域的机能障碍是导致自闭症儿童患病的一大因素。小脑的发育异常也是导致患病的主要原因，小脑能够对额叶的运动、语言、认知、记忆等功能进行迅速的加工整合，如果发生病变则会影响功能的执行速度和准确性。大脑边缘系统或和孤独症发病的原因或许有密切关系。大脑边缘系统的重要组成部分之一就是海马回，也是学习和记忆的中枢之一。海马回损伤的外在表现主要是重复刻板行为、多动行为和自我刺激行为。总之，造成孤独症的患病因素非常复杂，不能一概而论。但自闭症儿童认知过程的障碍主要体现在六个方面，其中言语能力的性别差异体现得较为显著，即在

① 徐光兴.自闭症的性别差异及其与认知神经功能障碍的关系 [J]. 心理科学，2007（2）：425－427.

② OSTERLING J A, DAWSON G, MUNSON J A. Early recognition of 1-year-old infants with autism spectrum disorder versus mental retardation：A study of first birthday party home videotapes [J]. Development and Psychopathology，2002，14（2）：239－251.

③ RIVERS C, BARNETT R C. The truth about girls and boys：Challenging toxic stereotypes about our children [M]. New York：Columbia University Press，2013.

④ 灰质是神经元的细胞体；白质则是连接两者的物质。

自闭症儿童语言交流和认知的障碍方面，男童要比女童更加严重。

综合孤独症的发病比率和原因在性别上的差异性，我们尝试推测由于典型发展男童在染色体、大脑结构与功能和认知神经功能等方面均与女童具有一定差异，导致在语言习得的早期即不成熟阶段，呈现出"无意义话语重复"现象。

第三节　儿童语言性别差异讨论

张青宇等研究发现早期儿童的名词发展存在性别上的差异[1]，刘巧云等的研究也证明 3 岁 6 个月—4 岁组的词语命名能力女童显著优于男童[2]。章依文等[3]、聂晶等[4]、马滢颖和樊宁[5]的研究均显示学龄前儿童语言发展水平同样存在性别差异。我们选择了平均句长、高频词和句末语气词三个研究切入点，对 1—4 岁男女童的语言习得情况进行比较，结果均发现具有一定差异。

一、平均句长的性别差异

在儿童数量和性别匹配，追踪年龄段基本接近的具备对照研究条件的基础上，我们发现，无论是以实际年龄还是以 MLU 为参照系数，1—4 岁年龄段的两名女童的语言发展水平均领先于两名男童。至于男女童的语言发展差异在后期的哪个年龄消失，这不是本文的研究范围。可以推测男童在学龄前阶段的语言发展水平基本上落后于女童，尤其是语言发展的早期阶段则更为显著。

二、高频词的性别差异

我们查看了儿童输出高频词的两种数据：一是 42 个词种，一是 20 个词

---

① 张青宇，胡金山，李忠爽 . 江苏省 1—6 岁儿童名词发展的特征研究 [J]. 中国儿童保健杂志，2019（4）：370−373.

② 刘巧云，张艳丽，黄昭鸣 . 儿童词汇语义发展特点及其对听障儿童康复的启示 [J]. 中国听力语言康复科学杂志，2015，13（3）：226−229.

③ 章依文，金星明，沈晓明，张锦明 .2—3 岁儿童语言发育迟缓筛查标准的建立 [J]. 中国儿童保健杂志，2003（11）：308−308.

④ 聂晶，孟仙，冉域辰等 . 成都市 16—24 月龄儿童语言发育现状调查 [J]. 中国儿童保健杂志，2014，22（9）：982−984.

⑤ 马滢颖，樊宁 .3—4 岁儿童语言性别差异的研究——一项基于语料库的研究 [J]. 遵义师范学院学报，2015，17（5）：142−146.

种。结果均显示男童的词汇输出频率低于女童，且具有显著差异。影响男女童输出词汇的频率和种类差异的原因有儿童认知水平的差异、家长输入话语的影响、词汇自身的语义差异、社会大背景的设置等。但可以肯定的一点是家长输入话语的频率和词种不是儿童词汇性别差异产生的决定性因素，也就是说家长输入对儿童词汇性别差异有一定影响但不是关键因素。

三、句末语气词的性别差异

男童"吧"的使用频次要高于女童，归结于"吧"的核心言语意图为"意向待定"，由于1—4岁年龄段的男童心智和认知的发展落后于女童，因此他们较多使用表示不确定的语气词"吧"来寻求认可，进而减少言语冲突产生的几率。张笛认为家长输入频率对儿童习得句末语气词的影响不具有决定性因素，是儿童天生的、内在的语言知识或者是运行机制决定了儿童句末语气词的习得规律。[①] 我们同意该观点，并认为导致儿童习得句末语气词的性别差异的根本原因不是家长的话语输入而是先天因素。我们在检索语气词的语料时还发现男童有"无意义的重复"话语现象，而没有发现女童存在此现象。这种"无意义的重复"话语现象与自闭症儿童的重复刻板行为有一定的相似之处，且孤独症的发病率有性别的显著差异，这提示我们可以从男女的生理结构去找寻原因。

互动语言学主要关注语言在社会交际中的使用，特别是人们如何在互动中使用语言。这一视角认为语言习得不仅仅是语言本身的学习过程，更是与社交互动紧密相连的过程。互动视角可以帮助我们更好地解释儿童语言习得的性别差异的原因。

（一）性别角色与语言习得的社会化过程

在汉语文化背景下，性别角色的划分和期望对儿童的语言习得起到了一定的指导作用。例如，传统的性别角色规范可能要求女童学习和使用更多的温婉和细腻的语言，而男童则被鼓励使用直接和果断的表达方式。这种性别化的语言习得模式在家庭和社会的互动中被不断强化。

（二）语言的社会地位倾向

在汉语社会中，语言使用不仅仅是交流信息的工具，也是社会地位和文化资本的一种体现。男性和女性在使用语言时可能会无意识地选择符合其性别角色期望的语言形式和交际策略，以符合社会对于性别的期待和评价

---

① 张笛. 汉语儿童句末语气词获得研究 [M]. 北京：新华出版社，2019.

标准。

（三）交际行为中的性别差异

在儿童语言习得过程中，男童和女童可能会因为性别角色的内化而展现出不同的交际行为。例如，女童可能表达风格趋向于委婉与迂回，而男童的表达风格则趋向于直接与了当。这些差异在与人互动的过程中不断得到强化和复制。

（四）家庭和教育机构的性别化教育策略

家庭和教育机构在教育男童和女童时可能采取不同的语言教育策略，这也会影响儿童的语言习得。例如，家长可能会使用更多的游戏和故事讲述来促进女孩的语言技能，而男孩则可能更多地参与角色扮演和团队合作游戏。

综上所述，从互动视角来看，汉语儿童语言习得的性别差异是由社会化的过程、语言的社会地位倾向、性别化教育策略以及性别角色的内化等原因而造成的。这些因素在儿童的语言互动中起着重要作用，从而塑造了儿童性别化的语言表达习惯。

第四节　儿童语言发展中的性别差异与教育建议

我们以 1—4 岁的长期跟踪语料对儿童性别与语言差异进行了定量与定性相结合的研究，结果发现该年龄段的儿童在语言发展的阶段和具体习得的语言项目上均具有显著差异。研究成果能够为儿童心理语言学的性别差异研究提供有力支持，还能够为幼儿教育阶段男女童的差异性语言教育提供依据。但是并不代表男女的语言发展性别差异将一直存在，待到语言发展成熟期后性别差异会逐渐缩小，至于男性女性的语言风格差异那就另当别论了。根据本章研究发现的 1—4 岁儿童语言的性别差异，提出如下建议：

第一，1—4 岁年龄段的男童语言发展落后于女童，家长和幼儿教师应该正视这种差异，切忌以同年龄段的女童为参照对象来要求男童的语言水平。应采取宽厚包容的态度，但也需要为男童创造更利于语言发展的环境，为男童创造更多的语言互动情境，例如加大对男童的语言输入频率，此外，有效的语言发展需要成人的耐心倾听和积极回应，家长和教师应当通过积极的非语言和语言回应，鼓励男童表达自己的意愿和情感，从而促进其语言能力的发展，家长和教师还可以通过与男童的日常对话、朗读故事书、玩语言启发游戏等方式，增加他们与语言的互动频率和质量，提升男童在语法和语义复杂性上的发展。创造多样化的情境化学习环境有助于男童将语言能力应用到实际生活中。例如，在游戏和角色扮演中，引导男童使用语言来描述和解释情境，有助于他们理解语言在交流中的功能和重要性。

第二，我们正面临着一个充满了变化和不确定性的信息爆炸的时代，解决问题的思路和方式、批判性思维的构建、沟通和合作技能对人们的成功至关重要。男童女童都需要掌握这些技能，并且也都具备掌握这些技能的能力。成人为儿童提供成长环境，成人做事的习惯和方式在一定程度上会影响儿童大脑组织和信息处理方式。儿童的大脑是一个逐渐成熟的过程，一种信息处理方式不断被放大并且固化，其他的行为或方式就会被限制且摧毁。因此，成人在对儿童语言发展差异引起警觉的同时也要明确男童女童的差异是相对的，也就是说语言习得中两性间的同远大于异。当然，随着儿童的成长发育加之经历不同，不仅限于语言，确实会出现性别差异，进而影响到个人行为发展或职业选择。家长和老师应及早行动，抵消由于社会对男女童的刻板印象从而限制儿童行为的负面影响，尽力克服种种差异。让每位儿童都有自由选择的权利，而不是早早将他们限制在走"自己性别适合的道路"上，尊重每个孩子的个性差异，并创造多样化的认知环境。这样可以使孩子从小就接触到不同的性别色和认知经验，从而丰富和拓展他们的社会互动模式。

第十章 汉语儿童多模态言语行为研究

第一节 儿童多模态言语行为研究概述

儿童语言习得已经成为半个世纪以来语言研究的热点，它不仅可以用来探讨人类语言的来源，是"天赋"还是"建构"？抑或是还有其他途径；还可以为语言理论的构建提供经验证据；也可以为特殊障碍儿童的语言干预提供参照标准等等。但现有研究成果关注的重点在于儿童早期的语言发展在不同的语言层面上的习得情况，比如语音、词汇—语义、形态—句法和语用，实际上儿童作为一个人类个体，是身体、心理、动作、言语、智力、情感等不同层面的协同发展。以儿童为研究对象的研究具有复杂性，正如托轮（Toren）所说："像我们其中任何人一样，每个儿童降生在这个世界上时带着对这个世界的方方面面的了解，随着时间的推移，他们不断更新着对世界的理解"[①]。我们关心的问题是：在新时代中国家庭的儿童教养实践中，儿童的早期言语行为是如何发展起来的？儿童在身体发育、语言习得、认知发展等方面会有哪些重要特点？监护人与儿童的互动情况如何？家庭背景乃至社会大背景对儿童的影响如何？童年时期的经历对其成长会产生什么影响？多维视域的儿童研究为认识儿童的语言发展提供了多种视角，使得我们将儿童作为一个"完整的"人来观察成为可能。我们的研究选择了儿童语用层面的言语行为为切入点，聚焦儿童的互动交际意图，以生态的系统的视角，揭示儿童语言的发展。

语用不是一个整体的实体而是一个复杂的意图识别系统，可以同时与语言和非语言以多种特定的方式进行交互。对于年幼的学习者而言，具备语用功能能够识别话语的字面意义和潜在含义之间的关系。但是根据帕帕弗拉古

---

① 钱雨. 儿童人类学的发展及其教育启示［J］. 全球教育展望，2011，40（9）：75－79.

（Papafragou）年的研究结果，很多词语和句子的含义对于儿童来说是陌生的，因此发展语用能力还涉及使用意图识别来发现语义。① 从语言到行为的转变，人们试图建立社会互动理论，来研究言语行为或者交际能力，是人们在讲话时通过语言来表达交际目的或意图的行为。奥斯汀（Austin）认为人们讲话时并不是仅仅在表达或描述什么，而是在实现某些行为，例如：请求、宣布、道歉、抱怨等；并且将言语行为分为三个部分：说话行为（locutionary act）（发声、发音、表意）、施事行为（illocutionary act）、取效行为（perlocutionary act），这就是著名的言语行为理论（Speech Act Theory）②。奥斯汀的学生塞尔对这个理论进行了丰富和发展，建立了系统的言语行为理论（包括：以言施事的 4 个条件，12 条区分标准，5 个类别，间接请求与间接承诺的 9 条规则等），揭示了言语意图和言语行为之间的关系并成为后来话语分析规则制定与实施的基础③。随后的一些语用学家比如利奇④、维索尔伦（Verschueren）⑤、布朗⑥，随后比亚维斯托克（Bialystock）1990 年的研究又对该理论进行了扩展，进一步提出讲话者实施言语行为策略的理论基础和具体实施方法。可以说使用语言实际上是一种选择，选择使用合适的语言形式就意味着有策略地使用语言。研究儿童的言语行为综合了儿童的表达能力、表达意图和表达行为，对全面研究儿童个人发展具有重要意义。

有关儿童语用和言语行为的研究国外已经发展得较为成熟，尼尼奥（Ninio）和斯诺 1996 年的著作"语用发展（Pragmatic Development）"的出版，标志着该领域从零星探索研究转入到系统全面的研究，例如基拉齐斯（Kyratzis）⑦、

① PAPAFRAGOU A. Pragmatic development [J]. Language Learning and Development，2018，14（3）：167－169.
② AUSTIN J L. How to do things with words [M]. Oxford：Clarendon Press，1962.
③ SEARLE J R. What is a speech act? [C] //BLACK M. Philosophy in America. New York：Allen and Unwin，1965. SEARLE J R. Indirect speech acts [C] //COLE P，MORGAN J L. Syntax and semantics. Vol. 3. New York：Academic Press，1975：59－82. SEARLE J R. Expression and meaning [M]. Cambridge：Cambridge University Press，1979.
④ LEECH G. Principles of pragmatics [M]. London：Longman，1983.
⑤ VERSCHUEREN J. Understanding pragmatics [M]. London：Edward Arnold，1999.
⑥ BROWN P，LEVINSON S C. Universals in language usage：Politeness phenomena [C] //GOODY E N（Ed.）. Questions and politeness：Strategies in social interaction. Cambridge：Cambridge University Press，1978：56－311.
⑦ KYRATZIS A. Using the social organizational affordances of pretend play in American preschool girls' interactions [J]. Research on Language and Social Interaction，2007，4：321－352.

仲马（Dumas）[①]、宇野（Uno）[②] 的研究切入点为话语标记，阮（Nguyen）和阮（Nguyen）[③]、常（Chang）[④]、威尔逊（Wilson）[⑤]、德雅内特（DeJarnette）等 2015 年的研究均聚焦于言语行为，诺韦克（Noveck）[⑥]、基耶尔吉亚（Chierchia）等[⑦]、帕帕弗拉古和穆索利诺[⑧]、普斯库洛斯（Pouscoulous）等[⑨]的研究均聚焦于层级含义，此外鲁维奥-费尔南德斯（Rubio-Fernandez）与格拉斯曼（Grassmann）[⑩]、泰勒（Taylor）[⑪]、梅洛尼奥（Melogno）[⑫] 以及安纳兹（Annaz）等人[⑬]的研究切入点为隐喻；研究方法主要采

① DUMAS F. Discourse markers in the speech of a French-Romanian bilingual child: Foregrounding identity and the need for social integration [J]. Philologica Jassyensia, 2016, 12 (2): 295−307.

② UNO M. A usage-based approach to early-discourse pragmatic functions of the Japanese subject markers wa and ga [J]. Journal of Child Language, 2016, 43 (1): 81−106.

③ NGUYEN H T, NGUYEN M T T. "But please can I play with the iPad?": The development of request negotiation practices by a four-year-old child [J]. Journal of Pragmatics, 2016, 101: 66−82.

④ CHANG Y F. Apologizing in Mandarin Chinese: A study on developmental patterns [J]. Concentric: Studies in Linguistics, 2016, 42 (1): 73−100.

⑤ WILSON D. Irony comprehension: A developmental perspective [J]. Journal of Pragmatics, 2013, 59: 40−56.

⑥ NOVECK I A. When children are more logical than adults: Experimental investigations of scalar implicature [J]. Cognition, 2001, 2: 165−188.

⑦ CHIERCHIA G, CRAIN S, GUASTI M T, GUALMINI A, MERONI L. The acquisition of disjunction: Evidence for a grammatical view of scalar implicatures [C] //DO A H-J, DOMÍNGUEZ L, JOHANSEN A. Proceedings of the 25th Boston University Conference on Language Development. Somerville, MA: Cascadilla Press, 2001: 157−168.

⑧ PAPAFRAGOU A, MUSOLINO J. Scalar implicatures: Experiments at the semantics/pragmatics interface [J]. Cognition, 2003, 3: 253−282.

⑨ POUSCOULOUS N, NOVECK I, POLITZER G, BASTIDE A. A developmental investigation of processing costs in implicature production [J]. Language Acquisition, 2007, 14 (4): 347−376.

⑩ RUBIO-FERNANDEZ P, GRASSMANN S. Metaphors as second labels: Difficult for preschool children? [J]. Journal of Psycholinguistic Research, 2016, 45 (4): 931−944.

⑪ TAYLOR R. Messing about with metaphor: Multimodal aspects to children's creative meaning making [J]. Literacy, 2012, 46 (3): 156−166.

⑫ MELOGNO S, D'ARDiA C, PINTO M A, LEVI G. Metaphor comprehension in autistic spectrum disorders: Case studies of two high-functioning children [J]. Child Language Teaching & Therapy, 2012, 2: 177−188.

⑬ ANNAZ D, VAN HERWEGEN J, THOMAS M, et al. Comprehension of metaphor and metonymy in children with Williams syndrome [J]. International Journal of Language & Communication Disorders, 2009, 44 (6): 962−978.

用跨界面对比分析法、文化心理学方法与混合研究法，比如姜占好等①的研究；理论框架有奥斯汀于 1962 年和塞尔于 1965 年、1975 年、1979 年提出的言语行为理论、布朗和莱文森（Levinson）在 1978 年提出的面子理论（Face Theory）、利奇 1983 年提出的礼貌原则（Politeness Principle）、格莱斯（Grice）1975 年提出的合作原则（Cooperative Principle）与斯珀伯和威尔逊②提出的关联理论（Relevance Theory）等。

以上可以看出国外儿童语用和言语行为的研究已经从多角度、多理论、多群体和多学科展开，但国内该领域的研究相对滞后，直至 2000 年前后才开始进行研究。刘金花③、陈新仁④主要介绍国外的儿童语用和言语行为的研究成果，其后的研究主要从以下几个方面进行：周兢⑤关注的是 3 岁前汉语儿童从前语言到语言转换阶段的语用交流行为发展。尚晓明与程璐璐⑥主要从儿童言语行为的理论与实践，尚晓明⑦对知识图式与言语行为实施后取得的效果进行研究。刘森林⑧以建构主义理论为指导，探讨学龄前儿童言语行为和认知语用能力发展的规律。谢书书和张积家⑨主要从心理学角度采用实验的方式对儿童言语行为的元认知发展进行研究。彭小红⑩等分别使用语

① 姜占好，刘萍，康佳萍. 国外儿童语用获得研究述评（2000—2016）［J］. 外语教学，2017（5）：65—68.

② SPERBER D，WILSON D. Relevance：Communication and cognition ［M］. Oxford：Blackwell，1986.

③ 刘金花. 儿童发展心理学 ［M］. 上海：华东师范大学出版社，1997.

④ 陈新仁. 国外儿童语用发展研究述评 ［J］. 外语与外语教学，2000（12）：38—41.

⑤ 周兢. 从前语言到语言转换阶段的语言运用能力发展——3 岁前汉语儿童语用交流行为获得的研究 ［J］. 心理科学，2006（6）：1370—1375.

⑥ 程璐璐，尚晓明. 儿童语用发展取效行为的语力探讨——以认知语言学为视角 ［J］. 学术交流，2017（5）：163—167. 以及程璐璐，尚晓明. 学前儿童语用交流行为的发展特点与取效行为理论 ［J］. 学前教育研究，2017（3）：14—31.

⑦ 尚晓明. 话语建构与透视研究——以儿童言语行为理论为例 ［J］. 黑龙江社会科学，2011（5）：118—121. 尚晓明. 言语行为理论与实践——以中英学龄前儿童语用发展语料为例 ［J］. 外语学刊，2013（2）：75—80. 尚晓明. 儿童语用发展知识图式探究 ［J］. 外语电化教学，2016（4）：61—65.

⑧ 刘森林. 学龄前儿童语用发展状况实证研究——聚焦言语行为 ［J］. 外语研究，2007（5）：9—13.

⑨ 谢书书，张积家. 3—6 岁儿童对言语行为的元认知发展 ［J］. 心理学探新，2007（4）：22—27.

⑩ 彭小红，曾平凤. 说汉语儿童话轮转换语用策略分析 ［J］. 铜仁学院学报，2014（6）：132—137. 彭小红，陈坤田. 说汉语儿童早期量词发展个案研究 ［J］. 湘南学院学报，2016（3）：75—78. 彭小红，张思. 儿童违反会话合作原则的语用效果分析 ［J］. 鲁东大学学报（哲学社会科学版），2012（6）：42—45.

料库的语料对儿童违反会话原则的话语进行分析和从语用策略角度对话轮转换进行分析。罗黎丽[①]使用 5 岁儿童的会话语料，探讨儿童在语境中如何选择言语行为策略和语言形式与他人进行沟通和表达自己的意图。张笛[②]以含有句末语气词"吧"的对话片段为例，对儿童与家长的言语行为策略进行研究。还有具体分析儿童某种言语行为的研究，包括李晓君[③]——请求、张格[④]——不满、王沛洁[⑤]——重复以及王荣斌和薛耀琴[⑥]——否定等。

综上，国内以引进和介绍国外理论为主，创新性略有不足；国外理论构建较多，例如 the social model（社会模型）、the cognitive model（认知模型）和 the linguistic model（语言模型）等，但需要综合考虑各因素在理论模型中的作用。国内针对儿童的言语行为的多学科交叉研究较为少见，多是对语用的研究；国外典型发展儿童的研究较为成熟，有转向特殊障碍儿童群体的倾向，但是多模态方面的研究尚需加强。儿童语言发展是一个动态的互动过程，语言形式与交际功能密切相关，在不同的情境中，儿童通过多模态的交际手段（如语言、手势、面部表情、身体动作等）来实现其交际目的。互动语言学强调语言使用的情境性和互动性，认为语言行为只有在具体的社会互动中才能真正理解。因此，研究儿童的多模态言语行为需要关注他们在实际交际情境中的语言使用情况，包括与家长、教师和同伴的互动。因此，我们尝试在互动框架下，使用质性民族志的研究方法，从发生学视角出发，运用"汉语儿童多模态口语语料库"中的一名儿童的视频为研究对象，描写儿童亲历的诸多场景与细节，并借助于心理学、儿童人类学、社会学、语言学、教育学等多维视域来解释儿童的言语行为现象，最终构建"汉语儿童多模态言语行为生态系统"，以期引起学界对儿童的多模态言语行为研究的重视，并整合多学科的研究视角，在研究框架与研究方法等方面为儿童个体研究提供新的思路。

① 罗黎丽. 五周岁汉语儿童的言语交际研究 [D]. 广州：暨南大学，2012.

② 张笛. 普通话儿童与家长的言语行为策略——以句末含有语气词"吧"的对话片段为例 [J]. 学前教育研究，2018（8）：50—59.

③ 李晓君. 儿童对请求言语行为理解的比较研究 [D]. 长春：东北师范大学，2016.

④ 张格. 学龄前儿童不满言语行为研究 [D]. 浙江：浙江师范大学，2016.

⑤ 王沛洁. 儿童会话中重复现象的研究 [D]. 株洲：湖南工业大学，2011.

⑥ 王荣斌，薛耀琴. 4—5 岁汉语儿童否定行为的多模态表征特点 [J]. 学前教育研究，2020（1）：20—29.

第二节　汉语儿童多模态言语行为描写

一、前语言阶段

我们借鉴奥斯汀和塞尔的言语行为理论，将儿童前语言阶段的语用成分，划分为：说话行为（locutionary act）（实施说话行为：发声、发音、表意）、施事行为（illocutionary act）（行寓于言）、取效行为（perlocutionary act）（言之终）。然后我们每个成分选取一个视频案例进行分析。

案例 1：

儿童年龄：00；00；12；视频时长：24 秒。

社会语境：汉语文化背景下的中国北方普通家庭的婴儿。

情景语境：春季，室温适宜，婴儿躺在床上，看护者是妈妈，并且距离上次吃饭时间近 2 个小时。

模态动作组合：婴儿 GYC 的胳膊和下肢从轻度（1—14 秒）到中度（15—20 秒）再到剧烈摆动（21—24 秒），头侧向妈妈的方向。从 13 秒开始嘴部有动作，时开时张，最后张大嘴巴哭起来。

语音模态：14 秒至 21 秒一直发出"哼哼……"声，并且声音由低到高；21—24 秒开始发出哭声，声音较为响亮。

言语行为意义：通过情景语境和模态与语音组合，头侧向妈妈的方向并张嘴搜寻，伴随肢体动作，妈妈可推知此时婴儿"饿了"。从开始肢体的轻度摆动直至最后大哭，共持续了 24 秒，是一个完整的言语行为过程，是为"言之终"。

梁丹丹[①]的研究指出在婴儿生命之初直至 8 个月左右，焦点集中在言语行为的言之终这个成分，称之为"言之终时期"。这个时期，监护人通过解析婴儿的种种动作行为，来照看婴儿，并促进婴儿学习。婴儿虽然发出反映饥饿、疼痛或愤怒的哭声；呈现高兴、害怕、伤心、生气和厌烦的面部表情；相互注视、目光耦合和聚焦性注视；自我娱乐（移动四肢、动嘴、伸舌头、看手等），但是本时期的种种行为没有特定的交际意图，其交际倾向主要来自生理需求，例如饿了，渴了，困了或者尿不湿不舒服了等，婴儿只是为了吸引看护者的注意，可以视为前语言交际的第一阶段。儿童此时期主要关注满足自身生理需求，从而与家长进行互动。在这个阶段，虽然他们还未

---

① 梁丹丹 . 儿童语言障碍引论［M］. 北京：商务印书馆，2017.

具备特定的交际意图，但已经初步形成了互动的意识。此时，儿童与家长的互动主要是基于生理需求，并且多是由家长发起、儿童回应的模式。虽然儿童还未习得语言，但已经能够用表情、肢体动作或发出咿呀童语等方式对家长的各种互动刺激作出回应。在此案例中，婴儿的多模态行为（如哭声、肢体摆动等）激发了母亲的关注和回应。母亲通过观察婴儿的行为，推测其需求并采取行动（如喂食、安抚等）。这种互动不仅满足了婴儿的生理需求，也促进了母婴之间的情感联结和交流。

案例 2：

儿童年龄：00；09；17；视频时长：52 秒。

社会语境：汉语文化背景下的中国北方普通家庭的婴儿。

情景语境：冬季，室温适宜（有暖气），婴儿坐在围栏里，看护者是妈妈，婴儿周边有两个毛绒玩具，一个小鼓，两本图画书。

模态动作组合：婴儿 GYC 正在摆弄玩具，妈妈说"抱抱"后，儿童拿到一个毛绒小狗抱到怀里，并发声。10—17 秒，婴儿侧身拍鼓，18 秒时妈妈扔了一个相机遥控器给她，婴儿立即捡起并使用遥控器敲鼓 5 秒，后又用手拍鼓 3 秒。在 33 秒时分别用手拿两本图画书，并打开其中一本观看。在 48 秒时将图画书递给妈妈。

语音模态：在 4—5 秒时发出"抱♯抱啊哈"的声音，整个过程偶尔伴随一些喃喃声。

言语行为意义：看护者发出"抱抱"的指令，GYC 可以听懂并实施行动，说明这个阶段的婴儿虽然不能运用语言进行双向沟通，但是她可以模仿发声也可以根据指令行动。婴儿还会使用物体的工具性功能即使用遥控器敲鼓。这个场景较为关键的一个点是在视频的最后 GYC 将图画书递给了妈妈，希望妈妈给予讲解是为"行寓于言"。

通常在婴儿 8 个月时（GYC 的视频出现在第 9 个月，不排除之前也有类似行为的发生，但没有视频的记录）开始显示出交际意图的信号，进入到"行寓于言"时期，时间跨度为 8—12 个月。这个时期的标志是"手势"，因为儿童还没具备讲话的能力，只能用手势进行有目的的交际，例如递给看护人物品、食指指向某些物品来表达自己的要求（例如婴儿想要什么他们就会指向什么，并伴随咿呀语）。根据德尔加多（Delgado）等[①]的研究显示，在

---

① DELGADO C，MUNDY P，CROWSON M，MARKUS J，YALE M，SCHWARTZ H. Responding to joint attention and language development：A comparison of target locations [J]. Journal of Speech，Language，and Hearing Research，2020，63（4）：715－719.

这个时期，婴儿还发展出共同注意或者相互注视的能力，该能力使得婴儿能够跟随成人的目光从而定位需要注意的物品，从而将词语和物品进行配对。也就是说，成人总是保持着和婴儿的共同关注，并且通过以语言配合共同关注表现出了交往意向；王岩的研究也证明了成人还总是用相似的声音伴随相似的共同关注环境，这对于儿童语言知觉的建立起着决定性的作用。[①] 在这个案例中，婴儿 GYC 多次表现出与妈妈的共同注意。例如，当妈妈扔相机遥控器时，婴儿立即捡起并使用遥控器敲鼓；在 33 秒时，婴儿拿起图画书并打开观看；在 48 秒时，将图画书递给妈妈。托马塞洛认为这种共同关注决定了婴儿能否自然习得语言。[②] 这种共同关注为儿童和家长提供了一个互动的环境。但值得注意的是，此时儿童与家长的互动仍然倾向于成人引发、儿童回应的模式。本尼迪克特（Benedict）认为婴儿的另一个重要能力也在这个阶段习得，即婴儿对语言的理解，也就说婴儿不说话，并不代表他们不理解成人所说的意思。[③] 案例 2 中，妈妈提出抱抱玩具的要求，GYC 随即理解并做出相应的动作。说明家长对儿童的互动刺激是有效的，儿童能够领悟到家长所表达的互动意图，并乐于做出相应的反应。

案例 3：

儿童年龄：00；11；24；视频时长：1 分 28 秒。

社会语境：汉语文化背景下的中国北方普通家庭的婴儿。

情景语境：初春，室温适宜，婴儿坐在围栏里，看护者是妈妈和爸爸，婴儿正在玩一个塑料卷尺。

模态动作组合：前 32 秒，婴儿 GYC 把塑料卷尺放到嘴里咬，间或用手拽尺子。第 33 秒把卷尺给妈妈并伴随语音，妈妈回应"我不要"。婴儿继续把卷尺放到嘴里咬，过了 5 秒后，婴儿再一次把卷尺给妈妈，妈妈依旧没有接。婴儿继续咬卷尺，而后在 1 分 18 秒的时候开始试探她爸爸，用询问的目光伴随递卷尺的动作，爸爸给予了反应，婴儿脸上展现出笑容，并且在 1 分 23 秒时把卷尺成功递给爸爸并伴随语音。爸爸在 1 分 26 秒时拿到卷尺。

语音模态：在第 33 秒时发出"妈"的声音，在 1 分 23 秒时发出"爸爸"的声音，整个过程偶尔伴随一些喃喃声。

---

① 王岩. 功能视角下的普通话儿童 3 岁前语言发展个案研究 [D]. 长春：吉林大学，2013.

② 迈克尔·托马塞洛（美）. 人类认知的文化起源 [M]. 张敦敏译. 北京：中国社会科学出版社，2011.

③ BENEDICT H. Early lexical development：Comprehension and production [J]. Journal of Child Language，1979，6（2）：183－200.

言语行为意义：婴儿 GYC 想把卷尺给妈妈也伴随了含糊不清的"妈"，此时婴儿应该已经将"妈"这个词的语音语义和看护者妈妈配对成功，但妈妈发出"我不要"的拒绝，GYC 听懂并收回卷尺，说明这个阶段的婴儿虽然不能灵活自如运用语言进行双向沟通，但是她已经可以进行简单的称呼，虽然发音依旧没有完全习得。家长在日常生活中多次使用"爸爸""妈妈"等语言表达方式，GYC 开始逐渐模仿家长的语音发音，渐渐掌握并适应成人的互动语言规则。这种方式是幼儿语言发展初期阶段比较普遍的一种方式。家长和幼儿的互动是促进幼儿语言习得与发展的重要因素之一。婴儿在第一次受到拒绝后，又尝试递给妈妈一次卷尺，妈妈仍然没有回应。这个场景较为关键的一个点是在视频的最后 GYC 换了交流对象，她没有像递给妈妈那样直接将卷尺给爸爸，而是递卷尺的时候进行了目光的试探，这次得到积极的回应，最后在成功实施行为的时候也伴随了对爸爸的含糊称呼。这样看来是为"说话行为"。这里体现出 GYC 在此时已经具备了明确且积极的互动意愿，在与妈妈互动遭受挫折后，能够灵活地调整互动策略，采取新的互动方式——与爸爸进行目光接触，顺利完成了与爸爸的互动行为。GYC 将卷尺传递给父亲，并以模糊的语言表达了"爸爸"的称呼，这一行为不仅强化了其内在的社交渴望，还进一步明确表达了与爸爸之间互动的意愿。

在婴儿接近一岁的时候，他们进入到言语行为发展的最后一个阶段即"说话行为"。这个阶段的婴儿开始学习建立联合参照，即与看护者一起将共同注意的焦点集中到某个物品或事件上。联合参照能力是在上一个阶段中建立的共同注意和相互注视的能力基础上发展而来的，看护者和婴儿的目光接触并共同注意同一个物品或事件，然后，看护者会指向或说出他和婴儿都关注的物品的名称，或者就这个物品为媒介进行简单的交流。于是，婴儿和看护者便置身于一个共同的互动语境内。婴儿和看护者之间的语言互动不是简单的单向交流，而是双向的、动态的相互关系。在婴儿与看护者共同参与其中的互动场景中，他们不断接收、产生和解释信息，共同构建出一个特定的互动语境。交际意图能否被双方感知取决于互动语境的具体化程度。托马塞洛提出交际意图是让听话者将注意力集中在讲话者所指称的事物上，进而了解讲话者的言语行为目的是什么，而这个声音真正完成交际意图的前提是对话双方有共同的社会互动环境，即联合注意场合。[①] 该场合的习得需要以婴

---

① 迈克尔·托马塞洛（美）. 人类认知的文化起源 [M]. 张敦敏译. 北京：中国社会科学出版社，2011.

儿和看护者对"正在共同做的事情"的理解为基础，这对于儿童习得语言是先决条件。周兢提出这个阶段的婴儿还能够将语音表征和语义表征联系起来，进而分辨出一定的语音所蕴含的语义内容，他们很快积累起来大量的理解性语言，但是这段时间婴儿还是表现出"说得少，说得不清楚，说得不准确，但他们'懂得'很多"。①婴儿已经为正式使用语言与人们交流作好了前期"理解在先"的准备。这种准备包括简单的词语、面部表情、肢体语言和情景理解能力等。

二、语言阶段

李宇明将儿童语言发展的阶段分为两个大阶段即：前语言阶段和语言阶段，其中语言阶段包括：独词句阶段、双词句阶段、电报句阶段、语法感形成阶段。②或者说，从儿童个体发展的广义整体角度来看，语言阶段是一个持续整个生命历程的阶段，不仅仅包括以上的四个阶段，因为人们语言的发展在习得语言后就没有很明显的发展阶段了，但是随着社会的发展，人们还是会以各种不同的形式来补充自己的词汇库和语言技能等。由于篇幅所限，我们这里没有再把语言阶段细分为小的阶段，因为我们的研究目的不是研究儿童详细的语言各项目的发展情况，而是以言语行为为切入点，以点带面，构建一个多模态儿童言语行为的研究框架。

多尔（Dore）关注了儿童一岁到两岁的语用发展，他研究的重点是儿童的交际意图和言语行为，并总结出八种类型：提问；回答；贴标签；抗议（否定）；打招呼；自言自语；呼唤/称呼；请求；重复/模仿。③

案例 4：

儿童年龄：01；09；24；视频时长：1 分 09 秒。

社会语境：汉语文化背景下的中国北方普通家庭的幼儿。

情景语境：冬季，室温适宜（有暖气），幼儿在沙发下面玩的地垫上，地垫上都是各种各样的玩具，看护者是妈妈。

模态动作组合：前 4 秒，妈妈说"YC，来妈妈给涂点唇膏"幼儿回答"不好不好"伴随着站起来动作，妈妈说"快点"。从第 5 秒开始，幼儿跑走了，直至第 12 秒停了下来同时说"妈妈，是绿色的吗?"妈妈在后面追着说

---

① 周兢. 汉语儿童的前语言现象 [J]. 南京师大学报（社会科学版），1994 (1)：45—50.
② 李宇明. 儿童语言的发展 [M]. 武汉：华中师范大学出版社，2004.
③ DORE J. Holophrase, speech acts and language universals [J]. Journal of Child Language, 1975, 2 (1)：21—40.

"涂点唇膏，快点"。接着幼儿再问一遍"妈妈，是绿色的吗?"伴随着跪在卧室门口的地板上并用头抵住地板撅起屁股的动作，妈妈回答"是绿色的呀! 涂一点快点，涂一点"。其间儿童一直保持刚才跪地的动作并小范围挪动。第 28 秒幼儿站起来跑走，在第 33 秒时跑到客厅中央，重复刚才跪地撅屁股的动作，其间妈妈尝试给她涂唇膏未果。在第 37 秒时，幼儿再次站起来跑到一开始的地垫上重复刚才跪地撅屁股的动作。在第 53 秒的时候站立起来，笑着看着妈妈，妈妈趁机拿着唇膏要给她涂，幼儿急忙转脸避开。第 59 秒时，幼儿再次重复跪地撅屁股的动作。最后在 1 分 5 秒的时候，幼儿起身跑走，伴随妈妈的妥协"不涂了不涂了"。

语音模态：在第 4 秒时说"不好不好"，在第 12 秒时问"妈妈，是绿色的吗?"在第 15 秒时重复问询"妈妈，是绿色的吗?"

言语行为意义：幼儿 GYC 先是用语言"不好不好"否定了看护人的要求"涂唇膏"，接着全程用动作行为（用头抵住地板撅起屁股的动作重复出现了 4 次）表示拒绝或者抗议，其间使用了提问"妈妈，是绿色的吗?"（重复 2 次），最后取得了胜利即妈妈的妥协。

整个案例出现了四个典型的交际意图和言语行为，主要是："回答""提问""抗议（拒绝）""重复（包括动作和语言）"。幼儿在本案例中首先"回答"了妈妈的要求，虽然是否定的回答。较多使用了"重复"，包括动作的四次"重复"和语言的两次"重复"。"用头抵住地板撅起屁股的动作"是"拒绝"或者"抗议"言语行为的肢体表现，并且根据我们和家长的交流，GYC 不止一次使用这个动作组合来表示"拒绝"或者"抗议"。她还"重复"了两句一模一样的问句即"提问"两次并且均得到了肯定答复，在幼儿的认知中，这支唇膏的颜色"绿色"给她留下了深刻的印象，导致她"重复"两次来确认这个唇膏即是她以前涂抹的那支并且进一步加深了她不愿意涂这个唇膏的信念。张笛认为儿童的言语行为"重复"可以分为两类——"无意义的重复"和"有意义的重复"。[①] 这里的"重复"显然是"有意义的重复"，并且我们认为儿童的肢体语言也可以属于"有意义的重复"的言语行为，因为儿童反复四次该动作来表达同样的言语意图"拒绝"或者"抗议"。此处我们还认为"用头抵住地板撅起屁股的动作"是为一个"多模态意义模块"，是婴幼儿期特有的话语特征，也是整个儿童话语系统的一部分，

---

① 张笛. 普通话儿童与家长的言语行为策略——以句末含有语气词"吧"的对话片段为例 [J]. 学前教育研究，2018（8）：50—59.

体现出较强的协同性、符号性、交际性、社会性和过渡性等特征①。在案例中，GYC 的语言表达不仅具有明显的表达效果，而且在日常互动过程中，此时的儿童还会逐渐展现出更为丰富的表达形式，包括但不限于非语言交流手段。儿童会针对所面对的家长互动对象不同，有意识地选用多种互动策略和互动行为，从而达到强调自身互动意图的目的。

案例 5：

儿童年龄：01；10；24；视频时长：43 秒。

社会语境：汉语文化背景下的中国北方普通家庭的幼儿。

情景语境：冬季，室温适宜（有暖气），幼儿床上玩，看护者是妈妈和爸爸。

模态动作组合＋语音模态：前 4 秒，GYC 拿着一个毯子说"爸爸太大了，悠②不起来"并且从坐着变换姿势站了起来，接着手里仍旧拿着毯子说"爸爸拿这边，妈妈拿那边"。在第 9 秒时，妈妈问"要干什么呀？"幼儿回答"悠悠"，妈妈接着问"悠悠谁啊？"幼儿回答"YC"同时在床上转圈，妈妈说"悠悠爸爸吧！"爸爸同时说"悠悠妈妈行吧？"幼儿在第 17 秒的时候说"妈妈太大了"并伴随挠头的动作。妈妈接着说"悠妈妈也不行吗？"幼儿说"爸爸也太大了"伴随在床上走来走去。第 23 秒妈妈问"那悠谁呢？"幼儿接着回答"YC"伴随用脚踢毯子，爸爸接着问"YC 能悠进去吗？"幼儿说"能，爸爸悠不进去"。从 30 秒开始，幼儿开始自言自语伴随手里扯着毯子的动作，直至视频结束。

言语行为意义：幼儿 GYC 先是用语言预设了一个背景"爸爸太大了，悠不起来"否定悠爸爸的可能性。然后她起身开始准备行动并且提出要求"爸爸拿这边，妈妈拿那边"为悠她做铺垫。接着她能够很及时并正确地回答妈妈的两个提问"要干什么呀？""悠悠谁啊？"看护人同时开始逗弄幼儿，提议悠爸爸和妈妈，幼儿回答的理由是"爸爸妈妈太大了"。看护人又进行了新一轮的提问"那悠谁呢？"幼儿维持原来的回答"YC"，第三轮的提问："YC 能悠进去吗？""能，爸爸悠不进去"。最后以幼儿的自言自语结束。

整个案例出现了三个典型的交际意图和言语行为，主要是："请求""回答""自言自语"，并且和看护人进行了多轮对话，成功实施了话轮转换并能

---

① 丁肇芬，张德禄. 幼童话语符号——多模态意义模块建构探索 [J]. 天津外国语大学学报，2016（6）：15－19.

② 方言，应为"摇"的意思，北方儿童喜欢的一种游戏，儿童待在毯子里，两边两个大人一人拽住一头，来摇晃毯子，像摇篮一样。

够按照顺序安排话轮。幼儿首先使用"请求"言语行为，体现了她已经具有了"调节性"的交际意图功能，试图控制他人的行为[①]。GYC 说"爸爸拿这边，妈妈拿那边"，就是试图分配看护者的行动，让他们各拿毯子的一边，为"悠悠自己"做准备。然后儿童使用了适当的"回答"言语行为，对看护人提出的问题均进行了及时的回应。幼儿在这个案例中还使用了"自言自语"言语行为，张笛指出"自言自语"是指儿童自己对自己说话，似乎正在大声进行思考，并不是对任何人说话。[②] 维果茨基认为儿童的"自说自话"是出于自我防卫和自我指导，语言在这里可以充当帮助儿童考虑自身行为和选择行动的思维工具。[③] 随着儿童年龄的增加，根据任务的难易程度，儿童表现出对"自我言语"运用的差异性。如果任务容易，他们就较少运用自我指导语言并内化为内部语言，也就是类似于成人思考与行动时的自我对话。而且后来也有相关研究表明，当任务困难，在过程出错或继续进行遇到问题时，儿童会较多地使用"自我言语"。GYC 在视频的 30 秒后，持续"自言自语"直至结束，并且伴随着她在床上走来走去，手里拿着毯子，模拟"悠悠"的情景。这意味着儿童使用"自言自语"来指导自己的行为，以便实现她的终极目标"悠悠自己"。

不到两岁的幼儿已经能够在掌握话轮转换语用技巧的基础上，按照顺序安排话轮使得整个会话十分顺利地进行下去。霍珀（Hopper）研究自己与18 个月的女儿之间的会话发现，仅仅掌握了很少词汇和语音的幼儿，也能够熟练进行话轮转换，他们已经掌握了规则——每次只有一个人说话，一个人说完后另一个人应立即开始下一个话轮。[④] 梁丹丹指出，儿童在还没开始说话时，就明白话轮转换的概念，在独词句和双词句阶段就已经知道如何在会话中进行话轮转换，他们与看护人之间的话轮转换非常流畅，但与同龄人之间的会话成功率不太高。[⑤] 总之，儿童话轮间的停顿时间会随着年龄增长而逐渐减少，这表明儿童转换话轮的能力在不断发展。儿童在互动中不仅模仿和学习成人的语言结构，同时也在学习和接受成人的互动规则。案例 5 体

---

① HALLIDAY M A K. The language of early childhood: Volume 4 in the collected works of M. A. K. Halliday [M]. London: Continuum, 2004.

② 张笛. 普通话儿童与家长的言语行为策略——以句末含有语气词"吧"的对话片段为例 [J]. 学前教育研究, 2018 (8): 50—59.

③ VYGOTSKY L S. Thought and language [M]. Cambridge: MIT Press, 1986.

④ HOPPER P J. Where do words come from? [C] //CROFT W A, KEMMER S, DENNING K. Studies in typology and diachrony. Amsterdam: John Benjamins, 1990: 151—168.

⑤ 梁丹丹. 儿童语言障碍引论 [M]. 北京: 商务印书馆, 2017.

现了幼儿掌控整个会话的全过程，值得我们深入分析。会话过程可以呈现为：首轮儿童发出句子（预设）儿童提出要求家长提问，儿童回答（6 轮）儿童自言自语。讲话者进行预设主要有两方面：一是说话者和听话者的共享知识；二是听话者需要什么信息来理解讲话者的话语。会话场景以 GYC 提出的"爸爸太大了，悠不起来"开始，幼儿的目标非常明确即"悠悠自己"所以她从开始就和看护人共享了爸爸的相关知识，这也是看护人需要的背景信息，来理解为什么"悠悠 GYC"而不是"爸爸或妈妈"。不到两岁的儿童的逻辑思维非常清晰，她的交流对象和行动实施者就是爸爸和妈妈，而且只有排除了两位看护人"被悠悠"的可能性，才能令自己的目标得以实现。

当儿童参与交流时，他们不仅要学会获取话轮，还要掌握安排话轮序列的能力，正如提问需要答案予以回应一样，其他类型的首个话轮需要下一个匹配的话轮来回应[1]。该案例中的"家长提问，儿童回答"持续了六轮，其中五轮幼儿都是就家长的提问进行及时恰当的回答。仅有一轮妈妈问"悠妈妈也不行吗？"幼儿回答的是"爸爸也太大了"，没有按照预期回答关于妈妈的情况。我们结合语境来看，发现在上一个话轮中儿童已经就妈妈的情况回答"妈妈太大了"，妈妈接着提问还是以妈妈为主角，所以儿童并没有再一次重复妈妈的情况，而是转而申明爸爸的情况。因为"悠悠自己"需要爸爸妈妈的配合，幼儿的目标非常明确，需要先否定两个看护人"被悠悠"的可能性，才可以最终实现自己的目的。从这个多轮话语片段可以看出，幼儿已经发展出相对成熟的"社会化"话语策略和意识，甚至可以承担多轮话语片段中的主导角色，引导家长按照自己的思路进行交际。GYC 表现出了极强的互动主动权掌握意识，同时也显著提升了其互动能力。这种提升不仅体现在语言表达方面，同时也体现在社会交往能力上。

在这个案例中，儿童的两次涉及人称的回答是使用的"YC"，而没有用第一人称"我"。不到两岁的儿童还不能习得人称代词，苍静波研究表明儿童习得第一人称代词要在两岁四个月左右，且称谓和人称代词混用。[2] 对于幼儿来说，学习人称代词比学习名词更为困难。人称代词的语义具有当下情境性和相对性。对于不到两岁的幼儿来说，依据当下的互动情境转变听话者

① NAREMORE R C & HOPPER R. Children learning language：A practical introduction to communication development. New York：Harper & Row，2011.
② 苍静波. 汉语儿童人称代词获得研究 [D]. 哈尔滨：黑龙江大学，2011.

与说话者的角色并选择使用第几人称，需要心理理论^①发展到一定阶段，儿童能够站在别人的角度看问题的时候，才能自由转换，这对幼儿的思维模式来说是充满挑战性的。幼儿一出生就被动地置于一个家庭和社区的环境中，这个环境是他们自己不能选择的，只能被浸染其中。随着幼儿的年龄增长，他们的生理和心理等会逐渐成熟，也会从被动接受信息变为主动学习言语和概念。实际上语言提供给幼儿的是一种空洞的形式，需要他们充分发挥主观能动性去充实它去建构它最后内化为自己的语言。

第三节　儿童汉语多模态言语行为的特征与生态系统

一、汉语儿童多模态言语行为的特征

我们将汉语儿童多模态言语行为分为两个阶段（前语言和语言）进行讨论，目的是呈现儿童言语行为的整个面貌，而不是仅仅讨论儿童语言出现后的言语行为。前语言阶段很好地展现了"言语行为理论"的三个语用成分即"说话行为""施事行为"和"取效行为"。婴儿来到这个世界的初始，就使用哭泣、挥舞肢体、音调、注视、面部表情等各种有声和无声的模态来传递信息，虽然最开始他们是出于本能，但是对于看护者来说能够达到"取效行为"，看护者通过解读这些模态来知悉婴儿的状态和需求，是人类语言的组成部分，被称为原型对话。随后，通常在婴儿 8 个月左右时开始显示出交际意图的信号，他们主要在对语言理解的基础上依靠"手势"和"共同注意的眼神"来"行寓于言"进行"施事行为"的交流。在婴儿接近一岁的时候，他们进入到言语行为发展的最后一个阶段。婴儿使用与看护者建立联合参照的方式进行简单的交流，实现"说话行为"。这个阶段的婴儿还具备了将语音表征和语义表征联系起来的能力，为正式使用语言作好了前期准备。幼儿进入语言阶段后，所使用的言语行为开始呈现出各种类型（"回答""提问""抗议（拒绝）""重复""请求""自言自语"），他们不仅学会获取话轮并还掌握了安排话轮序列的能力。虽然幼儿在三岁前还不能熟练掌握语言技能，

---

① 心理理论（theory of mind）是儿童认知发展领域探讨儿童心理表征和心理理解的著名理论，由 Premack 和 Woodruff 于 1978 年提出。心理理论认为儿童能够逐渐发展出一种估计自己和他人心理状态（如信念、意图、愿望或感觉等）的理解能力，并由此对相应行为做出因果性的预测和解释（参见 Happé F, Brownell H, Winner E. Acquiredtheory of mind'impairments following stroke [J]. Cognition, 1999, 70（3）: 211-240.）。儿童从开始意识到自己所思考的、知道的、感知的以及所相信的也许与其他人不同，就开始发展心理理论能力了。

但是实际上他们已经大多处于多轮话语的主导地位①。

二、"汉语儿童多模态言语行为生态系统"的构建

生态学理论主要是以社会环境因素来解释儿童的发展，系统地考察了中间系统和宏系统对儿童心理发展的作用，重视各环境系统之间的关联等，体现了一种生命体与自然环境之间复杂关系的科学系统。从语言研究来看，"汉语儿童多模态言语行为的生态系统"的构建正是反映了这种生态性和整体性的典型特征。儿童作为一个地球上的生命体，时时刻刻与家庭环境、社会环境和自然环境产生复杂的相互关系，"汉语儿童多模态言语行为的生态系统"的构建试图将各种环境因素纳入到语言习得的研究中，来揭示真实语境中儿童的发展及其语言的生态发展。我们这里并不是要构建整个儿童语言习得的生态系统，这是一个庞大又复杂的工程，我们只是以儿童言语行为的习得情况为出发点，尝试综合多学科多领域的理论和方法，构建一个小的"汉语儿童多模态言语行为的生态系统"，抛砖引玉，期待更多的学者加入关于儿童早期语言发展的生态学研究中来。儿童言语行为习得和运行的生态系统请见图 10-1：

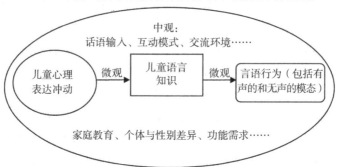

图 10-1 汉语儿童多模态言语行为的生态系统

整个生态系统由三个层次组成：微观、中观和宏观，微观层面是儿童整个语言习得和话语输出机制，儿童先有一种表达的冲动，有意识或者无意

---

① 据张笛调查研究结果：家长采取"问句"和"话题转换"进行回应时，几乎所有的问句儿童都会继续下去；而"话题转换"也有大概三分之一强的话语也继续下去，儿童大多处于多轮话语的主导地位。（张笛. 普通话儿童与家长的言语行为策略——以句末含有语气词"吧"的对话片段为例 [J]. 学前教育研究，2018（8）：50—59.）

识，态度也好，情感也罢，通过天生的内在语言知识整合有声的或者无声的模态，最后输出各种类型的言语行为。中观层面是作为一个发展的个体在现实的情境中所受到的外部影响，包括话语输入、互动模式、交流环境等，在这个层面儿童被家长、老师和同伴等这些社会动因直接影响。宏观层面是指儿童所处的文化环境，包括国别文化、行为模式、社会信念和传统理念等等，这个层面对于儿童的影响较为间接，并不是能够直接并立即对儿童产生影响，但是作为一个潜在的生存背景其作用也不容忽视，儿童所表现出来的任何行为和话语无不深深刻上了宏观系统的烙印。在成长过程中，儿童会进入各种不同形式的互动环境，接触到不同的互动对象和互动模式，其互动对象包含父母、老师、同龄人以及社会不同阶层人群。这些互动环境和对象不仅涵盖了家庭、学校等日常生活中的场景，也包括了网络在线、多媒体移动端等数字媒体环境。在这些互动环境中，儿童将会接触到更为复杂的互动模式，有一对一的交往、群体之间的互动以及角色扮演等多种形式。儿童在这些互动环境和互动模式中逐步成长，习得相应的知识、技能和情感体验，更好地认知自我、认知世界、形成社交技能。

第四节　儿童前语言言语行为的教育与研究启示

一、对儿童语言习得与家庭教育的启示

我们对儿童前语言言语行为的分析提示这个特殊阶段尚需人们的关注，婴儿在习得语言之前的那一年左右的时间，拥有多种言语行为的能力，他们不说话并不代表他们不能理解，不能交流。相反的，他们来到这个世界伊始，就开始了全方位对世界的感知并无时无刻不在建构自己的语言系统。因此，前语言的多模态模块在儿童交际过程中的过渡性特征不容忽视，虽然多模态模块终将被有声语言所代替。也就是说多模态模块是儿童早期进行交流的主要方式，知悉模块的表征意义，对破解儿童前语言的发展状况有着重要意义。这些模态不仅仅是简单的行为反应，而是包含了言语行为的三个基本语用成分。家长和看护者应该重视儿童的非语言表达，如哭泣、肢体动作、眼神接触和面部表情等，这些都是儿童语言发展的前驱和重要组成部分。儿童在三岁前的主要活动场所就是家庭，接触得最多就是看护人，家庭教育对儿童的重要意义不言而喻，家庭环境就是儿童与家长最主要的互动环境。通过我们对儿童多模态言语行为的分析发现，儿童会使用"自言自语""重复"

等言语行为策略，这些看似冗余的行为，对儿童的发展有着重要意义，能够缓解他们的心理压力和进行出声思维。因此看护人不能忽视和制约这些言语行为，也不能生硬地打断或禁止，或者过度地对儿童实施提问、要求、命令等言语行为，而是应该顺应儿童的心理需求，减少逆反心理，助力他们的成长。儿童在发展他们的言语行为时还会采取"共同注意"和"建立联合参照"等方法，与看护人建立密切的交流背景，从而加大交际的成功率。这提示家长在看护儿童时要关注他们的眼神、面部表情和肢体动作等无声的交流形式，而不能一味地实施无效陪伴，比如在一旁玩手机或者做别的事情。通过我们对儿童话轮的分析发现，三岁前的儿童已经具备交际的主动性，因此看护者应充分尊重儿童的人格和思想，给儿童平等的决策权利和选择自由，允许儿童提出不同见解和意见，也可以让儿童充当话语交际的主导者，从而提升儿童的主动性、能动性与创造性。

二、对构建儿童语言交叉研究的启示

儿童语言与社会化研究正在发展成为一个综合多学科、多范畴、立体生态的研究领域。陈学金指出世界范围内的人文研究呈现出思辨的和形而上的、生理的、心理的、社会的和文化的等诸多取向。[①] 有关儿童语言与社会化的研究应该包括认知、行为、情感、语言、抚育方式、社区交往等内容，生理学家、语言学家、教育学家、心理学家等已经对儿童的身体、话语、思维、情感、认知等的方方面面做了深入并细致的研究，但是对于看护者或幼儿教育者来说，他们需要一种立体的、生态的、综合的视野或者可操作的框架来分析、判断和理解儿童所呈现出来的具体问题。我们尝试从三个层面即微观、中观和宏观着手构建"汉语儿童多模态言语行为生态系统"正是想要解决这样的实际问题，为他们提供一个切实可行的，易于操作的理论框架。

---

① 陈学金.论教育人类学的三种研究取向及在不同国家的特点 [J]. 民族教育研究，2014 (1)：5—10.

参考文献

[1] AKTAN-ERCIYES A，GKSUN T. Early event understanding predicts later verb comprehension and motion event lexicalization [J]. Developmental psychology，2019，55 (11)：2249－2262.

[2] ARTS B，WALLIS S，BOWIE J. Profiling the English verb phrase over time：Modal patterns [C] //TAAVITSAINEN I，KYTÖ M，CLARIDGE C，SMITH J (Eds). Developments in English：Expanding electronic evidence. Cambridge：Cambridge University Press，c2014：48－76.

[3] AKHTAR N. Acquiring basic word order：Evidence for data-driven learning of syntactic structure [J]. Journal of Child Language，1999，26 (2)：339－356.

[4] AKTAN-ERCIYES A，GÖKSUN T. Early event understanding predicts later verb comprehension and motion event lexicalization [J]. Developmental Psychology，2019，55 (11)：2249.

[5] ANNAZ D，VAN HERWEGEN J，THOMAS M，et al. Comprehension of metaphor and metonymy in children with Williams syndrome [J]. International Journal of Language & Communication Disorders，2009，44 (6)：962－978.

[6] AUSTIN J L. How to do things with words [M]. Oxford：Clarendon Press，1975.

[7] AYLWARD E H，MINSHEW N J，FIELD E，et al. Effects of age on brain volume and head circumference in autism [J]. Neurology，2002，59：175－183.

[8] ABBOTT B. Reference [M]. Oxford：Oxford University Press，2010.

[9] Bakhtin M M. The Dialogic Imagination：Four Essays by M. M. Bakh-

tin. Austin [M]. TX: University of Texas Press, 1934/1981.

[10] BAVIN L. The Cambridge handbook of child language [M]. Cambridge: Cambridge University Press, 2009.

[11] BENEDICT H. Early lexical development: Comprehension and production [J]. Journal of Child Language, 1979, 6 (2): 183—200.

[12] BERMAN R A, SLOBIN D I, ED. Relating events in narrative: A cross-linguistic developmental study [M]. Hove: Psychology Press, 1994.

[13] BHAT D N S. Pronouns [M]. Oxford: Oxford University Press, 2004.

[14] BIALYSTOK E. Communication strategies: A psychological analysis of second language use [M]. Oxford: Basil Blackwell, 1990.

[15] BIBER D, JOHANSSON S, LEECH G, et al. Longman grammar of spoken and written English [M]. London: Longman, 1999.

[16] BOUCHARD C, TRUDEAU N, SUTTON A, et al. Gender differences in language development in French Canadian children between 8 and 30 months of age [J]. Applied Psycholinguistics, 2009, 30: 685—707.

[17] BOWERMAN M. Evaluating competing linguistic models with language acquisition data: Implications of developmental errors with causative verbs [J]. Quaderni di Semantica, 1982, 3: 5—66.

[18] BOWERMAN M, CHOI S. Shaping meanings for language: Universal and language-specific in the acquisition of spatial semantic categories [C] //LEVINSON S, BOWERMAN M (Eds). Language acquisition and conceptual development. Cambridge: Cambridge University Press, c2001: 475—511.

[19] BROOKS P J, BRAINE M D S. What do children know about the universal quantifiers all and each? [J]. Cognition, 1996, 60 (3): 235—268.

[20] BROWN G, YULE G. Discourse analysis [M]. Cambridge: Cambridge University Press, 1983.

[21] BROWN P, LEVINSON S C. Universals in language usage: Politeness phenomena [C] //GOODY E N (Ed.). Questions and politeness: Strategies in social interaction. Cambridge: Cambridge University Press, 1978: 56—311.

[22] BROWN R. A first language: The early stages [M]. Cambridge: Harvard University Press, 1973.

[23] BRUNER J S. Child's talk: Learning to use language [M]. Oxford: Oxford University Press, 1983.

[24] BUDWIG N. A developmental-functional approach to child language [M]. Hillsdale, NJ: Lawrence Erlbaum, 1995.

[25] CHANG M H T. The Discourse Functions of Mandarin Sentence-final Particles: A Longitudinal Case Study of a Child from Twenty-Seven Months Through Three Years Old [D]. Taipei: National Taiwan Normal University, 1991.

[26] CHANG Y F. Apologizing in Mandarin Chinese: A study on developmental patterns [J]. Concentric: Studies in Linguistics, 2016, 42 (1): 73—100.

[27] CHAPIN P G. Quasi-modals [J]. Journal of Linguistics, 1973, 9 (1): 1—9.

[28] CHEN J. The acquisition of verb compounding in Mandarin Chinese [D]. Nijmegen: Max Planck Institute for Psycholinguistics, 2007.

[29] CHEN L, GUO J. Motion events in Chinese novels: Evidence for anequipollently-framed language [J]. Journal of Pragmatics, 2009, 41 (9): 1749—1766.

[30] CHEN L. The acquisition and use of motion event expressions in Chinese [D]. Lafayette, LA: The University of Louisiana at Lafayette, 2005.

[31] CHENG L L S, Sybesma R. On dummy objects and the transitivity of run [J]. Linguistics in the Netherlands, 1998, 15 (1): 81—93.

[32] CHENG L L S, SYBESMA R. Yi-wan tang, yi-ge tang: Classifiers andmassifiers [J]. Tsing Hua Journal of Chinese Studies, 1998, 28 (3): 385—412.

[33] CHIEN Y C, LUST B, CHIANG C P. Chinese children's comprehension of count-classifiers and mass-classifiers [J]. Journal of East Asian Linguistics, 2003, 12 (2): 91—120.

[34] CHIERCHIA G, CRAIN S, GUASTI M T, GUALMINI A, MERONI L. The acquisition of disjunction: Evidence for a grammatical view of scalarimplicatures [C] //DO A H-J, DOMÍNGUEZ L, JOHANSEN A. Proceedings of the 25th Boston University Conference on Language

Development. Somerville, MA: Cascadilla Press, 2001: 157—168.

[35] CHOI S. Early acquisition of epistemic meanings in Korean: A study of sentence-ending suffixes in the spontaneous speech of three children [J]. First Language, 1991, 11 (1): 93—119.

[36] CHOI S. Acquisition of modality [C] //FRAWLEY W. The expression of modality. Berlin: De Gruyter Mouton, 2006: 141—171.

[37] CHOI S. Language-specificity of motion event expressions in young Korean children [J]. Language, Interaction and Acquisition, 2011, 2 (1): 157—184.

[38] CHOMSKY N. Syntactic structures [M]. The Hague: Mouton, 1957.

[39] CHOMSKY N. Aspects of the theory of syntax [M]. Cambridge, MA: MIT Press, 1965.

[40] CLANCY P M. The acquisition of Japanese [C] //SLOBIN D I. The cross-linguistic study of language acquisition: Volume 1: The data. Hillsdale, NJ: Lawrence Erlbaum, 1985: 373—524.

[41] CLANCY P M. Form and function in the acquisition of Korean wh-questions [J]. Journal of Child Language, 1989, 16 (2): 323—347.

[42] COATES J. The acquisition of gender-differentiated language [C] // COATES J. Women, men and language: A sociolinguistic account of gender differences in language (2nd ed.). London: Longman, 1993: 143—167.

[43] COLLINS P. Modals and quasi-modals in English [M]. Amsterdam: Rodopi, 2009.

[44] COOLEY C H. A study of the early use of self-words by a child [J]. Psychological Review, 1908, 15: 339—357.

[45] COUPER-KUHLEN E, SELTING M. What is interactional linguistics? [M]. Cambridge: Cambridge University Press, 2017.

[46] COUPER-KUHLEN E, SELTING M. Interactional linguistics: Studying language in social interaction [M]. Cambridge: Cambridge University Press, 2018.

[47] DELGADO C, MUNDY P, CROWSON M, MARKUS J, YALE M, SCHWARTZ H. Responding to joint attention and language development: A comparison of target locations [J]. Journal of Speech,

Language, and Hearing Research, 2020, 63 (4): 715—719.

[48] DIESSEL H. Demonstratives: Form, function andgrammaticalization [M]. Amsterdam: John Benjamins Publishing Company, 1999.

[49] DIESSEL H. The Ordering Distribution of Main and Adverbial Clauses: A Typological Study [J]. Language, 2003 (77—3): 433—455.

[50] DORE J. Holophrase, speech acts and language universals [J]. Journal of Child Language, 1975, 2 (1): 21—40.

[51] DUMAS F. Discourse markers in the speech of a French-Romanian bilingual child: Foregrounding identity and the need for social integration [J]. Philologica Jassyensia, 2016, 12 (2): 295—307.

[52] ELMAN J L, BATES E A, JOHNSON M H, KARMILOFF-SMITH A, PARISI D, PLUNKETT K. Rethinking innateness: A connectionist perspective on development [M]. Cambridge, MA: MIT Press, 1996.

[53] ERBAUGH M. The acquisition of Mandarin [C] //SLOBIN D I. The cross-linguistic study of language acquisition. Hillsdale, NJ: Lawrence Erlbaum Associates, 1992: 373—524.

[54] ERBAUGH M S. Taking stock: The development of Chinese noun classifiers historically and in young children [C] //CRAIG C. Noun classes and categorization. Amsterdam: John Benjamins Publishing Company, 1986: 399—436.

[55] ERLAM R. Elicited imitation as a measure of L2 implicit knowledge: An empirical validation study [J]. Applied Linguistics, 2006, 27 (3): 464—491.

[56] FENSON L, DALE P S, REZNICK J S, BATES E, THAL D J, PETHICK S J. Variability in early communicative development [J]. Monographs of the Society for Research in Child Development, 1994, 59 (5): 1—173.

[57] FILIPOVIĆ L. A multi-factor approach to the study of L2 acquisition of motion verbs and motion constructions: Integration of typological, psycholinguistic, and sociolinguistic aspects [J]. Frontiers in Communication, 2022, 7: 1—7.

[58] FILLMORE C J. Deictic categories in the semantics of come [J].

Foundations of Language，1966，2（3）：219—227.

[59] FILLMORE C J. Lectures on deixis [M]. SantaCruz：University of California at Santa Cruz，1971.

[60] FORD C E，THOMPSON S A，DRAKE V. Bodily-visual practices and turn continuation [J]. Discourse Processes，2012，49（3）：192—212.

[61] FOULKE K，STINCHFIELD S M. The speech development of four infants under two years of age [J]. Journal of Genetic Psychology，1929，36（1）：140—171.

[62] FOX B A，THOMPSON S A，FORD C E，COUPER-KUHLEN E. Conversation analysis and linguistics [C] //SIDNELL J，STIVERS T. The handbook of conversation analysis. Hoboken，NJ：Wiley-Blackwell，2013：726—740.

[63] GENONE J. Theories of reference and experimental philosophy [J]. Philosophy Compass，2012，7（2）：152—163.

[64] GOODWIN C. The interaction of a sentence in natural conversation [C] //PSATHAS G. Everyday language：Studies in ethnomethodology. New York：Irvington，1979：97—121.

[65] GOODWIN C. Sentence construction within interaction [C] //QUAS-THOFF U M. Aspects of oral communication. Berlin：Walter de Gruyter，1995：198—219.

[66] FUJIMOTO M. L1 acquisition of Japanese particles：A corpus [D]. New York：The City University of New York，2008.

[67] FUJIWARA Y. Yooji no gengo hyoohen nooryoku no hattatsu [M]. Tokyo：Bunka Hyoron Publishing Co，1977.

[68] GALLIVAN J. Correlates of order of acquisition of motion verbs [J]. Perceptual and Motor Skills，1987，64（1）：311—318.

[69] GALSWORTHY M J，DIONNE G，DALE P S，PLOMIN R. Sex differences in early verbal and non-verbal cognitive development [J]. Developmental Science，2000，3（2）：206—215.

[70] POWELL G. Language，thought and reference [M]. Houndmills：Palgrave Macmillan，2010.

[71] GOLDBERG A E. Constructions：A construction grammar approach to argument structure [M]. Chicago：University of Chicago Press，1995.

[72] GOLDBERG A E. Constructions: A new theoretical approach to language [J]. Trends in Cognitive Sciences, 2003, 7 (5): 219—224.

[73] GOLDBERG A E. Constructions at work: The nature of generalization in language [M]. Oxford: Oxford University Press, 2006.

[74] GOLDBERG A E, VAN DER AUWERA J. This is to count as a construction [J]. FoliaLinguistica, 2012, 46 (1): 109—132.

[75] GOLDFIELD B A. Noun bias in maternal speech to one-year-olds [J]. Journal of Child Language, 1993, 20 (1): 85—99.

[76] GOLINKOFF R M, JACQUET R C, HIRSH-PASEK K, NANDAKUMAR R. Lexical principles may underlie the learning of verbs [J]. Child Development, 1996, 67 (6): 3101—3119.

[77] GRICE H P. Logic and conversation [C] //COLE P, MORGAN J L. Syntax and semantics: Vol. 3. Speech acts. New York: Academic Press, 1975: 41—58.

[78] GROFFOTHS P. That there deixis I: that [R]. Unpublished paper, York: University of York, 1974.

[79] GUO J S. The interactional basis of the Mandarin modal néng 'can' [C] //BYBEE J, FLEISCHMAN S. Modality and grammar in discourse. Amsterdam: John Benjamins, 1995: 205—238.

[80] HAKUTANI Y, HARGIS C H. The syntax of modal constructions in English [J]. Lingua, 1972, 30: 301—332.

[81] HALLIDAY M A K. The language of early childhood: Volume 4 in the collected works of M. A. K. Halliday [M]. London: Continuum, 2004.

[82] HALLIDAY M A K. The language of early childhood [M]. Beijing: Peking University Press, 2007.

[83] HALPERN D F. Sex differences in intelligence: Implications for education [J]. American Psychologist, 1997, 52 (10): 1091—1102.

[84] Happé F, Brownell H, Winner E. Acquiredtheory of mind'impairments following stroke [J]. Cognition, 1999, 70 (3): 211—240.

[85] HEATH C. Talk and recipiency: Sequential organization in speech and body movement [C] //ATKINSON J M, HERITAGE J. Structures of social action: Studies in conversation analysis. Cambridge: Cambridge University Press, 1984: 247—265.

[86] HICKMANN M, HENDRIKS H. Static and dynamic location in French and in English [J]. First Language, 2006, 26 (1): 103—135.

[87] HICKMANN M, TARANNE P, BONNET P. Motion in first language acquisition: Manner and path in French and English child language [J]. Journal of Child Language, 2009, 36 (4): 705—741.

[88] HIRSH-PASEK K, GOLINKOFF R M. The origins of grammar: Evidence from early language comprehension [M]. Cambridge: MIT Press, 1996.

[89] HOHENSTEIN J M, NAIGLES L R, EISENBERG A R. Keeping verb acquisition in motion: A comparison of English and Spanish [C] //HALL D G, WAXMAN S R. Weaving a lexicon. Cambridge: MIT Press, 2004: 569—602.

[90] HOPPER P J. Where do words come from? [C] //CROFT W A, KEMMER S, DENNING K. Studies in typology and diachrony. Amsterdam: John Benjamins, 1990: 151—168.

[91] HU Q. The acquisition of Chinese classifiers by young Mandarin-speaking children [D]. Boston: Boston University, 1993.

[92] HUDDLESTON R & PULLUM G K. Demonstrative Pronouns in English [M]. Cambridge: Cambridge University Press, 2002.

[93] HUREWITZ F, PAPAFRAGOU A, GLEITMAN L, GELMAN R. Asymmetries in the acquisition of numbers and quantifiers [J]. Language Learning and Development, 2006, 2 (2): 77—96.

[94] HYDE J S, LINN M C. Gender differences in verbal ability: A meta-analysis [J]. Psychological Bulletin, 1988, 104 (1): 53—69.

[95] INGRAM D. First language acquisition: Method, description and explanation [M]. Cambridge: Cambridge University Press, 1989.

[96] JACKENDOFF R. Semantics and cognition [M]. Cambridge: MIT Press, 1983.

[97] JAMES S L, SEEBACH M A. The pragmatic function of children's questions [J]. Journal of Speech, Language, and Hearing Research, 1982, 25 (1): 2—11.

[98] JI Y. The expression of voluntary and caused motion events in Chinese and in English: Typological and developmental perspectives [D].

London: University of Cambridge, 2009.

[99] JI Y, HENDRIKS H, HICKMANN M. The expression of caused-motion events in Chinese and in English: Some typological issues [J]. Linguistics, 2011a, 49 (5): 1041—1077.

[100] JI Y, HENDRIKS H, HICKMANN M. How children express caused motion events in Chinese and English: Universal and language-specific influences [J]. Lingua, 2011b, 121 (12): 1796—1819.

[101] JI Y, HOHENSTEIN J. Conceptualising voluntary motion events beyond language use: A comparison of English and Chinese speakers' similarity judgments [J]. Lingua, 2017, 195: 57—71.

[102] CAMPBELL J. Reference and consciousness [M]. Oxford: Clarendon Press, 2002.

[103] KORTA K, PERRY J. Critical pragmatics: An inquiry into reference and communication [M]. Cambridge: Cambridge University Press, 2011.

[104] KERN S. Lexicon development in French-speaking infants [J]. First Language, 2007, 27: 227—250.

[105] KO C. Form and function of sentence final particles in Cantonese-speaking children [D]. Hong Kong: University of Hong Kong, 2000.

[106] KRUG M G. Emerging English modals [M]. Berlin: De Gruyter Mouton, 2000.

[107] KUCZAJ II S A. The acquisition of regular and irregular past tense forms [J]. Journal of Verbal Learning and Verbal Behavior, 1977, 16 (5): 589—600.

[108] KYRATZIS A. Using the social organizational affordances of pretend play in American preschool girls' interactions [J]. Research on Language and Social Interaction, 2007, 4: 321—352.

[109] LAKOFF R T. The pragmatics of modality [C] //Papers from the Regional Meeting of the Chicago Linguistic Society, 1972, 8: 229—246.

[110] LEE C. The acquisition of modality [C] //LEE C, SIMPSON G, KIM Y, LI P. The handbook of East Asian psycholinguistics: Volume III Korean. Cambridge: Cambridge University Press, 2009: 187—220.

[111] LEE H T T, LAW A. Epistemic modality and the acquisition of Cantonese final particles [C] //NAKAYAMA M. Issues in East Asian language acquisition. Tokyo: Kuroshio Publishers, 2001: 67－128.

[112] LEE H T T, WONG C H, WONG C S P. Functional categories in child Cantonese [C] //Paper presented at the Seventh International Conference on the Cognitive Processing of Chinese and Other Asian Languages, Chinese University of Hong Kong, Hong Kong, 1995.

[113] LEECH G. Principles of pragmatics [M]. London: Longman, 1983.

[114] LEECH G. Modality on the move: The English modal auxiliaries 1961－1992 [C] //FACCHINETTI R, PALMER F, KRUG M. Modality in contemporary English. Berlin: De Gruyter Mouton, 2003: 223－240.

[115] LEVIN B. English verb classes and alternations [M]. Chicago: University of Chicago Press, 1993.

[116] LI F. A diachronic study of V-V compound in Chinese [M]. New York: State University of New York at Buffalo, 1993.

[117] LI F. Cross-linguistic lexicalization patterns: Diachronic evidence from verb-complement compounds in Chinese [J]. Sprachtypologie und Universalienforschung. 1997 (3): 229－252.

[118] LI P, BARNER D, HUANG B H. Classifiers as count syntax: Individuation and measurement in the acquisition of Mandarin Chinese [J]. Language Learning and Development, 2008, 4 (4): 249－290.

[119] LIEVEN E, PINE J, BALDWIN G. Lexically-based learning and early grammatical development [J]. Journal of Child Language, 1997, 24 (1): 187－219.

[120] MACCOBY E E. Gender and relationships: A developmental account [J]. American Psychologist, 1990, 45 (4): 513－520.

[121] MACCOBY E E. The two sexes: Growing up apart, coming together [M]. Cambridge: Belknap Press of Harvard University Press, 1998.

[122] MACCOBY E E, JACKLIN C N. The psychology of sex differences [M]. Stanford, CA: Stanford University Press, 1974.

[123] MACWHINNEY B, ED. The emergence of language [M]. Mahwah, NJ: Lawrence Erlbaum, 1999.

[124] MARATSOs M P. The use of definite and indefinite reference in

young children [M]. Cambridge: Cambridge University Press, 1976.

[125] MATSUI T, YAMAMOTO T. Developing sensitivity to the sources of information: Early use of the Japanese quotative particles tte and to in mother-child conversation [J]. Journal of Pragmatics, 2013, 59: 5—25.

[126] MATSUI T, YAMAMOTO T, MCCAGG P. On the role of language in children's early understanding of others as epistemic beings [J]. Cognitive Development, 2006, 21 (2): 158—173.

[127] MATSUI T, YAMAMOTO T, MIURA Y, MCCAGG P. Young children's early sensitivity to linguistic indications of speaker certainty in their selective word learning [J]. Lingua, 2016, 27 (1): 175—176.

[128] MATSUOKA K. The acquisition of Japanese case particles and the theory of case checking [D]. Storrs Mansfield: University of Connecticut, Storrs, 1998.

[129] MCCLURE K, PINE J, LIEVEN E. Investigating the abstractness of children's early knowledge of argument structure [J]. Journal of Child Language, 2006, 33 (4): 693—720.

[130] MELCHIOR G. Privileges of first-person reference and of third-person reference [J]. Acta Analytica, 2011, 26 (1): 37—52.

[131] MELOGNO S, D'ARDiA C, PINTO M A, LEVI G. Metaphor comprehension in autistic spectrum disorders: Case studies of two high-functioning children [J]. Child Language Teaching & Therapy, 2012, 2: 177—188.

[132] MILLER G A, JOHNSON-LAIRD P N. Language and perception [M]. Cambridge: Cambridge University Press, 1976.

[133] MIYAHARA M. The acquisition of Japanese particles [J]. Journal of Child Language, 1974, 1: 283—286.

[134] MURASUGI K. Steps in the emergence of full syntactic structure in child grammar [J]. Nanzan Linguistics, 2013, 9: 85—118.

[135] MUSOLINO J. Universal grammar and the acquisition of semantic knowledge: An experimental investigation into the acquisition of quantifier negation interaction in English [D]. College Park: University of Maryland, 1998.

[136] NAREMORE R C, HOPPER R. Children learning language: A practical introduction to communication development [M]. New York: Harper & Row, 2011.

[137] NASSAR M M B, AL-ASHQAR A I M, SHATANAWI M A A. A comparative study of Arabic motion verbs to their English counterparts [J]. International Journal of Linguistics, Literature and Translation, 2020, 3 (9): 215—228.

[138] NELSON K E, CAMARATA S M, WELSH J, BUTKOVSKY L, CAMARATA M. Effects of imitative and conversational recasting treatment on the acquisition of grammar in children with specific language impairment and younger language normal children [J]. Journal of Speech and Hearing Research, 1996, 39: 850—859.

[139] NGUYEN H T, NGUYEN M T T. "But please can I play with the iPad?": The development of request negotiation practices by a four-year-old child [J]. Journal of Pragmatics, 2016, 101: 66—82.

[140] NINIO A, SNOW C E. Pragmatic development [M]. CO: Westview Press, 1996.

[141] NOJI J. Yooji no jgengo seikatsu no jittai (Vols. 1—4) [M]. Tokyo: Bunka Hyoron Publishing Co, 1974—1977.

[142] NOVECK I A. When children are more logical than adults: Experimental investigations of scalar implicature [J]. Cognition, 2001, 2: 165—188.

[143] OCHSENBAUER A K, HICKMANN M. Children's verbalization of motion events in German [J]. Cognitive Linguistics, 2010, 21: 217—238.

[144] OKUBO A. Yooji gengo no hatatsu [M]. Tokyo: Tokyodoo, 1967.

[145] OSTERLING J A, DAWSON G, MUNSON J A. Early recognition of 1-year-old infants with autism spectrum disorder versus mental retardation: A study of first birthday party home videotapes [J]. Development and Psychopathology, 2002, 14 (2): 239—251.

[146] ÖZÇALISKAN Ş, SLOBIN D I. Learning how to search for the frog: Expression of manner of motion in English, Spanish, and Turkish [C] //Proceedings of the 23rd annual Boston University conference

on language development. Vol. 2. Somerville, MA: Cascadilla Press, 1999: 541－552.

[147] PALMER F R. Modality and the English modals [M]. London: Longman, 1979.

[148] PAPAFRAGOU A, MUSOLINO J. Scalar implicatures: Experiments at the semantics/pragmatics interface [J]. Cognition, 2003, 3: 253－282.

[149] PAPAFRAGOU A. Pragmatic development [J]. Language Learning and Development, 2018, 14 (3): 167－169.

[150] PEP P. Is Dickie's account of aboutness-fixing explanatory? [J]. Theoria, 2020, 86 (6): 801－820.

[151] PEYRAUBE A. Motion events in Chinese: A diachronic study of directional complements [C] //HICKMANN M, ROBERT S. Space in languages: Linguistic systems and cognitive categories. Berlin: Mouton de Gruyter, 2006: 121－135.

[152] PIAGET J. The language and thought of the child [M]. London: Routledge and Kegan Paul, 1926.

[153] PIAGET J. Epistemology and psychology of functions [M]. Dordrecht: D. Reidel Publishing Company, 1977.

[154] PINKER S. Learnability and cognition: The acquisition of argument structure (new ed.) [M]. Cambridge: MIT Press, 2013.

[155] POUSCOULOUS N, NOVECK I, POLITZER G, BASTIDE A. A developmental investigation of processing costs in implicature production [J]. Language Acquisition, 2007, 14 (4): 347－376.

[156] PRENTICE D A. When small effects are impressive [M]. Cambridge: Cambridge University Press, 1992.

[157] RADFORD A. Syntactic theory and the acquisition of English syntax: The nature of early child grammars of English [M]. Oxford: Basil Blackwell, 1990.

[158] RIVERS C, BARNETT R C. The truth about girls and boys: Challenging toxic stereotypes about our children [M]. New York: Columbia University Press, 2013.

[159] ROWLAND C F, PINE J M, LIEVEN E V, THEAKSTON A L. Determinants of acquisition order in wh-questions: Re-evaluating

the role of caregiver speech [J]. Journal of Child Language，2003，
30 (3)：609—663.

[160] RUBIO-FERNANDEZ P，GRASSMANN S. Metaphors as second la-
bels：Difficult for preschool children? [J]. Journal of Psycholin-
guistic Research，2016，45 (4)：931—944.

[161] SARNECKA B W，GELMAN S A. Six does not just mean a lot：
Preschoolers see number words as specific [J]. Cognition，2004，
92 (3)：329—352.

[162] SCARBOROUGH H S，RESCORLA L，TAGER-FLUSBURG H，
FOWLER A E，SUDHALTER V. The relation of utterance length
to grammatical complexity in normal and language-disordered groups
[J]. Applied Psycholinguistics，1991，12 (1)：23—45.

[163] SCHEGLOFF E A. Turn organization：One intersection of grammar
and interaction [C] //OCHS E，SCHEGLOFF E A，THOMPSON
S A. Interaction and grammar. Cambridge：Cambridge University
Press，1996：52—133.

[164] SEARLE J R. What is a speech act? [C] //BLACK M. Philosophy in
America. New York：Allen and Unwin，1965.

[165] SEARLE J R. Indirect speech acts [C] //COLE P，MORGAN J
L. Syntax and semantics. Vol. 3. New York：Academic Press，1975：
59—82.

[166] SEARLE J R. Expression and meaning [M]. Cambridge：Cam-
bridge University Press，1979.

[167] SHARPLESS E A. Children's acquisition of personal pronouns [D].
New York：Columbia University，1974.

[168] SHATZ M，WILCOX S. Constraints on the acquisition of English
modals [C] //GELMAN S A，BYRNES J P. Perspectives on lan-
guage and thought：Interrelations in development. Cambridge：Cam-
bridge University Press，1991：319—353.

[169] SHEPHERD S C. Modals in Antiguan Creole，child language acquisi-
tion and history [D]. Stanford，CA：Stanford University，1981.

[170] SHIPLEY E F，SHIPLEY T E. Quaker children's use of thee：A re-
lational analysis [J]. Journal of Verbal Learning & Verbal Behav-

iour，1969，8（1）：112—117.

[171] SHIRAI J, SHIRAI H, FURUTA Y. On the acquisition of sentence-final particles in Japanese ［C］//PERKINS M, HOWARD S. New directions in language development and disorders. New York：Springer，2000：243—250.

[172] SKINNER B F. Verbal behavior ［M］. New York：Appleton-Century-Crofts，1957.

[173] SLOBIN D I, ED. The cross-linguistic study of language acquisition：Vol. 5：Expanding the contexts ［M］. Mahwah, NJ：Lawrence Erlbaum Associates，1997.

[174] SLOBIN D I. Crosslinguistic evidence for the language-making capacity ［C］//SLOBIN D I. The crosslinguistic study of language acquisition，Vol. 1. The data；Vol. 2. Theoretical issues. Hillsdale, NJ：Lawrence Erlbaum，1985：1157—1256.

[175] SLOBIN D I, ED. The cross-linguistic study of language acquisition：Vol. 5：Expanding the contexts ［M］. Mahwah, NJ：Lawrence Erlbaum Associates，1997.

[176] SLOBIN D, GERHARDT J, KYRATZIS A, GUO J. Social interaction, social context, and language：Essays in honor of Susan Ervin-Tripp ［M］. Hillsdale, NJ：Lawrence Erlbaum Associates，1996.

[177] SLOBIN D I. Two ways to travel：Verbs of motion in English and Spanish ［M］//SHIBATANI M, THOMPSON S A. Grammatical constructions：Their form and meaning. Oxford：Oxford University Press，1996：95—217.

[178] SNOW C E. The development of conversation between mothers and babies ［J］. Journal of Child Language，1977，4（1）：1—22.

[179] SPERBER D, WILSON D. Relevance：Communication and cognition ［M］. Oxford：Blackwell，1986.

[180] SPERBER D, WILSON D. Relevance：Communication and cognition (2nd ed.) ［M］. Oxford：Blackwell，1995.

[181] STEPHANY U. Modality ［C］//FLETCHER P, GARMAN M. Language acquisition. Cambridge：Cambridge University Press，1986：375—400.

[182] STEPHANY U. Modality in first language acquisition: The state of the art [C] //DITTMAR N, REICH A. Modality in language acquisition. Berlin: De Gruyter Mouton, 1993: 133−144.

[183] STROMSWOLD K. The acquisition of subject and object wh-questions [J]. Language Acquisition, 1995, 4 (1): 5−48.

[184] SWAROOP J, NANDA P, KANG T K. Perceptual ability as correlate of age, sex and locale [J]. Psycho-Lingua, 2001, 31 (2): 131−134.

[185] TALMY L. Toward a cognitive semantics: Volume 1. Concept structuring systems [M]. Cambridge: MIT Press, 2000.

[186] TALMY L. Lexicalization patterns: Semantic structure in lexical forms [M] //SHOPEN T. Language typology and semantic description: Vol. 3: Grammatical categories and the lexicon. Cambridge: Cambridge University Press, 1985: 36−149.

[187] TAYLOR R. Messing about with metaphor: Multimodal aspects to children's creative meaning making [J]. Literacy, 2012, 46 (3): 156−166.

[188] TOMASELLO M. First verbs: A case study of early grammatical development [M]. Cambridge: Cambridge University Press, 1992.

[189] TOMASELLO M. Do young children have adult syntactic competence? [J]. Cognition, 2000, 74 (3): 209−253.

[190] TOMASELLO M. Perceiving intentions and learning words in the second year of life [C] //BOWERMAN M, LEVINSON S C. Language acquisition and conceptual development. Cambridge: Cambridge University Press, 2001: 132−158.

[191] TOMASELLO M. Constructing a language: A usage-based theory of language acquisition [M]. Cambridge: Harvard University Press, 2003.

[192] TYACK D, INGRAM D. Children's production and comprehension of questions [J]. Journal of Child Language, 1977, 4 (2): 211−224.

[193] UCHIDA N, IMAI M. Heuristics in learning classifiers: The acquisition of the classifier system and its implications for the nature of lexical acquisition [J]. Japanese Psychological Research, 1999, 41 (1): 50−69.

[194] UNO M. A usage-based approach to early-discourse pragmatic functions of the Japanese subject markers wa and ga [J]. Journal of Child Language, 2016, 43 (1): 81—106.

[195] VAN DER AUWERA J, NOËL D, VAN LINDEN A. Had better, 'd better and better: Diachronic and transatlantic variation [C] // MARÍN-ARRESE J I, CARRETERO M, ARÚS HITA J, VAN DER AUWERA J. English modality: Core, periphery and evidentiality. Berlin: De Gruyter Mouton, 2013: 119—154.

[196] VERSCHUEREN J. Understanding pragmatics [M]. London: Edward Arnold, 1999.

[197] VYGOTSKY L S. Mind in society: The development of higher psychological processes [M]. Cambridge: Harvard University Press, 1978.

[198] VYGOTSKY L S. Thought and language [M]. Cambridge: MIT Press, 1986.

[199] WARDEN D A. The influence of context on children's use of identifying expressions and references [J]. British Journal of Psychology, 1976, 67 (1): 101—112.

[200] WELLS G. Learning and using the auxiliary verb in English [C] // LEE V. Cognitive development: Language and thinking from birth to adolescence. London: Croom Helm, 1979: 250—270.

[201] WELLS G. Language development in the pre-school years [M]. Cambridge: Cambridge University Press, 1985.

[202] WESTNEY P. Modals and periphrastics in English: An investigation into the semantic correspondence between certain English modal verbs and their periphrastic equivalents [M]. Tübingen: Max Niemeyer Verlag, 1995.

[203] WILSON D. Irony comprehension: A developmental perspective [J]. Journal of Pragmatics, 2013, 59: 40—56.

[204] WONG W, INGRAM D. Question acquisition by Cantonese-speaking children [J]. Journal of Multilingual Communication Disorders, 2003, 1 (2): 148—157.

[205] XU L. The referential properties of Chinese noun phrases (Vol. 2) [M]. Paris: Ecole des Hautes en Sciences Sociales, Centre de Re-

cherches Linguistiques sur l'Asie Orientale，1997.

[206] 白鸽．定指标记与类指义的表达——语言库藏类型学视角 [J]．外国语（上海外国语大学学报），2015，38（4）：21－36.

[207] 白鸽．冀州方言的领属范畴 [C] //复旦大学中文系．语言研究集刊（第十辑）．上海：上海辞书出版社，2013：162－179.

[208] 苍静波．汉语儿童人称代词获得研究 [D]．哈尔滨：黑龙江大学，2011.

[209] 曹俐娇．英汉双语儿童特殊疑问句习得研究 [D]．北京：北京语言大学，2007.

[210] 曹中平，杨秀华．语义获得的特征理论及其实验研究新进展 [J]．湖南师范大学教育科学学报，2002，1（1）：119－123.

[211] 曾欣悦，刘正光．认知语言学对语法教学的启示 [J]．外国语文，2009（4）：111－117.

[212] 车慧，郭伊．高级汉语水平韩国留学生时量构式偏误分析与获得顺序 [J]．佳木斯职业学院学报，2021（10）：91－92.

[213] 陈长辉．儿童语言中的人称代词．安徽师大学报（社会科学版）．1998（1）：105－110.

[214] 陈丽萍．汉语儿童疑问句获得顺序个案探究 [D]．天津：天津师范大学，2012.

[215] 陈平．释汉语中与名词性成分相关的四组概念 [J]．中国语文，1987（2）：81－92.

[216] 陈平．汉语定指范畴和语法化问题 [J]．当代修辞学，2016（4）：1－13.

[217] 陈新仁．国外儿童语用发展研究述评 [J]．外语与外语教学，2000（12）：38－41.

[218] 陈学金．论教育人类学的三种研究取向及在不同国家的特点 [J]．民族教育研究，2014（1）：5－10.

[219] 陈依菲，韩戈玲．幼儿间接请求言语行为的个案研究 [J]．上海理工大学学报（社会科学版），2013（1）：31－35.

[220] 陈禹．作为反意外范畴标记的"还不是" [J]．世界汉语教学，2018（4）：483－494.

[221] 陈振宇．汉语的指称与命题：语法中的语义学原理 [M]．上海：上海人民出版社，2017.

[222] 程璐璐，尚晓明．儿童语用发展取效行为的语力探讨——以认知语言学为视角［J］．学术交流，2017（5）：163－167.

[223] 程璐璐，尚晓明．学前儿童语用交流行为的发展特点与取效行为理论［J］．学前教育研究，2017（3）：14－31.

[224] 崔凤娟，王松鹤．指称理论的语境化过程［J］．外语学刊，2018（3）：15－19.

[225] 单威．现代汉语偏离预期表达式研究［D］．长春：吉林大学，2017.

[226] 邓云华，石毓智．论构式语法理论的进步与局限［J］．外语教学与研究，2007（5）：323－330.

[227] 丁凌云．儿童语言中的量词［J］．安徽师范大学学报（人文社会科学版），1999（1）：111－112.

[228] 丁肇芬，张德禄．幼童话语符号——多模态意义模块建构探索［J］．天津外国语大学学报，2016（6）：15－19.

[229] 董正存．情态副词"反正"的用法及相关问题研究［J］．语文研究，2008（2）：12－16.

[230] 范莉．儿童对普通话中否定词的早期获得［J］．现代外语，2007（2）：144－154.

[231] 范莉．儿童早期语言中疑问句的疑问和非疑问用法［D］．北京：北京语言大学，2007.

[232] 范莉．普通话中动词后情态的早期获得［J］．现代语文，2010（6）：6－12.

[233] 范伟．现代汉语情态系统与表达研究［D］．上海：上海师范大学，2010.

[234] 范伟．现代汉语情态系统与表达研究［M］．北京：中国社会科学出版社，2017.

[235] 范伟．情态构式的多义性及获得状况考察［J］．对外汉语研究，2019（1）：42－56.

[236] 方梅，乐耀．规约化与立场表达［M］．北京：北京大学出版社，2017.

[237] 方梅．指示词"这"和"那"在北京话中的语法化［J］．中国语文，2002（4）：343－356.

[238] 方梅，李先银，谢心阳．互动语言学与互动视角的汉语研究［J］．语言教学与研究，2018（3）：1－16.

[239] 费广洪，申继亮，姚艺．幼儿在园提问数量的发展研究［J］．学前教

育研究，2003（7）：84—88.

[240] 费广洪，申继亮．关于儿童提问价值及类型的研究［J］．教育研究与实验，2003（1）：42—46.

[241] 傅满义．儿童语言中的副词［D］．合肥：安徽师范大学，2002.

[242] 高航．现代汉语工具动量词的指称功能考查：认知语法视角［J］．外国语（上海外国语大学学报），2022（5）：32—34.

[243] 龚晨．汉语普通话儿童量词获得研究［D］．天津：天津师范大学，2010.

[244] 桂诗春．心理语言学［M］．上海：上海外语教育出版社，1985.

[245] 韩柳．"这么"的句法语义功能研究［D］．济南：山东大学，2014.

[246] 韩亚文．语言获得中的性别差异探析［J］．南京工业大学学报（社会科学版），2004（4）：101—104.

[247] 何杰．现代汉语量词研究［M］．北京：民族出版社，2000.

[248] 贺阳．试论汉语书面语的语气系统［J］．中国人民大学学报，1992（5）：59—66.

[249] 赫颖颖．基于语料库的中国学生英文写作中指示指称的研究［D］．济南：山东师范大学，2008.

[250] 洪波，董正存．"非 X 不可"格式的历史演化和语法化［J］．中国语文，2004（3）：253—261.

[251] 胡建成，杨萌萌．探究儿童语言获得的奥秘［J］．中国社会科学报，2022（5）：1—2.

[252] 胡建华，石定栩．完句条件与指称特征的允准［J］．语言科学，2005（5）：42—49.

[253] 黄进．儿童语言中个体量词"个"的运用及其他［J］．南京广播电视大学学报，2003（3）：51—53.

[254] 黄宇，彭小红．儿童违反会话合作原则的原因分析［J］．湖南科技学院学报，2010，31（7）：192—194.

[255] 纪瑛琳．空间运动事件的表达——基于语言类型学和获得角度的研究［M］．北京：中国社会科学出版社，2014.

[256] 纪悦，杨小璐．儿童早期语言中的"来"和"去"［J］．中国语文，2015（1）：28—37.

[257] 贾红霞．普通话儿童空间范畴表达发展的个案研究［D］．北京：中国社会科学院研究生院，2009.

[258] 姜其文．现代汉语情态构式研究［D］．杭州：浙江大学，2018.

[259] 姜占好，刘萍，康佳萍．国外儿童语用获得研究述评（2000—2016）［J］．外语教学，2017（5）：65—68.

[260] 靳洪刚．语言获得研究［M］．北京：中国社会科学出版社，1997.

[261] 阚哲华．汉语位移事件词汇化的语言类型探究［J］．当代语言学，2010（2）：26—35.

[262] 柯理思．汉语空间位移事件的语言表达［J］．现代中国语研究，2003（3）：1—18.

[263] 柯理思．［形容词＋不了］格式的认识情态意义［C］//吴福祥．汉语语法化研究．北京：商务印书馆，2005.

[264] 孔令达，陈长辉．儿童语言中代词发展的顺序及其理论解释［J］．语言文字应用，1999（2）：4—46.

[265] 孔令达等．汉族儿童实词获得研究［M］．合肥：安徽师范大学出版社，2004.

[266] 孔文生．基于语料库的中国学生书信写作中人称指称衔接研究［D］．长春：东北师范大学，2007.

[267] 乐耀．汉语会话交际中的指称调节［J］．世界汉语教学，2017（1）：36—57.

[268] 乐耀．互动语言学研究的重要课题——会话交际的基本单位［J］．当代语言学，2017（2）：246—271.

[269] 黎锦熙．新著国语文法［M］．长沙：湖南教育出版社，1924.

[270] 李慧敏．儿童语言中的语气词［D］．合肥：安徽师范大学，2005.

[271] 李慧敏，王磊奇．汉语儿童早期应答语的发展［J］．当代语言学，2023（6）：917—934.

[272] 李金彩．基于跨文化视角的专名指称实证研究［D］．上海：上海交通大学，2018.

[273] 李明宇．汉族儿童问句系统获得探微［M］．武汉：华中师范大学出版社，1991.

[274] 李明宇．儿童语言的发展［M］．武汉：华中师范大学出版社，1995.

[275] 李平．语言获得的联结主义模式［J］．当代语言学，2002，4（3）：164—175.

[276] 李姝姝．"还是"情态义的来源及浮现条件［J］．汉语学习，2019（5）：54—63.

[277] 李文馥，马谋超．儿童理解数量词"几个""很多"的发展特点 [J]．
心理学报，1992，24（2）：158－164．

[278] 李先银．自然口语中的话语叠连研究——基于互动交际的视角 [J]．
语言教学与研究，2016（4）：84－93．

[279] 李香．汉语儿童早期否定词获得个案研究 [J]．云梦学刊，2013，34
（4）：143－144．

[280] 李向农，周国光，孔令达．2—5 岁儿童运用"把"字句情况的初步考
察 [J]．语文研究，1990（4）：43－50．

[281] 李晓君．儿童对请求言语行为理解的比较研究 [D]．长春：东北师
范大学，2016．

[282] 李新莲．儿童语言中的副词与目标语言的比较 [D]．合肥：安徽师
范大学，2013．

[283] 李宇明，陈前．群案儿童的问句理解 [J]．华中师范大学学报，1997
（2）：77－84．

[284] 李宇明，陈前瑞．儿童问句系统理解与发生之比较 [J]．世界汉语教
学，1997（4）：90－98．

[285] 李宇明，陈前端．语言的理解与发生 —— 儿童问句系统的理解与发
生的比较 [M]．上海：华东师范大学出版社，1998．

[286] 李宇明．儿童反复问句和"吗""吧"问句发展的相互影响 [J]．中国
语文，1991（6）：417－424．

[287] 李宇明．汉语量范畴研究 [M]．武汉：华中师范大学出版社，2000．

[288] 李宇明．量词与数词，名词的扭结 [J]．语言教学与研究，2000
（3）：50－58．

[289] 李宇明．儿童语言的发展 [M]．武汉：华中师范大学出版社，2004．

[290] 李宇明．儿童问句理解的群案与个案的比较研究 [J]．语言教学与研
究，2004（4）：119－130．

[291] 李宇明．人生初年——儿童语言研究与儿童教育 [N]．中国社会科
学报，2022-05-27，（4）．

[292] 李宗江，王慧兰．汉语新虚词 [M]．上海：上海教育出版社，2011．

[293] 李宗江．"为好"与"的好" [J]．语言研究，2010（1）：39－44．

[294] 厉杰．口头禅：类别、机制与功能 [D]．上海：上海外国语大
学，2013．

[295] 梁丹丹．儿童语言障碍引论 [M]．北京：商务印书馆，2017．

[296] 梁敬美.“这-”"那-”的语用与话语功能研究［D］. 北京：中国社会科学院研究生院，2002.

[297] 梁卫兰，都波等. 幼儿中文语言词汇发展的研究［J］. 中华儿科杂志，2002（11）：650－653.

[298] 梁子超. 现代汉语运动事件中路径的词化模式研究［D］. 长春：东北师范大学，2020.

[299] 林敏. 论儿童怎样掌握名词概念［J］. 池州师专学报，2005（3）：136－137.

[300] 刘丹青，唐正大. 名词性短语的类型学研究［M］. 北京：商务印书馆，2005.

[301] 刘丹青. 作为典型构式句的非典型“连”字句［J］. 语言教学与研究，2005（4）：1－12.

[302] 刘丹青. 语法调查研究手册［M］. 上海：上海教育出版社，2017.

[303] 刘金花. 儿童发展心理学［M］. 上海：华东师范大学出版社，1997.

[304] 刘丽艳. 作为话语标记的“这个”和“那个”［J］. 语言教学研究，2009（1）：89－94.

[305] 刘梦婷. 汉语语气词呢、吗、吧、啊的功能分析及其对外汉语教学研究［D］. 长春：吉林大学，2014.

[306] 刘宁生.“大约”的语义、语法分析［J］. 语文研究，1985（3）：36－39.

[307] 刘巧云，张艳丽，黄昭鸣. 儿童词汇语义发展特点及其对听障儿童康复的启示［J］. 中国听力语言康复科学杂志，2015，13（3）：226－229.

[308] 刘森林. 学龄前儿童语用发展状况实证研究——聚焦言语行为［J］. 外语研究，2007（5）：9－13.

[309] 刘晓洲. 汉语“还是”的语法化［J］. 滨州学院学报，2016（5）：65－69.

[310] 刘雅娟. 儿童语气词“吗”与“吧”的获得研究［D］. 北京：首都师范大学，2009.

[311] 刘颖. 环境语言输入与儿童语言获得相关性计量研究［J］. 语言教学与研究，2014（5）：43－51.

[312] 刘月华. 实用现代汉语语法［M］. 北京：外语教学与研究出版社，1983.

[313] 刘正光. 认知语言学的语言习得观［J］. 外语教学与研究（外国语文

双月刊），2009（1）：46－53.

[314] 隆江源. 汉语儿童指示代词获得研究 [D]. 长沙：湖南大学，2018.

[315] 陆俭明. 关于"去＋vp"和"vp＋去"句式 [J]. 语言教学与研究，1985（4）：18－33.

[316] 陆俭明. 语义特征分析在汉语语法研究中的运用 [J]. 汉语学习，1991（1）：1－10.

[317] 陆俭明. 动词后趋向补语和宾语的位置问题 [J]. 世界汉语教育，2002（1）：5－18.

[318] 罗黎丽. 五周岁汉语儿童的言语交际研究 [D]. 广州：暨南大学，2012.

[319] 吕红梅. 现代汉语量词"个"的研究 [D]. 济南：山东大学，2011.

[320] 吕明臣，许春燕. 指称：建构话语系列的途径 [J]. 吉林大学社会科学学报，2016（2）：173－180.

[321] 吕叔湘等. 现代汉语八百词（增订本）[M]. 北京：商务印书馆，2013.

[322] 吕叔湘. 现代汉语八百词 [M]. 北京：商务印书馆，1980.

[323] 吕叔湘. 吕叔湘全集. 第一卷（中国文法要略）[M]. 北京：商务印书馆，2002.

[324] 吕叔湘著，方梅，朱庆祥解读. 中西学术名篇精读 4：吕叔湘卷 [M]. 上海：中西书局，2015.

[325] 吕叔湘. 试说表概数的"来"[J]. 中国语文，1957a（4）：18－19.

[326] 吕叔湘. 再说"来"，以及"多"和"半"[J]. 中国语文，1957b（9）：24－25.

[327] 吕叔湘. 中国文法要略 [M]. 北京：商务印书馆，2014.

[328] 马建忠. 马氏文通 [M]. 北京：商务印书馆，2009.

[329] 马滢颖，樊宁. 3—4岁儿童语言性别差异的研究——一项基于语料库的研究 [J]. 遵义师范学院学报，2015，17（5）：142－146.

[330] 迈克尔·托马塞洛（美）. 人类认知的文化起源 [M]. 张敦敏译. 北京：中国社会科学出版社，2011.

[331] 李慧敏，王磊奇. 汉语儿童早期应答语的发展 [J]. 当代语言学，2023（6）：917－934.

[332] 缪小春. 幼儿对疑问词的理解——幼儿回答特殊疑问句的发展特点 [J]. 心理科学通讯，1986（5）：1－5.

[333] 聂晶，孟仙，冉域辰等. 成都市 16—24 月龄儿童语言发育现状调查 [J]. 中国儿童保健杂志，2014，22（9）：982—984.

[334] 聂大海. 语言获得理论及其形成的哲学基础 [J]. 学习与探索，2004 （1）：23—24.

[335] 彭利贞 & 关楠. 非意愿与"V 不了"的认识情态表达 [J]. 语言研究 集刊，2014（2）：13—24.

[336] 彭利贞. 现代汉语情态研究 [D]. 上海：复旦大学，2005.

[337] 彭利贞. 现代汉语情态研究 [M]. 北京：中国社会科学出版 社，2007.

[338] 彭鹭鹭. 儿童句法结构的获得 [D]. 北京：中国社会科学院，2016.

[339] 彭小红，曾平凤. 说汉语儿童话轮转换语用策略分析 [J]. 铜仁学院 学报，2014（6）：132—137.

[340] 彭小红，陈坤田. 说汉语儿童早期量词发展个案研究 [J]. 湘南学院 学报，2016（3）：75—78.

[341] 彭小红，刘玉兰. 论儿童早期名词获得过程中的词义泛化现象 [J]. 宜宾师院学报，2008（11）：95—96.

[342] 彭小红，宋慧. 说汉语儿童疑问句获得个案研究 [J]. 保定学院学 报，2011（4）：92—96.

[343] 彭小红，张思. 儿童违反会话合作原则的语用效果分析 [J]. 鲁东大 学学报（哲学社会科学版），2012（6）：42—45.

[344] 皮亚杰. 儿童心理学（吴福元译）[M]. 北京：商务印书馆，1980.

[345] 钱益军. 儿童语言中的语气词 [D]. 合肥：安徽师范大学，2003.

[346] 钱雨. 儿童人类学的发展及其教育启示 [J]. 全球教育展望，2011，40（9）：75—79.

[347] 尚晓明. 话语建构与透视研究——以儿童言语行为理论为例 [J]. 黑 龙江社会科学，2011（5）：118—121.

[348] 尚晓明. 言语行为理论与实践——以中英学龄前儿童语用发展语料为 例 [J]. 外语学刊，2013（2）：75—80.

[349] 尚晓明. 儿童语用发展知识图式探究 [J]. 外语电化教学，2016 （4）：61—65.

[350] 邵洪亮. 副词"还是"的元语用法 [J]. 语言教学与研究，2013（4）：75—82.

[351] 邵敬敏. 量词的语义分析及其与名词的双向选择 [J]. 中国语文，

1993（3）：28－32.

[352] 沈家煊 . 现代汉语"动补结构"的类型学考察 [J]. 世界汉语教学，
2003（3）：17－23.

[353] 沈家煊 . 认知与汉语语法研究 [M]. 北京：商务印书馆，2006.

[354] 沈家煊 . 跟副词"还"有关的两个句式 [J]. 中国语文，2001（6）：
483－493.

[355] 沈园 . 逻辑判断基本类型及其在语言中的反映 [J]. 当代语言学，
2000（3）：125－137.

[356] 施春宏 . 面向第二语言教学汉语构式研究的基本状况和研究取向
[J]. 语言教学与研究，2011（6）：98－108.

[357] 石毓智 & 白解红 . 将来时的概念结构及其词汇来源 [J]. 外语教学
与研究，2007（1）：33－42.

[358] 束定芳 . 语言习得中的语言输入及语言能力的发展 [J]. 北京第二外
国语学院学报，2024（1）：3－18.

[359] 宋慧 . 英汉儿童疑问句获得对比研究 [D]. 长沙：长沙理工大
学，2012.

[360] 宋荣，杨雨 . 指称与心灵——当代西方心灵哲学视域中指称研究的最
新进展 [J]. 科学技术哲学研究，2020（6）：7－12.

[361] 宋晓琳 . 句末语气词 BA 和 MA 获得的个案研究 [D]. 天津：天津
师范大学，2013.

[362] 宋孝才 . 不定量词"点儿"与"些"比较 [J]. 语言教学与研究，
1982（3）：81－86.

[363] 孙安琪 . 汉语中介语语料库"就＋VP"构式语义分布及获得考察
[J]. 现代语文，2018（8）：155－161.

[364] 陶宇 . 汉语句末助词的儿童语言获得 [D]. 北京：清华大学，2012.

[365] 汪敏锋 . "还是……吧"的人际语用功能 [J]. 新疆大学学报（哲学·
人文社会科学版），2017（1）：135－139.

[366] 王初明 . 语言习得过程：创造性构建抑或创造性模仿？[J]. 现代外
语（双月刊），2021（5）：585－591.

[367] 王军 . 汉字的符号指称功能——以"二"为例 [J]. 西安外国语大学
学报，2020（3）：16－21.

[368] 王力 . 中国现代语法 [M]. 北京：商务印书馆，1985.

[369] 王沛洁 . 儿童会话中重复现象的研究 [D]. 株洲：湖南工业大

学，2011.

[370] 王荣斌，薛耀琴 . 4—5 岁汉语儿童否定行为的多模态表征特点 [J].
学前教育研究，2020（1）：20—29.

[371] 王岩 . 功能视角下的普通话儿童 3 岁前语言发展个案研究 [D]. 长
春：吉林大学，2013.

[372] 王寅 . Talmy 认知语义学的理论、实践和发展——体认语义学刍译
[J]. 北京第二外国语学院学报，2022（5）：14—26.

[373] 魏梅 . 基于使用的语言习得观述评 [J]. 长春大学学报，2020（4）：
93—97.

[374] 吴德新 . 情态动词"用不着"的意义和组合特点 [J]. 汉语学习，
2017（1）：47—55.

[375] 吴德新 . "用不着"的语法化及其主观化 [J]. 宁夏大学学报（人文
社会科学版），2017（4）：12—17.

[376] 吴福祥 . 汉语能性述补结构"V 得/不 C"的语法化 [J]. 中国语文，
2002（1）：29—40.

[377] 吴福祥 . 能性述补结构琐议 [J]. 语言教学与研究，2002（5）：
19—27.

[378] 吴福祥 . 试说"X 不比 Y·Z"的语用功能 [J]. 中国语文，2004
（3）：222—231.

[379] 吴天敏，许政援 . 初生到三岁儿童言语发展记录的初步分析 [J]. 心
理学报，1979（2）：153—165.

[380] 武果 . 副词"还"的主观性用法 [J]. 世界汉语教学，2009（3）：
322—333.

[381] 肖浩宇，张庆林，史慧颖 . 小学儿童提问能力的发展 [J]. 心理发
展与教育，2006（1）：58—62.

[382] 谢佳玲 . 汉语的情态动词 [D]. 台北：台湾清华大学，2002.

[383] 谢楠，张笛 . 汉语儿童多模态口语语料库建设研究 [J]. 外语电化教
学，2017（5）：53—60.

[384] 谢书书，张积家 . 3—6 岁儿童对言语行为的元认知发展 [J]. 心理学
探新，2007（4）：22—27.

[385] 熊岭 . 汉语关系结构的指称意义 [J]. 黄冈师范学院学报，2018
（4）：86—91.

[386] 徐光兴 . 自闭症的性别差异及其与认知神经功能障碍的关系 [J]. 心

理科学，2007（2）：425—427.

[387] 徐烈炯，刘丹青. 话语的结构与功能（增订本）[M]. 上海：上海教育出版社，2007.

[388] 徐烈炯. 语义学 [M]. 北京：北京出版社，1995.

[389] 徐敏. 虚构名字的接续主义指称观 [J]. 现代哲学，2019（3）：90—97.

[390] 许家金. 汉语自然会话中话语标记"那（个）"的功能分析 [J]. 语言科学，2008（1）：49—57.

[391] 许家金. 青少年汉语口语中话语标记的话语功能研究 [M]. 北京：外语教学与研究出版社，2009.

[392] 许政援，闵瑞芳. 汉语儿童人称代词的获得 [J]. 心理学报，1992（4）：3—11.

[393] 许政援. 三岁前儿童语言发展的研究和有关的理论问题 [J]. 心理发展与教育，1996（3）：3—13.

[394] 闫长红，王敏. Tomasello 的语言获得理论及其对二语获得的启示 [J]. 成都理工大学学报（社会科学版），2019（27）：86—89.

[395] 严辰松. 运动事件的词汇化模式——英汉比较研究 [J]. 解放军外语学院学报，1998（6）：8—12.

[396] 严辰松. 构式语法论要 [J]. 解放军外国语学院学报，2006（4）：6—11.

[397] 杨贝，董燕萍. 汉语动力型情态动词的早期获得 [J]. 华文教学与研究，2013（1）：1—9.

[398] 杨贝，董燕萍. 现代汉语情态动词早期获得的个案研究 [J]. 外国语（上海外国语大学学报），2014（1）：83—92.

[399] 杨贝. 汉语儿童情态助动词早期获得研究 [M]. 北京：科学出版社，2014.

[400] 杨凤，樊烨，周兢. 3—6 岁儿童在合作装扮游戏中语言运用的性别差异 [J]. 幼儿教育（教育科学），2010（18）：38—43.

[401] 杨旭. 儿童语言习得两大理论研究范式述评 [J]. 现代语文（语言研究版），2013（1）：36—38.

[402] 杨旭，刘瑾. 构式化的核心思想及其对构式获得的启示 [J]. 外语教学理论与实践，2018（4）：26—31.

[403] 姚双云，王杰. 互动语言学在汉语二语教学中的应用：理论基础与实

践设计 [J]. 华文教育与研究，2024（1）：10－16＋25.

[404] 殷树林. 话语标记"这个""那个"的语法化和使用的影响因素 [J].
外语学刊，2009（4）：92－96.

[405] 宇斌. 论语言学习的认知心理学基础 [J]. 教育评论，2009（3）：
46－48.

[406] 俞航. 汉语儿童量词获得研究 [D]. 湘潭：湘潭大学，2013.

[407] 张伯江. 从话语角度论证语气词"的" [J]. 中国语文.1998（2）：
93－102.

[408] 张笛. 普通话儿童与家长的言语行为策略——以句末含有语气词
"吧"的对话片段为例 [J]. 学前教育研究，2018（8）：50－59.

[409] 张笛. 普通话儿童言语心理情绪与态度研究——以含有句末语气词
"吧"的话语片段为例 [J]. 佳木斯教育学院学报，2018（2）：383－385.

[410] 张笛. 汉语儿童句末语气词获得研究 [M]. 北京：新华出版社，2019.

[411] 张笛. 普通话儿童语气词"啊"的语用获得研究 [J]. 语言文字应
用，2019（2）：94－103.

[412] 张笛. 汉语儿童早期心理动词获得研究 [J]. 外语电化教学，2022
（6）：89－114.

[413] 张格. 学龄前儿童不满言语行为研究 [D]. 浙江：浙江师范大学，2016.

[414] 张璐. "N一价认知＋是"凝固型构式语用现象及其来源探析 [J].
中国语文，2018（1）：85－95.

[415] 张娜. "还是＋动/小句 [＋的] ＋好"序列探析 [J]. 南阳理工学
院学报，2009（5）：15－18.

[416] 张青宇，胡金山，李忠爽. 江苏省1—6岁儿童名词发展的特征研究
[J]. 中国儿童保健杂志，2019（4）：370－373.

[417] 张瑞祥. 建议和评说："还是 X 好了"和"还是 X 好" [J]. 宜宾学
院学报，2018（5）：78－86.

[418] 章婷，李葆嘉，邱雪玫. 幼儿语言成长研究的理论方法及其应用价值
[J]. 语言文字应用，2022（3）：23－35.

[419] 张旺熹. 汉语特殊句法的语义研究 [M]. 北京：北京语言大学出版
社，1999.

[420] 张显达. 平均语句长度在中文中的应用 [J]. 听语会刊，1998（13）：
36－48.

[421] 张谊生. 现代汉语虚词 [M]. 上海：华东师范大学出版社，2000.

[422] 张谊生.“副＋是”的历时演化和共时变异——兼论现代汉语“副＋是”的表达功用和分布范围 [J]. 语言科学，2003（3）：34－49.

[423] 张媛，王文斌.认知语言学与互动语言学的可互动性探讨 [J]. 外语教学与研究，2019（4）：496－507.

[424] 张云秋，赵学彬.早期儿童副词获得的优先序列——北京话早期儿童副词获得个案研究 [J]. 世界汉语教学，2007（3）：132－140.

[425] 张云秋，周建设，符晶.早期汉语儿童多义词的获得策略——一个北京话儿童的个案研究 [J]. 中国语文，2010（1）：34－42.

[426] 张云秋，郭婷.从“在”字句获得看儿童的早期句法发展 [J]. 当代语言学，2014（4）：422－435.

[427] 张云秋，李若凡.普通话儿童早期语言中的情态量级 [J]. 中国语文，2017（1）：74－87.

[428] 张云秋，晁代金.儿童句法怎样生长：基于语言共性的习得模式构想 [J]. 首都师范大学学报（社会科学版），2019（6）：127－137.

[429] 张云秋.早期儿童语言获得中的经验因素 [J]. 中国语言文字研究，2021（2）：120－129.

[430] 张云秋，李建涛.普通话情态动补构式的儿童语言获得 [J]. 语言学研究，2022（13）：46－58.

[431] 张云秋.早期儿童语言获得中的经验因素 [J]. 中国语言文字研究，2021（2）：120－129.

[432] 张则顺.合预期确信标记“当然” [J]. 世界汉语教学，2014（2）：189－197.

[433] 张志公.暂拟汉语语法教学系统 [M]. 北京：人民教育出版社，1957.

[434] 张志公.论语文教学改革 [M]. 南京：江苏教育出版社，1987.

[435] 章依文，金星明，沈晓明，张锦明.2—3岁儿童语言发育迟缓筛查标准的建立 [J]. 中国儿童保健杂志，2003（11）：308－308.

[436] 赵春利，孙丽.句末助词“吧”的分布验证与语义提取 [J]. 中国语文，2015（2）：121－132.

[437] 赵园园.基于语料库“X 是”类情态词语义功能研究 [D]. 贵州：贵州师范大学，2021.

[438] 郑厚饶.影响儿童理解选择问句的若干因素 [J]. 语言研究，1993（1）：56－54.

[439] 郑开春，刘正光.认知语言学三个基本假设的语言获得研究证据

[J]. 外语教学，2010（1）：12－16.

[440] 钟检秀. 儿童普通话量词习得研究综述 [J]. 文教资料，2014（30）：168－170.

[441] 周法高. 中国古代语法 [M]. 北京：中华书局，1990.

[442] 周国光. 论词义发展演变的类型 [J]. 韶关学院学报（社会科学版），2004（11）：89－94.

[443] 周国光. 汉语句法结构获得研究 [M]. 合肥：安徽大学出版社，1997.

[444] 周国光. 儿童语言获得理论的若干问题 [J]. 世界汉语教学，1999（3）：77－83.

[445] 周鹏. 儿童语言习得机制跨学科研究：进展、问题和前景 [J]. 语言战略研究，2021（6）：48－59.

[446] 周鹏，谢媛. 中国儿童语言发展研究方法转向 [J]. 语言战略研究，2023（3）：13－24.

[447] 周兢. 汉语儿童语言发展研究 [M]. 北京：教育科学出版社，2009.

[448] 周兢. 汉语儿童的前语言现象 [J]. 南京师大学报（社会科学版），1994（1）：45－50.

[449] 周兢. 从前语言到语言转换阶段的语言运用能力发展——3 岁前汉语儿童语用交流行为获得的研究 [J]. 心理科学，2006（6）：1370－1375.

[450] 周领顺. 汉语"移动"的框架语义认知 [J]. 扬州大学学报（人文社会科学版），2014（18）：121－128.

[451] 朱德熙. 语法讲义 [M]. 北京：商务印书馆，1982.

[452] 朱丽. 揣测语气和揣测语气副词 [D]. 上海：上海师范大学，2005.

[453] 朱曼殊，武进之，缪小春. 幼儿口头言语发展的调查研究 [J]. 心理学报，1979（3）：281－286.

[454] 朱曼殊，武进之. 影响儿童理解句子的几个因素 [J]. 心理科学通讯，1981（1）：23－28.

[455] 朱曼殊. 儿童语言发展研究 [M]. 武汉：华中师范大学出版社，1986.

[456] 朱曼殊. 心理语言学 [M]. 武汉：华中师范大学出版社，1990.

[457] 邹立志. 儿童早期词汇-语义系统的形成与发展 [J]. 首都师范大学学报（社会科学版），2008（4）：83－90.

[458] 邹立志. 互动语言学视角下普通话儿童指别标记语的发展 [J]. 首都师范大学学报（社会科学版），2021（2）：130－139.

附 录

SWK（3；11；01）话语片段节选

@Begin

@Languages：zh♯en

@Participants：CHI Unidentified♯ MOT Unidentified♯ GM1 Unidentified♯ EXP Unidentified

@ID：　zh|CHI|||||Unidentified||

@ID：　zh|MOT|||||Unidentified||

@ID：　zh|GM1|||||Unidentified||

@ID：　zh|EXP|||||Unidentified||

＊MOT：　今天是2016年12月12号♯晚上5点27分♯苗晶在宋婉坤家给小朋友录像♯现在开始.

＊MOT：　嗯？

＊CHI：　怎么？

＊CHI：　怎么弄呀？

＊MOT：　嗯♯小朋友今天♯收到了她的新［!］玩具.

＊MOT：　♯嘟嘟熊的♯拼插幼儿园.

＊CHI：　拼插玩具.

＊MOT：　我们现在要＋/

＊MOT：　♯拼插玩具.

＊MOT：　＋我们现在要研究一下怎么玩↑

＊CHI：　嗯.

＊CHI：　淘妈.

＊MOT：　嗯？

* CHI：　那-：这-：个是♯什么?

* MOT：　♯嗯?

* CHI：　♯这个呢?

* MOT：　哪个?

* CHI：　♯这个.

* MOT：　那些都是♯♯其中的♯♯

* CHI：　啊?

* MOT：　♯道具-：吧!

* MOT：　来♯看一看哈.

* CHI：　嘟嘟嘟嘟嘟嘟嘟↑

* CHI：　啊♯♯呵.

* MOT：　这些东西给你放在这♯妈妈过来看看××

* CHI：　给你这-：个.

* MOT：　♯嗯♯好的.

* CHI：　妈妈♯这个大门怎么××

* CHI：　嗯嗯.

* MOT：　♯嗯?看一-：下哈.

* CHI：　♯shi

* MOT：　这还有好多好多呀.

* CHI：　♯啊.

* MOT：　噢!我的天呀♯这-：么多呀!

* CHI：　♯××怎么拼完?

* MOT：　就是♯这+/

* CHI：　妈妈还-：有手工.

* MOT：　嗯?

* CHI：　还有-：.

* MOT：　我们♯我们可能需要对着这个♯这上面这个这幅图画吧♯看看.

* CHI：　怎么才能拼成♯一幅♯图画-：

* MOT：　哦-：看看哈.

* MOT：　嗯♯ +第一步♯铺好底座.

* CHI：　♯底座-：

* MOT：　♯底座是哪一个呢?

* CHI：　可能这♯我这张图上吧.

＊CHI： 呵呵！

＊MOT： 嗯．

＊CHI： 底座．

＊MOT： 噢♯还有数字-：哦．

＊MOT： 这是 1.

＊CHI： 呵呵．

＊MOT： ♯1♯2♯3♯4♯对吧．

＊CHI： 妈-：妈．

＊MOT： ♯嗯？

＊MOT： 然后＋布置-：教室．

＊CHI： 火帽子．

＊MOT： 嗯♯一只小一只小公鸡♯对吧．

＊CHI： 不是♯这是♯火帽子［!］

＊MOT： ♯火帽子是什么？

＊CHI： 啊♯头上．

＊MOT： 嗯？

＊CHI： 那不像火帽子嘛．

＊CHI： @e he1

＊MOT： 嗯♯我看看哈．看一看哈．

＊CHI： 这是什么？

＊MOT： 嗯？

＊CHI： 这-：个呢？

＊MOT： 我也不知道咯＋/

＊CHI： 眼．

＊CHI： 妈-：妈我的手指．

＊MOT： 啊？

＊CHI： 妈妈♯我的手指．

＊MOT： 噢♯11 号对的．

＊CHI： @chichichi1

＊MOT： 噢♯这个应该是第一个♯我看看哈．

＊MOT： 嗯对♯把这些都拿下来♯对吧．

＊MOT： 嗯对♯这些都是可以的＋//你别动先别动．

＊CHI： 哈哈♯干嘛？

　＊MOT： 先把这个拿下来这个♯这个♯这-：个就是底座♯把这一个
拿下来.

　＊CHI： ×××

　＊EXP： CHI is singsing.

　＊MOT： 然-：后♯我们可以对应♯去找那些数字［!］就-：可以啦.

　＊CHI： 妈妈.

　＊MOT： 嗯?

　＊CHI： 嗯♯底座.

　＊MOT： 这个就是底座.

　＊CHI： 底座♯然后完了呢? 底座完了呢?

　＊MOT： 嗯♯然后＋布置教室♯你看这个就是教室♯对吧?

　＊MOT： ＋可以插好教室的桌椅钢琴玩具.

　＊MOT： ＋竖-：起袜［!］子形的高墙-：.

　＊MOT： 哪个是袜子形的高墙? ♯这个?

　＊MOT： 哪个是袜子形的? ♯看到吗?

　＊CHI： @gue2.

　＊MOT： 这-：个♯对吧♯嗯.

　＊MOT： 然后得先把♯先把♯你看＋教室的♯♯教室顶♯哪个是教
室顶?

　＊CHI： @ga3.

　＊MOT： 你看教室顶上这个是什么颜色啊?

　＊CHI： 橙色.

　＊MOT： 橙色是用哪一个呢?

　＊MOT： 你看这个♯是哪一个呢?

　＊CHI： 嗯-：.

　＊CHI： 底座座@dide1.

　＊MOT： 那就是这个吧.

　＊CHI： 呵呵嘿.

　＊CHI： 啊♯哈哈.

　＊CHI： 妈妈♯啊-：.

　＊CHI： 摇头-：啦.

　＊MOT： 是吗?

　＊CHI： 妈妈马上就可以拼成这-：个.

＊MOT： 嗯♯最后完成是这个样子♯但是我们要一步一步地拆♯一步一步地拼.

＊CHI： 好［!］的.

＊MOT： 嗯♯看看哈＋/嗯？

＊CHI： 妈妈.

＊CHI： 这个是什么？

＊MOT： 啊？

＊CHI： 这些都是衣服吧？

＊MOT： 嗯♯这些都是♯嗯♯是什么东西呢？

＊MOT： 我不清楚♯我们一步一步地来吧♯好不好？

＊CHI： 好的.

＊MOT： 嗯.

＊CHI： 呀.

＊MOT： 啊不♯什么××出来了这是.

＊CHI： 哈哈♯这-：个.

＊MOT： 啊哦♯这个是♯你看这个可以插上这个转椅♯对吧？

＊MOT： 是有一个转椅♯是吧？这个有.

＊CHI： 转椅!

＊MOT： 嗯♯你你你先坐♯你先坐♯我们先来插这个转椅也行.

＊CHI： 淘妈.

＊MOT： 你看这个转椅的就是这个转椅的底座-：.

＊CHI： 转椅在这儿-：.

＊CHI： 妈妈♯转椅在这儿♯这个掉-：了.

＊MOT： 嗯？

＊CHI： 这个掉-：了.

＊MOT： 这个是什么呀？这是？

＊CHI： 这个是＋/.

＊MOT： 这是操场吧？

＊CHI： @hehe1.

＊CHI： 妈妈这个呢？

＊CHI： 怎么掰呀？

＊MOT： 嗯？等一下等一下♯你想拿哪一个？

＊CHI： 青蛙.

*MOT：　青蛙是♯插在哪？

*MOT：　哦♯青蛙是这♯我们先把中间♯你看先把中间这个竖的♯竖起来的东西搭好呗.

*MOT：　是这-：个.

*CHI：　啊♯好的♯啊@hahaah1 座-：椅可以给谁-：玩啊？

*MOT：　嗯-：♯幼儿园里的小朋友玩的呀♯对吧？

*CHI：　啊-：♯哈哈♯嗯哈哈哈哈.

*MOT：　是这样的♯是吧♯诶是这-：样子的.

*MOT：　是吗？♯对♯是吧？

*CHI：　妈妈.

*MOT：　可以插上来.

*MOT：　然后呢？

*CHI：　嗯♯呵呵.

*MOT：　呵呵♯可以这个.

*MOT：　你要轻轻地♯如果把它们弄断了就＋//.

*MOT：　还有这个♯你看这个♯这个怎么能变成这个样子呢？

*CHI：　啊哈哈♯我也不知道-：.

*MOT：　你想一想.

*CHI：　嗯♯我也不知-：道-：.

*MOT：　你看♯你看这中间有个钩钩儿对吧？

*MOT：　妈妈告诉你♯你看这中间有个钩钩儿♯这个也有.

*MOT：　这个可以插到一起-：.

*CHI：　妈妈♯转盘-：呢？

*MOT：　×××

*EXP：　CHI is laughing.

*CHI：　哈哈哈哈♯不是.

*CHI：　哈哈哈.

*MOT：　好像不是这样子的.

*CHI：　淘气啦♯它的妈-：妈.

*EXP：　CHI is evaluating the toy.

*MOT：　我确定♯我是对-：的！

*MOT：　对不对？

*CHI：　哈-：？诶↑.

* MOT： ♯嘿♯怎么样才能让它转［!］起来呢？

* MOT： 诶♯肯定还有-：.

* CHI： 噗噗-：

* EXP： CHI is blowing on the toy.

* MOT： 肯定还有-：.

* MOT： 哦♯还有那［!］个.

* CHI： 噗噗-：.

* CHI： 这是八戒儿♯这-：是八戒儿.

* CHI： 噗-：.

* CHI： 诶-：呀怎么不-：动呀!

* MOT： 嗯♯你看这还有♯嗯♯紫色♯蓝色♯黄色的.

* CHI： 啊.

* MOT： 座椅-：.

* MOT： 哪一个呢？

* CHI： 这-：个!

* MOT： 噢对.

* MOT： 是♯是♯嗯对♯是这个.

* CHI： 妈妈我要♯黄-：色的.

* MOT： 嗯嗯♯你来你来拿.

* CHI： 妈妈♯我要一个黄色的插在青蛙上面-：.

* MOT： 好的.

* CHI： 妈妈♯我想要一个黄色的插在我的青蛙上面.

* MOT： 好的可以-：.

* CHI： 哦♯妈妈♯这青蛙怎么插-：？

* CHI： 怎么呀♯怎么样才能看到青蛙-：呀？

* MOT： 你看.

* MOT： 你看看这个上面-：.

* MOT： 青蛙♯你看它这♯这有个♯这有个钩钩儿♯是吧？

* MOT： 这-：有个钩钩儿.

* MOT： OK.

* MOT： 插好啦!

* CHI： 这是一个小转椅.

* MOT： 然后还有-：.

＊MOT：　黄色的．

＊CHI：　妈妈♯黄♯黄色的♯插在-：．

＊MOT：　蓝色的．

＊CHI：　♯小猪上面．

＊MOT：　♯嗯好的．

＊CHI：　不是♯插在小猪上面♯好嘛．

＊MOT：　嗯♯好的．

＊CHI：　妈妈妈妈♯插在上××这个呢？

＊MOT：　嗯♯我们先把它拿出来吧．

＊CHI：　嗯哼哼-：♯不要［!]．

＊MOT：　你来插．

＊MOT：　我来插这个-：．

＊MOT：　我来插这个紫色的．

＊CHI：　妈-：妈．

＊MOT：　嗯？

＊CHI：　妈妈♯这个紫色的♯我喜欢-：．

＊CHI：　啊-：．

＊CHI：　咦♯呜呜呜-：．

＊MOT：　呵呵呵呵．

＊MOT：　好了吗？

＊EXP：　CHI is trying her best to spell the toy.

＊CHI：　嚯♯咦-：．

＊CHI：　啊♯咦哟．

＊CHI：　哈．

＊MOT：　你插反了♯淘淘．

＊CHI：　啊♯啊♯哈哈哈．

＊MOT：　是这-：样的♯你看这有钩钩儿♯是吧？

＊MOT：　这有钩钩是吧♯要钩钩儿对钩钩儿．

＊CHI：　@baba1．

＊MOT：　对吧♯钩钩儿对钩钩儿♯才能插进去．

＊CHI：　我糊涂了♯原来-：哈哈．

＊MOT：　哈哈♯噢-：原来你是糊涂了．

＊CHI：　妈-：妈你这插好了吗-:？

* MOT： 嗯♯还有一个.
* MOT： 钩钩儿对钩钩儿.
* CHI： 啊呀.
* CHI： @chuchu1♯我不喜欢♯这个.
* CHI： 这个-：.
* MOT： 等等.
* CHI： 哦哈哈.
* MOT： 嗯♯看看这个转椅♯怎么样♯才能转-：起来.
* CHI： 我♯我我♯可以吹一-：个××吗?
* MOT： 嗯?
* CHI： 我可以吹一个××♯怎么样?
* MOT： 问题是♯它怎么样♯才可以转起来呢?
* CHI： 我可以吹-：一下它.
* CHI： 噗♯噗-：××.
* CHI： 噗-：♯真××.
* MOT： 呵呵.
* MOT： 93.
* MOT： 我们要-：找一下♯数字♯93.
* CHI： 噗♯噗-：.
* MOT： 你能找到数字♯93吗?
* CHI： 哎呀-：♯我找不到-：.
* MOT： 你都没有找.
* MOT： 你看这个是96-：.
* MOT： 这是96-：.
* CHI： 哈?
* MOT： 98-：.
* CHI： 哪个是99-：呐♯98××是99-：.
* MOT： 嗯♯对♯是的.
* MOT： 嗯♯先把它插上吧♯这个.
* CHI： 嗯♯这是小座椅-：吗?
* MOT： 嗯?
* CHI： @dou4
* CHI： 呀.

* MOT： 哇♯你好暴力啊.

* MOT： 我看♯我看看♯我看看.

* MOT： 行了♯天哪♯你这样就弄碎了.

* MOT： OK♯好了.

* CHI： 小座椅♯怎么♯坐-：上去-：.

* MOT： 嗯?

* CHI： 小座椅怎么坐上去-:?

* MOT： 可以的.

* CHI： 坐♯小座椅-：.

* MOT： 嗯-：.

* MOT： 比如说♯♯一根♯磁力棒-：.

* MOT： 坐在上面.

* MOT： 呵呵♯是不是?

* CHI： 转啊♯转♯转♯转-：.

* CHI： 唔♯哈哈.

* MOT： 呵呵嘿.

* MOT： 诶.

* CHI： 妈妈♯等会♯我们让磁-：力棒♯上转椅♯好-：嘛?

* MOT： 噢-：我看看哈♯下面是♯.

* MOT： 只有一些小的♯♯我看看哈.

* MOT： 这里是.

* CHI： 小 ［!］东西.

* CHI： 小东西.

* MOT： 这是.

* MOT： 嗯-：.

* CHI： 嗯-：.

* MOT： 94-：.

* MOT： 哪个是94呢?♯找找94.

* MOT： 你来找找94在哪里.

* CHI： 唔唔♯♯嗷嗷-：.

* CHI： @en3en1en2en1.

* EXP： CHI is humming.

* CHI： 妈妈♯这三个♯皮球是干嘛的?

* MOT：　你看看 ♯ 你看看这个在图上是什么地方．

* MOT：　在这个图上是什么地方．

* CHI：　×××．

* MOT：　噢 ♯ 是这 ♯ 是不是？

* MOT：　这个院子里 ♯ 有个 ♯ 小-：房子里面．

* CHI：　嗯．

* MOT：　插着这些．

* MOT：　小皮球．

* MOT：　对不对？

* CHI：　它们可以滚下 ♯ ♯ 滚下滑梯吗？

* MOT：　看看是不是这样？

* MOT：　是不是这里面 ♯ 插的．

* CHI：　嗯．

* MOT：　嗯．

* MOT：　找找．

* MOT：　♯ 95.

* CHI：　妈-：妈-：．

* MOT：　♯ 啊？

* CHI：　我可以先玩玩这-：个吗？

* MOT：　可以啊．

* CHI：　妈-：妈．

* MOT：　嗯？

* CHI：　给我一个黄色 ♯ 再给我一个紫 ♯ 色 ♯ 再给我一个蓝色的磁力棒 ♯ 再给我一个红色磁力棒．

* MOT：　你自己 ♯ 来 ♯ 挑选吧．

* CHI：　紫色的．

* CHI：　蓝色的．

* CHI：　还剩最后一个 ♯ 红-：色-：．

* EXP：　CHI is leaving the seat to find red magnetic rod.

* CHI：　我去找-：找哈．

* MOT：　诶 ♯ 你别跑 ♯ 你你跑了就录不到你了．

* CHI：　淘妈-：．

* MOT：　♯ 嗯．

*CHI：　可♯是♯可是磁力棒在奶奶卧室的那个小箱子的书包里面呀.

*MOT：　嗯好吧♯那我♯陪你一起去拿吧.

*EXP：　CHI is going to the grandma's bedroom to find red magnetic rod.

*CHI：　我那-：么♯我那-：么矮还能抬-：起脚来-：就够得着啦.

*EXP：　CHI is in the grandma's bedroom.

*CHI：　@shi4.

*EXP：　CHI is opening the small box to find the magnetic rod.

*CHI：　童童的宝石也装里面了.

*MOT：　嗯?

*CHI：　♯童童的宝石.

*MOT：　嗯♯好的.

*CHI：　可以先玩玩这个××.

*CHI：　可-：以吗? 呵嘿嘿.

*CHI：　×××.

*CHI：　可以吗? ♯求-：求你了.

*MOT：　可以♯可以.

*MOT：　可是我觉着你♯如果能和我一起把它插上的话-：.

*MOT：　等会儿插好了♯我们会更［!］高兴的.

*CHI：　哈?

*CHI：　我觉得不行了.

*MOT：　嗯-：.

*CHI：　等让它们两个好好休-：息休息呀.

*CHI：　×××.

*EXP：　CHI is humming.

*CHI：　×××.

*EXP：　CHI is humming.

*EXP：　CHI is humming.

*CHI：　×××.

*CHI：　哈哈♯掉鞋里去了.

*EXP：　Magnetic rod drops into the child's shoes.

*MOT：　呃♯呵呵呵.

*CHI：　怎么回事♯怎么♯它-：能掉-：地-：上呢.

*CHI：　掉地上去了♯××.

* CHI： ××♯现在.

* EXP： CHI is playing magnetic rods.

* CHI： 淘妈-：.

* MOT： 嗯?

* CHI： ×××.

* EXP： CHI is humming.

* CHI： 妈-：妈.

* MOT： 嗯?

* CHI： 如果♯如果♯没抢到皮球的小朋友怎么办?

* MOT： 嗯?

* CHI： 如果没抢到♯皮球的小朋友怎么办?♯妈妈.

* MOT： 大家轮流玩呀? >

* CHI： 那么如果还有一个皮球呢?

* CHI： ♯那就♯＋/.

* MOT： 你先坐下♯你先坐下.

* CHI： ＋那就不抢♯了吧.

* MOT： 什么东西掉了?

* CHI： 没有-：♯是我的拉链♯在♯板凳上划呢-：!

* MOT： 哦-：♯好的.

* MOT： 95××96♯95.

* CHI： 只是你♯糊-：涂了吧.

* MOT： 呵♯谁糊涂了.

* CHI： 你-：!

* CHI： 94♯95♯96♯97♯98♯99♯90.

* EXP： CHI doesn't know yet after 99 is100.

* CHI： 这-：个吗?

* MOT： ××好像用不到呢!

* MOT： 95.

* MOT： ××95插哪?

* CHI： ×××.

* EXP： CHI is humming.

* CHI： 妈妈.

* MOT： 嗯?

* CHI： 那♯那如果只有一〔!〕个小船呢?

* CHI： 它们就在下〔!〕面睡了.

* CHI： 啊啊♯我我们就把这两个××起来好吗?

* MOT： 嗯?

* CHI： 就把这〔!〕两个上学♯好吗?

* CHI： 这两个如果没抢到皮球-：那怎么办?

* CHI： ××一个皮球××皮球××.

* CHI： ×××.

* EXP： CHI is humming.

* MOT： 46♯47.

* MOT： 你得××.

* CHI： ×××.

* EXP： CHI is humming.

* MOT： 这也太〔!〕多了.

* CHI： 哇-：@bobobobobo2.

* CHI： 这-：个吧.

* MOT： 这个♯是-：.

* CHI： ×××.

* EXP： CHI is humming.

* MOT： 这个是-：.

* CHI： ×××.

* EXP： CHI is humming.

* CHI： ×××.

* EXP： CHI is humming.

* CHI： @didu1.

* CHI： ×××.

* CHI： ×××.

* CHI： 小猪.

* CHI： 小♯♯凳〔!〕.

* CHI： 好的.

* CHI： ×××.

* MOT： 嗯♯这好困难呀.

* CHI： 啊-：?

* MOT：　这个好困难呀.

* CHI：　困-：难你也得做-：呀.

* MOT：　啊呵呵.

* MOT：　可是应该是你做的不是吗?

* CHI：　不行-：.

* CHI：　我不会做.

* CHI：　我看不出来-：.

* MOT：　你就光［!］♯享♯享受-：♯劳动成果.

* MOT：　自己不想努力♯是吗?

* CHI：　我就想妈妈努力.

* MOT：　切♯呵呵呵.

* CHI：　我该让你出来.

* MOT：　你这个小家伙.

* CHI：　我现在累了.

* MOT：　啊♯哈哈哈.

* MOT：　那我也累了.

* CHI：　不行［!］.

* CHI：　你必须［!］得做［!］.

* CHI：　再累也得做.

* MOT：　46♯47.

* MOT：　好♯现在我来找 46♯47.

* CHI：　太难-：了.

* CHI：　×××.

* EXP：　CHI is humming.

* CHI：　小朋友不能到边上去.

* MOT：　嗯.

* CHI：　圣诞老人也有电［!］的♯圣诞老人.

* CHI：　圣诞老人也有没电［!］的♯圣诞老人.

* CHI：　圣诞老人都是有电的.

* CHI：　×××.

* CHI：　×××.

* EXP：　CHI is humming.

* CHI：　这不就是♯山［!］洞嘛.

＊MOT：　嗯？

＊MOT：　这是♯你看♯这是教室的房顶-：.

＊CHI：　这-：个呢？

＊MOT：　等一下♯我还没找到珍珠点呢.

＊MOT：　30♯34♯33.

＊CHI：　这-：个呢.

＊MOT：　这个不知道.

＊MOT：　现在还不知道是插在哪？

＊MOT：　你先坐下♯你先坐下.

＊CHI：　哈.

＊CHI：　×××.

＊EXP：　CHI is humming.

＊MOT：　××30♯40♯33.

＊CHI：　×××.

＊EXP：　CHI is humming.

＊CHI：　×××.

＊EXP：　CHI is humming.

＊CHI：　×××.

＊EXP：　CHI is humming.

＊MOT：　别♯别别弄.

＊MOT：　30♯33♯34.

＊CHI：　嗯？

＊MOT：　诶♯这又是怎么插上的呢？

＊MOT：　噢♯我的天哪♯这可真-：困难呀.

＊CHI：　困难你也得做呀.

＊CHI：　不能像我一样♯♯调皮-：.

＊CHI：　我也会发火的.

＊MOT：　切♯你发火干啥？

＊CHI：　发火让你生气啊.

＊MOT：　切.

＊CHI：　发火♯让你生气啊.

＊CHI：　就是打你屁-：股.

＊MOT：　切呵呵.

*MOT： 你为什么要打我的屁股？

*CHI： 哈．

*CHI： 你不听-：话♯我就打你屁股呀．

*CHI： 哈．

*CHI： ××老是不听♯话××．

*CHI： ×××．

*CHI： 哈♯妈妈♯看．

*MOT： 嗯？

*CHI： 你看我在干［!］嘛？呵呵．

*CHI： @na1na2na1ne4.

*CHI： ×××．

*EXP： CHI is humming.

*CHI： 淘妈-：．

*EXP： 嗯？

*CHI： 这-：个♯怎么插上去呢？我把它弄［!］下来了．

*CHI： ××♯切♯呵呵呵．

*EXP： CHI is humming and then laughing.

*CHI： 切♯嘿嘿嘿．

*CHI： ×××．

*EXP： CHI is laughing.

*CHI： @en1en2en3en4××．

*EXP： CHI is laughing.

*CHI： ××多多多多．

*EXP： CHI ishumming.

*CHI： 妈妈．

*MOT： 嗯？

*CHI： 小朋友千［!］万不能动♯电．

*MOT： 什么？

*CHI： 小朋友不能动♯电-：．

*MOT： 小朋友不能动电．

*MOT： 对的♯是．

*CHI： 哦♯会♯电［!］着了♯怎么办-：？

*MOT： 嗯？

* CHI：　电［!］着了♯怎么办？

* MOT：　电着了.

* CHI：　对-：就要给+//.

* CHI：　+就要给医生打电话-：.

* MOT：　对-：.

* CHI：　×××.

* MOT：　呵呵呵.

* CHI：　我今天交到♯♯我今天交到了♯好朋友-：.

* MOT：　嗯♯她的名字呢？

* CHI：　张淑♯张淑雅和刘一诺-：.

* MOT：　呵呵呵.

* MOT：　她们是你今［!］天交到的朋友嘛？

* CHI：　是啊.

* MOT：　可是我觉得你和她们早［!］就是朋友了♯不是吗？

* CHI：　可是我还交到了唐兰.

* MOT：　唐兰也是你♯很久很久的朋友了吧.

* CHI：　童童.

* MOT：　童童也是吧？

* CHI：　妹-：妹.

* MOT：　嗯♯妹-：妹也是.

* MOT：　嗯♯你说你们班来的新同学叫什么名字来着？

* CHI：　李可欣-：.

* MOT：　嗯♯对♯你现在和李可欣是朋友了吗？

* CHI：　是的.

* CHI：　我们有时候还坐♯坐在一起♯吃饭呢.

* MOT：　噢-：和李可欣一起吃饭呐？

* CHI：　嗯.

* CHI：　可是今［!］天-：我♯我不是和可欣一起坐着吃饭的.

* CHI：　今天王浩宇没请假.

* CHI：　大唐梦和李浩琴还是请假-：.

* MOT：　噢-：她们怎么回事呢？

* MOT：　她们怎么一直请假呀？

* CHI：　嗯-：不是-：.

* CHI： 李浩琴没有♯没有很久都请假.

* CHI： 大唐梦最近-：♯♯××很几天都没有来啦.

* CHI： 我都♯想她了.

* MOT： 噢♯是嘛?

* CHI： 我一直在♯心里想着大唐梦会不会来.

* MOT： 噢.

* CHI： 妈妈♯李豪希最 [!] 调皮-：.

* CHI： 她把＋//.

* CHI： 她♯她最-：喜欢帮老师干活-：.

* MOT： 谁喜欢帮老师干活?

* CHI： 李♯李豪希.

* MOT： 李豪希喜欢帮老师干活啊?

* CHI： 嗯嗯.

* MOT： 那也不错呀.

* CHI： 对♯李豪希很乖-：.

* CHI： 李豪希♯是我们班最乖♯最乖的同学↑.

* CHI： 可是她最-：最调皮↑.

* CHI： 啊♯啊 [.] 啊.

* MOT： 你去哪 [.] 你去哪 [.]?

* CHI： 我要从这绕-：一圈回-：来呀.

* CHI： 我觉得坐在这♯挺不舒服的.

* CHI： 我想绕一圈回来.

* MOT： 诶♯你别踩了.

* EXP： CHI almost steps on toys.

* CHI： 淘妈.

* MOT： 你看♯妈妈有进步.

* MOT： 妈妈♯♯把操场♯搭起来了.

* CHI： 哈哈.

* CHI： 等会儿给你××.

* MOT： 好的♯谢-：谢.

* MOT： 谢谢你的鼓励.

* CHI： 我给你晒一个××.

* MOT： 嗯?

*CHI： 朵拉的粘贴．

*MOT： 嗯♯可以♯我喜欢朵拉．

*CHI： 可是朵拉在-：我们家吗？

*CHI： 在哪？

*MOT： 朵拉怎么会在我们家呢？

*CHI： 可是我们不是♯还有一个朵拉的粘贴-：？

*CHI： 我一看到我有粘贴♯我还-：想要粘贴．

*MOT： 嗯-：．

*CHI： 嗯-：．

*MOT： 然后-：．

*CHI： 妈妈．

*MOT： 嗯．

*CHI： 我站起来♯@peng1一下．

*CHI： 摔到椅-：子上了．

*MOT： 嗯♯呵呵．

*CHI： 屁-：股也摔到椅子上了．

*MOT： 你可真-：可笑．

*CHI： 呵呵♯这一-：点儿也不好♯笑．

*CHI： 仔细想想♯也挺-：好笑的．

*CHI： @chu4chu4chu4chu1zhe1zhe1zhe1.

*CHI： 妈-：妈．

*CHI： 那这-：个♯♯这个××＋/．

*MOT： 淘淘♯你要是跑到别的地方去♯录不♯录♯录像机录不到你♯我就不能帮你搭小房子♯这个♯幼儿园了啊．

*CHI： 妈妈．

*MOT： 哈？

*CHI： @chu3chu3chu1.

*CHI： 啊@chu1bu3bu3bu1.

*MOT： ♯＜要不 要不＞［/］这样吧♯我们．

*MOT： 我们-：．

*MOT： 吃-：完饭再搭这个♯幼儿园．

*MOT： 然后-：．

*MOT： 我有一个简单-：一点的玩具给你先玩♯怎么样？

＊CHI： 什么？

＊MOT： 我-：先放在这哈．

＊CHI： 什么-：?

＊MOT： 我先把这个放在这哈．

＊CHI： 什♯么？

＊MOT： 嗯？

＊CHI： 简单一点的♯什么玩具？

＊MOT： 嗯♯一个简单一点的♯编-：织玩具．

＊MOT： 我想♯你应该会喜欢的．

＊MOT： 先放在这哈．

＊CHI： 它有没有和幼儿园一样漂亮的♯有没有［/］有没有♯睡觉-：
的地方？

＊MOT： 你坐在这♯我去变［!].

＊MOT： 你♯不许偷看．

＊CHI： 我不-：能．

＊CHI： 好-：吧．

＊MOT： 嘻嘻嘻．

＊CHI： 我得♯往前一--：点儿．

＊MOT： 嗯♯你坐好哈．

＊MOT： ××♯噔噔噔噔-：．

＊CHI： 哈-：什么？

＊MOT： 嘿嘿嘿．

＊MOT： 一只♯大螃-：蟹．

＊MOT： 还有♯一个糖果．

＊MOT： 我们先看这个糖果吧．

＊CHI： 妈妈♯我想♯把大-：螃蟹也拿出来．

＊MOT： 好的♯可-：以．

＊MOT： 那就先看大-：螃蟹呗．

＊CHI： 不行-：．

＊CHI： 两个都-：要看．

＊MOT： 你看♯是-：这样玩的♯我先给你♯示范一下啊．

＊MOT： 你看这个糖果♯可以-：．

＊MOT： 这-：样．

*MOT：　我们需要把这个♯把它编♯编织上去．

*CHI：　哈♯啊哈♯我不想♯编-：．

*MOT：　就是这-：样．

*MOT：　你♯你看一下♯这样．

*MOT：　你不是喜欢那个-：小熊妹妹的编织玩具♯可以♯织小毯子吗？

*MOT：　对吧？

*MOT：　这个就像织小毯子♯一样．

*CHI：　好-：嘛．

*CHI：　可我♯想拿几个♯跳［！］舞-：．

*MOT：　啊？

*CHI：　我想拿几个♯跳［！］舞-：．

*CHI：　还有一个♯昨天跳的♯和奶奶跳的一样的♯@chou3bian4 舞-：♯哈哈．

*MOT：　@qi4 呵．

*MOT：　这是什么话-：呀♯这是．

*CHI：　×××．

*MOT：　你看是这-：样的．

*MOT：　如果♯你编-：一个♯你看看什么样子．

*CHI：　×××．

*EXP：　CHI is humming.

*CHI：　我不想♯再编了．

*MOT：　干嘛-：？

*CHI：　哈哈哈哈哈哈哈哈哈♯呵♯哈哈．

*EXP：　CHI is jumping and shouting with laughter.

*MOT：　这是干什么？

*CHI：　哈哈哈啊♯哈啊♯哈哈哈哈♯这是♯小鱼♯小-：鸟-：．

*EXP：　CHI is imitating the bird.

*MOT：　呵呵呵．

*CHI：　哈哈哈哈哈啊哈．

*EXP：　CHI is imitating the bird.

*MOT：　小鸟♯小鸟♯飞♯飞♯飞．

*CHI：　呵呵哈哈．

231

*CHI： 我是一只♯变-：身-：的♯小鸟．

*MOT： 你是一只♯什么♯小鸟？

*CHI： 变-：身↑．

*MOT： 变-：身的小鸟．

*MOT： 你是奥-：特曼吗♯这是？

*CHI： 啊？

*CHI： 我是小-：鸟．

*CHI： 西山带来奥-：特曼的书♯给我们看．

*MOT： 噢♯你喜欢吗？

*CHI： @pu4．

*MOT： 太-：暴力了♯对吧？

*MOT： 而且那些怪物♯长得那么丑．

*CHI： 可是后来××．

*MOT： 噢♯是的♯@yue4zi3jing1 喜欢♯@yue4zi3jing1♯♯随时随地♯都在变身♯是吧．

*CHI： 他随时喜欢♯@gou4 -：wei4-：duo1yan2 嘛♯那首歌．

*MOT： 呵呵呵．

*CHI： 我还是在♯编织线××啦．

*MOT： 嗯．

*CHI： 我马上就快织成一个小毯子啦．

*MOT： 呵呵呵．

*MOT： 可是♯你的小毯子♯织的缝隙有点大-：♯对吧？

*MOT： 你看♯应该♯每隔一个缝就织一次．

*CHI： 是-：不是的．

*CHI： 我自己想怎么♯编♯♯我就怎么编．

*CHI： 你不能♯按着我．

*CHI： 你♯你不-：．

*CHI： 我不能♯按着你的方法．

*CHI： 丑八怪的♯奥特曼．

*CHI： 徐凡带来奥特曼的书♯他不带漂-：亮一点的书给我们看．

*MOT： 嗯♯可是徐凡-：可能认为奥特曼就很漂亮呀．

*CHI： 可是我-：认为♯朵拉很漂亮．

*CHI： 妹妹也认为朵拉♯很漂亮．

* MOT：　贝贝♯贝贝是谁啊？

* CHI：　不是.

* CHI：　妹-：妹.

* MOT：　噢♯妹-：妹呀.

* CHI：　我正在用编织线折这个♯毯子呢.

* MOT：　看看.

* CHI：　哈.

* CHI：　妈妈.

* MOT：　嗯？

* CHI：　我♯我.

* CHI：　妈-：妈.

* MOT：　嗯？

* CHI：　我上@hai3xiu4班的时候♯特别乖♯声音♯也很-：大.

* MOT：　噢♯你在幼儿园里♯特别乖♯声音也很大.

* CHI：　我吃♯饭也能争得♯第一-：.

* MOT：　吃饭也能争得第一.

* MOT：　嗯♯好的.

* MOT：　今天在幼儿园吃的什么饭呀？

* CHI：　喝了一碗♯粥-：.

* CHI：　吃-：了♯吃了两个青菜.

* CHI：　还吃了一个♯小♯小馒头↑.

* MOT：　小馒头↑.

* CHI：　嗯.

* MOT：　你喜欢吃小馒头吗？

* CHI：　嗯.

* CHI：　妈妈.

* MOT：　嗯？

* MOT：　你坐-：在那.

* MOT：　有什么问题？

* CHI：　这个编织绳××我想织［!］一个.

* MOT：　嗯？

* CHI：　我想♯我想织成一个小-：卡子.

* CHI：　怎么这-：两个织成.

* MOT： 嗯♯我帮你?

* CHI： 好♯这些都织-：成．

* CHI： 啊♯这些我不知道怎么织-：法?

* MOT： 嗯．

* MOT： 我［.］我［.］我［.］我给你示范一下♯好不好?

* CHI： 嗯．

* MOT： 嗯．

* MOT： 你看是这-：样的．

* MOT： 我们从-：．

* MOT： 这个底下♯绕-：过来．

* MOT： 先从这里♯这个底下♯绕过来．

* MOT： 然后从这♯拿上来．

* MOT： 然后♯拽一-：下．

* MOT： 然后再从这底下♯拿下去．

* MOT： 再绕上来．

* MOT： 再♯拽一下．

* MOT： 再-：拿下来．

* MOT： 再-：弄上来．

* MOT： 再拽一下．

* MOT： 再-：把它塞进去．

* CHI： 呵呵．

* MOT： Ok.

* MOT： 噢♯这好像就不再需要塞进去了．

* MOT： ×××．

* MOT： 这一行♯就织好了．

* MOT： 你看．

* MOT： 反过来之后♯它不是不就♯变成一个方块啦．

* MOT： 然后再来织另外一个．

* MOT： 看一看这个♯这个红色的♯行不行．

* CHI： 嗯．

* MOT： 嗯．

* CHI： 把这些都织成♯我就不想再织啦．

* CHI： 这些都［!］是我-：不喜欢的颜色．

　*CHI：　噗-：.

　*CHI：　你们这些♯讨厌♯♯大螃蟹.

　*CHI：　噗-：.

　*CHI：　你们这些绿色的.

　*CHI：　噗-：.

　*CHI：　你们这些黄色♯蓝色的哈@luo3luo3luo3.

　*CHI：　妈妈♯我在给它们开玩-：笑［!］呢.

　*MOT：　呵呵.

　*CHI：　妈妈♯我想把这些都××然后我想［/］我想［/］把它吃-：
成一个♯糖-：果［.＝! laughing］.

　*CHI：　我想吃得满-：脸是口水.

　*CHI：　妈妈这还有一个.

　*MOT：　等一下××.

　*CHI：　妈妈♯这个♯为什么？

　*CHI：　等会儿［/］等会儿［/］等会儿［/］可以［/］可以看♯贴
纸书吗？

　*MOT：　可以.

　*CHI：　还可以看一会儿电视吗？

　*MOT：　可以.

　*CHI：　贴-：纸.

　*MOT：　都-可以.

　*MOT：　但是要♯一样一样的♯慢慢来.

　*CHI：　好的.

　*MOT：　嗯♯等一下［/］等一下.

　*MOT：　这个还没织完呢.

　*MOT：　××塞一-：塞.

　*CHI：　妈妈♯给-：♯给-：.

　*MOT：　好♯的.

　*MOT：　你看♯一行♯橙↑色的.

　*MOT：　一行＋/.

　*CHI：　＋＋红色的.

　*MOT：　＋红色的.

　*CHI：　再来一行紫色的.

*CHI： 然♯然后紫色完了♯再来一行♯红色的．

*CHI： 红色完了♯再来一行♯紫-：色的．

*MOT： 好的．

*CHI： 但你要看看♯它们有没有♯东-：西．

*CHI： 然后你再把它们塞进去．

*CHI： 然后完好-：如初-：．

*CHI： 然后把它们♯然后把它们塞进里面♯然后就完好♯如初↑．

*CHI： 这样好了．

*CHI： 你知道我说的♯完好如初是什么-：？

*MOT： 是什么意思呢？

*CHI： 哈哈．

*CHI： 这是皮医生说的♯这个．

*MOT： 噢♯皮医生说的♯完好如初↑．

*MOT： 对吧．

*CHI： 嗯．

*CHI： 妈妈@pa3.

*CHI： 皮医生↑♯皮医生♯现在有没有♯受伤的动物？

*MOT： 皮♯皮医生有没有发现有♯受伤的动物呀？

*CHI： 没有-：［.＝！laughing］.

*CHI： 它是假［！］的-：．

*MOT： 噢-：．

*CHI： 妈-：妈♯刚才看到谢灵通．

*CHI： 手里♯还抱着一-：个东-：西．

*CHI： 我不知道谢灵通［.＝！laughing］♯手里♯抱着♯什么-：．

*CHI： 对♯我给你说啊．

*MOT： 嗯？

*CHI： 谢灵通手里抱着一个奇-：怪［！］的东西．

*CHI： ［.＝！laughing］你看谢灵通说．

*CHI： 谢灵通说的是什么？

*MOT： 噢♯谢灵通说＋这是我的姐妹♯珍珠↑．

*MOT： ＋和外甥♯帕♯里克．

*CHI： ［.＝！laughing］帕-：里克．

*MOT： 呵呵呵．

＊CHI：　什么-：帕里克？

＊CHI：　珍珠帕里克-：．

＊CHI：　他带着她♯他要带她回章鱼堡吗？

＊MOT：　噢-：也许吧♯我也不知道哦．

＊CHI：　这是什么×××♯这-：个呢？

＊MOT：　小萝卜？

＊CHI：　@gua1 ji4.

＊MOT：　嗯？

＊CHI：　［.＝！laughing］章鱼-：♯章鱼．

＊CHI：　［.＝！laughing］章鱼♯堡-：．

＊MOT：　呵呵呵．

＊CHI：　妈妈看♯章鱼堡-：．

＊MOT：　噢-：是-：的．

＊CHI：　一个♯吃的章鱼堡-：．

＊MOT：　再来 ［/］ 再来一行♯什么颜色的？

＊CHI：　粉色．

＊MOT：　粉色-：♯这个糖果就是粉色的．

＊MOT：　粉色放上去就看不出来了．

＊CHI：　不行-：不-：行↑．

＊EXP：　CHI is shaking her head and crying loudly.

＊CHI：　不行 ［!］．

＊CHI：　绝对不行 ［!］．

＊MOT：　切呵呵．

＊CHI：　这很漂-：亮 ［!］．

＊CHI：　×××．

＊EXP：　CHI is humming.

＊CHI：　×××．

＊MOT：　等一下 ［/］ 等一下♯妈妈还没有弄完．

＊CHI：　我想用编织线折几个东西♯然后♯吧啦吧啦♯跳-：舞啊．

＊CHI：　妈妈♯再给你一个♯红-：色的．

＊MOT：　好的♯等一下哈．

＊MOT：　折最-：后一个咯．

＊CHI：　嗯♯最后一个就成♯成完了♯我们就看♯这♯本书哈．

* MOT： 好的．

* CHI： 为什么♯谢灵通♯♯@dong2．

* CHI： 还有一个东-：西．

* CHI： 谢灵通为什么××一个东西．

* CHI： 为-：什么它说它是♯海藻？

* CHI： 谢灵通不-：会开♯魔鬼鱼艇吗？

* CHI： 撞-：毁啦［．＝！laughing］．

* CHI： ×××．

* MOT： 谁［/］谁才会开魔鬼♯鱼艇？

* CHI： 巴克队♯长-：．

* CHI： ♯♯＜为什么 为什么＞［/］他住在海里呀？

* MOT： 嗯？

* CHI： 为什么他住在海-：里呀？

* MOT： 谁？

* MOT： 珍珠就是♯住在海里的．

* CHI： 妈妈他为什么♯不给♯章鱼堡-：．

* MOT： 嗯？

* CHI： 他不会被鲨鱼吃-：掉［!］嘛？

* MOT： 嗯-：♯应该不会吧？

* CHI： 为什么-：？

* MOT： 我-：也不知道．

* MOT： 不知道♯发生了♯什么事情♯我们要看看．

* MOT： 这个故事里发生了什么事情？

* MOT： 对吧？

* CHI： 大-：猩猩在干嘛？

* CHI： 嘟嘟嘟和大猩猩在干嘛？

* CHI： 他们在♯干-：嘛？

* CHI： 他们在看@gua1 qi1 的礼品吗？

* CHI： @gua4．

* CHI： 大［!］猩-：猩．

* MOT： 嗯？

* CHI： 大猩猩-：@gua1 ji1．

* MOT： 嗯♯是的．

* CHI：　　妈妈♯章鱼罗-：盘.

* MOT：　　嗯?

* CHI：　　火山艇♯还有.

* CHI：　　还有［/］还有［/］还有这-：个鱼-：艇♯还有-：.

* CHI：　　这-：个.

* CHI：　　还有.

* CHI：　　@a1 di1.

* MOT：　　噔噔噔噔-：.

* CHI：　　［. = ！laughing］糖-：果.

* MOT：　　呵呵♯好看吗♯你喜欢吗?

* CHI：　　喜-：欢.

* CHI：　　妈妈.

* MOT：　　嗯?

* CHI：　　一边看书↑.

* MOT：　　嗯好的.

* CHI：　　@zazazazazazazazaza1

* EXP：　　CHI is making noise while eating candy.

* MOT：　　干嘛?

* MOT：　　这-：么喜欢♯我给你拍张照片吧.

* CHI：　　不行♯不行［. = ！laughing and crying］不要-：.

* MOT：　　干嘛?

* MOT：　　拍不拍?

* CHI：　　不要-：嘛［. = ！crying］.

* MOT：　　不要啊?

* MOT：　　好吧♯那我们先来＋/.

* CHI：　　把贴纸给我［/］把贴纸给我-：.

* CHI：　　把贴纸交给我-：［!］.

* MOT：　　你要好好讲话♯妈妈不喜欢你这样♯大呼小叫-：.

* CHI：　　×××.

* MOT：　　你听到了吗?

* MOT：　　我不喜欢你这样♯大呼小叫哦.

* MOT：　　这个不能放嘴里.

* CHI：　　×××.

```
    *EXP：    CHI is making noise while eating.

    *CHI：    妈妈.

    *CHI：    这-：个是什么?

    *MOT：    这是-：.

    *CHI：    什么-：?

    *MOT：    遥-：控器.

    *MOT：    遥控器坏了.

    *MOT：    动感♯潜-：水艇.

    *CHI：    动感♯潜水艇.

    *MOT：    这个 [!] 是什么艇?

    *CHI：    登-：陆♯鱼艇.

    *MOT：    啊?

    *CHI：    登陆-：鱼艇.

    *MOT：    这是登陆鱼艇?

    *CHI：    嗯.

    *MOT：    噢↑-：

    *MOT：    嗯♯＋从碧绿的巨藻丛林＋到-：彩色的海底♯珊瑚礁↑.

    *MOT：    ＋从浅蓝的日光区♯到幽-：蓝的海底午夜区.

    *MOT：    ＋从简单的小丑鱼艇-：到强大的蓝鲸艇.

    *MOT：    ＋从可爱的孔雀-：鱼艇到♯极速的虎鲨 [!] 艇.

    *MOT：    ＋从@tututu1 常用的魔-鬼鱼艇♯到巴克队长♯常用的♯灯-：
笼鱼艇.

    *MOT：    ＋神秘浩瀚的海底世界-：♯动感潜水艇♯带你一-：起探索.

    *CHI：    妈妈♯我要找到这些贴-：上吗?

    *MOT：    嗯?

    *MOT：    嗯♯对.

    *MOT：    你要找到这些.

    *CHI：    大 [!] 皮-：鲨.

    *CHI：    啊 [/] 啊 [/] 啊-：.

    *EXP：    CHI meets some difficulties when she is trying to tear the
stickers.

    *CHI：    ×××.

    *EXP：    CHI is humming.
```

* CHI：　@da 3di1da2 di1.

* EXP：　CHI is humming.

* CHI：　这样也♯挺［/］好看的.

* MOT：　嗯？

* CHI：　妈妈♯怎么撕-：这-：个.

* MOT：　嗯？

* CHI：　妈-：妈这-：个.

* MOT：　你从下♯你可以从下面撕♯好一点.

* CHI：　下-：面比较好-：.

* MOT：　嗯♯不错.

* CHI：　哈哈.

* CHI：　×××.

* MOT：　这-：个是什么艇？

* CHI：　登陆鱼艇.

* MOT：　啊？

* CHI：　登陆鱼艇.

* MOT：　也是登陆鱼艇吗？

* CHI：　是♯的.

* CHI：　我不♯知道-：.

* MOT：　噢-：都贴上了.

* CHI：　妈妈♯这个♯怎么没有♯人-：.

* MOT：　对呀.

* CHI：　妈妈.

* MOT：　啊？这个吗？

* MOT：　嗯♯＋潜♯神奇的潜水艇.

* MOT：　＋一直伴♯伴随着海底小纵队♯探险的脚步.

* MOT：　＋看看海底小纵队的成员-：.

* MOT：　＋分享他们和动感潜水艇共度的时光吧↑.

* MOT：　＋虽然不好意思承认.

* MOT：　＋但是-：.

* MOT：　＋我的驾驶技术♯真［!］的不♯太好.

* MOT：　这是谁呀？

* CHI：　谢灵通.

* MOT： 噢♯谢灵通↑.

* MOT： 谢灵通♯对海胆过敏-：是吧？

* MOT： ＋他是一名科↑学家♯随时携带着一个♯用来观察生物的♯
放-：大镜-：.

* MOT： 嘻嘻♯＋常常能发现队友们忽略的关键细节.

* MOT： ＋不过♯谢灵通有时候容易分-：心.

* MOT： ＋常常被路途中的新鲜事物所吸引.

* MOT： 这个呢？

* CHI： 呱♯唧-：.

* MOT： 嗯♯吧唧♯呱唧.

* MOT： ＋巴［!］克队长♯皮医生.

* MOT： ＋他们在♯实验室里讨论问题时的照片.

* MOT： ＋但是♯图片中有些地方不太清-：↑楚.

* MOT： 你能找到贴-：纸♯贴上去吗？

* MOT： 看看这里面有什么不太清楚的地方.

* CHI： 这-：个.

* MOT： 噢-：这个.

* CHI： 和这-个.

* MOT： 噢-：是♯的.

* MOT： 找找看.

* CHI： 还有这-：个.

* MOT： 嗯？

* MOT： 看看.

* CHI： ×××.

* EXP： CHI is humming.

* CHI： ×××.

* EXP： CHI is humming.

* CHI： ×××.

* CHI： ［. ＝! crying］

* EXP： CHI can't tear the stickers.

* CHI： 妈↑妈♯这小草不见-：啦.

* MOT： 嗯？

* CHI： 小-：草.

* MOT：　啥?

* MOT：　什么是××.

* MOT：　噢↑这个猩↑-：猩♯这个.

* CHI：　他不见-：啦.

* MOT：　嗯.

* CHI：　他为什么♯变-：没了.

* MOT：　对呀.

* MOT：　他怎么会不见了呢?

* CHI：　淘妈♯好了.

* MOT：　嗯.

* MOT：　看♯看.

* MOT：　嗯-：.

* MOT：　＋谢灵通说♯这是我的姐姐♯珍珠.

* MOT：　＋和外甥♯帕-：里克.

* MOT：　＋这是我的实验室♯我喜欢♯到处观察生物.

* MOT：　＋我不小心♯弄坏-：了♯魔鬼鱼艇.

* MOT：　嗯-：这个是谁啊.

* CHI：　章↑教授.

* MOT：　噢-：＋章教授♯是一只小飞象：章鱼.

* MOT：　＋左眼戴着单片眼镜.

* MOT：　嗯-：＋他基本不太驾驶坚艇.

* MOT：　＋常常安静地待在章鱼堡.

* MOT：　＋他最喜欢的地方就是图↑书馆.

* MOT：　＋当队员♯出去执行任-：务的时候♯他会在基地♯负责联-：
络工作.

* MOT：　嗯-：＋章教授说我的亲戚很多↑.

* MOT：　＋这是我的小侄子♯潘潘.

* MOT：　嘻嘻嘻.

* CHI：　哈哈.

* MOT：　＋这是我的表哥♯大王乌贼♯欧文.

* CHI：　×××.

* MOT：　哈?

* CHI：　×××.

*CHI： 看我要××.

*CHI： 这个.

*MOT： 噢.

*CHI： @di3 帕克队长的帽［!］子.

*MOT： 嗯-：是的.

*MOT： 再看看.

*MOT： 噢-：这个是.

*MOT： 巴克♯队长-：.

*CHI： 巴克♯队长-：.

*CHI： 妈妈.

*CHI： 这个呱唧应该贴-：这吧.

*MOT： 嗯.

*CHI： 对吗？

*MOT： 噢对♯是-：的.

*CHI： @ee1.

*CHI： 呱唧应该贴这嘛.

*MOT： 嗯-：是的.

*CHI： 这个♯皮-：医生.

*CHI： @da2 xi1xi1.

*CHI： 贴↑这-：边.

*MOT： 嗯.

*CHI： 啊［/］啊.

*CHI： @da2 xi1xi1 ♯这个小萝卜为什么坐着一个章↑鱼♯堡.

*CHI： 小萝卜为什么坐着一个章-：鱼堡.

*MOT： 小萝卜很-：巧.

*CHI： 哈哈哈.

*CHI： 小萝卜-：.

*MOT： 小萝卜？

*CHI： 很-：巧呀.

*CHI： 它很巧就××章鱼堡.

*CHI： 它♯很巧.

*CHI： 哈哈哈.

*CHI： 还-：有.

* CHI： ××开上-：面就是.

* MOT： 11 页.

* MOT： ××拼图♯趣味拼图.

* CHI： 趣味拼图.

* MOT： 你看♯这个［/］这个地方♯应该拼哪一块.

* MOT： A♯B♯还是 C?

* MOT： B.

* EXP： CHI chooses B.

* MOT： 这个地方呢?

* CHI： G.

* MOT： 嗯-：这个呢?

* CHI： G.

* MOT： 嗯-：.

* MOT： 这是♯字母什么?

* CHI： A.

* MOT： B.

* CHI： C.

* MOT： 哈哈♯很-：好.

* MOT： 看看.

* MOT： ＋智能装置.

* MOT： ＋突突突♯给常用的舰艇都安装了智能遥控器.

* MOT： ＋在♯无人驾驶的情♯在无♯额♯舰艇能在无人驾驶的情况
下♯行动自如.

* MOT： ＋海底小纵队都看呆［!］了.

* CHI： 哈?

* CHI： ＋海底小纵队♯看呆-：了.

* CHI： 他们为什么看呆了.

* MOT： 你能找到♯你能找到这些♯贴纸♯然后把它贴上吗?

* CHI： 可-：以.

* MOT： 12♯13.

* CHI： 妈妈.

* CHI： 我能找到这-：个.

* MOT： 嗯♯好的.

* CHI： 他要干嘛-:？

* MOT： 嗯？

* CHI： 他们要开吗？

* MOT： 嗯-:他们可以用遥控器-:.

* MOT： 让♯这些舰艇♯在海里♯游来游去-:.

* CHI： 哈？

* CHI： 舰-:艇.

* MOT： 嗯.

* CHI： 还有吗？

* MOT： 还有吗？你看看.

* CHI： 还有［/］还有一个♯这-:个鱼艇.

* CHI： @ee1.

* CHI： 啊咦.

* CHI： 啊♯妈-:妈.

* MOT： 嗯？

* CHI： 还有一个.

* CHI： 还有［/］还有这-:个鱼艇.

* MOT： 这个好大-:呀.

* CHI： 对♯咦［/］咦［/］咦.

* CHI： 它♯贴在♯这-:儿.

* MOT： 嗯好的.

* CHI： 还有这＋/.

* MOT： OK♯你可以♯下↑班啦.

* CHI： 拜拜.

* MOT： 拜拜.